施工がわかる
イラスト建築生産入門

一般社団法人
日本建設業連合会 編
イラスト 川﨑一雄

彰国社

本書作成メンバー（2017年11月現在）

監修

一般社団法人 日本建設業連合会 建築生産委員会施工部会
部会長　木谷 宗一（竹中工務店）

特別委員

三原 斉（ものつくり大学）
大湾 朝康（鹿島建設）

施工がわかるイラスト建築生産入門WG

主査　山川 昭次（竹中工務店）
委員　中島 芳樹（大林組）
　　　宅野 智　土肥 清志　篠儀 大典（鹿島建設）
　　　上島 靖啓（鴻池組）
　　　近藤 隆二（清水建設）
　　　武藤 靖久（大成建設）
　　　椎貝 英仁　中山 崇　樋口 成康（竹中工務店）
　　　端 直人　明賀 健人　石田 正法（戸田建設）
　　　宮崎 大典（フジタ）

デザイン監修

木谷 宗一（竹中工務店）

イラスト

川﨑 一雄（川﨑パース工房）

ブックデザイン

宇那木 孝俊（宇那木デザイン室）

はじめに

　建築は、個人、企業、国家にとって、生命、財産を守る器であると共に、そのもの自体が貴重な財産であり、時代を超える文化遺産です。価値ある建築を社会に提供し、建設業界の信頼を高めていくことは、社会の安全・安心を確保すると共に、環境にやさしい建築を実現する意味で大いなる社会貢献を為すものであります。

　私たちは、建設業の担い手を将来にわたり確保し、育成する責務を負っています。しかしながら建設業の仕事には「3K（きつい・汚い・危険）」のイメージが強く、建築の技術者、とりわけ建設工事に携わるものづくりを担う若き技術者に「建設工事現場の魅力」を発信できないという問題を抱えていました。しかし、これほど魅力ある仕事はありません。

　これを受けて企画・執筆した『施工がわかるイラスト建築生産入門』は、建設現場の着工から竣工、さらには維持保全までの広範なプロセスを、ひとつの建築物ができ上がるまで建設業界のすう勢を反映し実践に基づいたストーリー仕立てにして、どのように工事が進められ、設計や施工分野の技術者がものづくりに取り組んでいくのかを、イラストで分かりやすくまとめました。

　建築のものづくりは、建築施工管理技術者（現場監督）と技能労働者（職人）が両輪となって初めて実現するものです。この本の中では彼らが随所に登場し、一体感をもってものづくりをしている姿が描かれています。それはまさに圧巻のイラストで表現され、これまでにない教科書が完成しました。初めて施工を学ぶ学生だけでなく、建設業に携わるすべての人たちに理解してもらうことのできる内容となっています。また本文には、先輩からの指導を仰ぎながら、若い現場監督が、失敗を乗り越え、その成長過程で達成感や充実感を味わい、最後には「建築」の仕事に誇りを感じていくエピソードをイラストで紹介するなど、楽しい要素も盛り込みました。

　執筆にあたって、大学教授からは教科書としての視点やポイントを、私たち技術者からは最新の技術情報や施工ノウハウを取り入れるなど、双方の意見を反映してまとめました。大学、高等専門学校、専門学校、工業高等学校の「建築施工」や「建築生産」の教科書として、ゼネコンやサブコンを主とする企業における社員研修のテキストとして、役立ててください。限られたページ数の中ですべてを網羅するものではありませんが、学生や技術者たちへの案内役を果たせるように心がけました。

　この本をとおして、将来の技術者を志す若者や初学者たちに、建築施工の知識や技術、ものづくりの楽しさや喜びを読み取っていただければ幸いです。

2017年9月

一般社団法人　日本建設業連合会
建築生産委員会施工部会
部会長　**木谷 宗一**

目次　contents

3	はじめに
7	**Part 1　建築生産のしくみ**
8	ものづくりのしくみを知っておこう
10	それぞれの役割
12	建築生産の流れ
14	工事に携わる人々と組織体制
16	工事に携わるサブコンの技能労働者とその役割
18	新しいサブコンの技能労働者「登録基幹技能者」
20	工事管理（建築施工）
27	**Part 2　着工から竣工まで**
28	1　準備工事
30	1-1　調査
32	1-2　仮設工事
38	2　山留め工事
40	山留め工事
46	3　杭工事
48	杭工事
50	4　土工事
52	土工事
54	5　地下躯体工事
56	5-1　躯体工事の流れ（RC造）
58	5-2　型枠工事
62	5-3　鉄筋工事
66	5-4　コンクリート工事
72	6　地上躯体工事　（低層部1～2階：SRC造）
74	（高層部3～18階：S造）
76	鉄骨工事
82	**column**　地震に対応する技術──耐震・制震（制振）・免震
84	7　外装仕上工事
88	7-1　防水工事
90	7-2　カーテンウォール工事
92	7-3　石工事

94	7-4 左官工事
96	7-5 タイル工事
100	8 内装仕上工事
102	8-1 建具工事
104	8-2 ガラス工事
106	8-3 塗装工事
110	8-4 軽量鉄骨下地・内装・ALC工事
114	9 設備工事
116	9-1 電気設備工事
118	9-2 空気調和設備工事
121	9-3 給排水衛生設備工事
124	9-4 昇降設備工事・機械式駐車設備工事
126	9-5 防災設備工事
128	9-6 建築と設備のかかわり
132	10 外構・その他工事
134	10-1 外構・その他工事
136	10-2 検査・引渡し
138	11 竣工

Part 3 維持・保全・改修工事
- 141
- 144　1 点検・保守
- 145　2 修理・修繕・更新
- 146　3 改修工事

Part 4 解体工事
- 151
- 154　解体工事

159　巻末・関連キーワード

194　イラストを終えて

195　おわりに
196　出典一覧・参考文献
199　索引

この本の活用にあたって

　本書は、建築施工を分かりやすく解説するために、すべてイラストで表現しています。建築施工の基本事項を概ね網羅しておりますが、理解度を高めるために、構造体については主要構造（鉄筋コンクリート造［以下RC造］、鉄骨鉄筋コンクリート造［以下SRC造］、鉄骨造［以下S造］）を学ぶことができるよう大規模の大型工事としています。また、仕上げについても、本来ならば統一した仕上げ材料を使うところを数種類に増やし、材料や工事にかかわる職人さんたちを大勢登場させました。さらに、全体の工事進捗図は各々の工程の流れが分かるよう、あえて工事を重複して表現しています。安全施設やその他の設備を省略することで「見える化」を図り、一部ではありますがスケールアウトして表現することで理解度の向上につとめました。建築関連法規に関しては、時代に応じて改正があるものの、重要なポイントは盛り込みました。

　この本の見どころの1つに、ゼネコンメンバーのキャラクターを設定し、メンバーをところどころに登場させ、現場監督の匠建造クンを中心とする若手社員の成長過程を表現し、ものづくりの楽しさや達成感、建築現場の魅力を味わってもらうエピソードがあります。また、豆知識やトピックで建築施工のノウハウや最新技術の情報も入れました。これらは、読者の息抜きとして楽しんでいただければ幸いです。

　用語の表記は、主に『公共建築工事標準仕様書』（国土交通省）、『建築工事標準仕様書・同解説（JASS）』（日本建築学会）、『建築大辞典』（彰国社）を参考としていますが、場合によっては通称で使用しています。

※　本書は2017年10月に得られた情報に基づいて編集しているため、本書に登場する法規、規格、各種制度などの情報は、今後変更される可能性があります。常に新しい情報を確認することを推奨します。

Part 1
建築生産のしくみ

ものづくりのしくみを知っておこう
それぞれの役割
建築生産の流れ
工事に携わる人々と組織体制
工事に携わるサブコンの技能労働者とその役割
新しいサブコンの技能労働者「登録基幹技能者」
工事管理（建築施工）

建築生産のしくみ

ものづくりのしくみを知っておこう

建築物をつくる人々の活動や営みである**建築生産**
建築計画・設計に基づき建築物を構築する作業である**建築施工**

建築プロジェクトでは、ひとつの建築物をつくるために、企画・設計・施工および建築物の維持管理等が行われる。これらの一連の建築行為の総称を建築生産という。建築施工は、プロジェクトにおいて、計画、設計に従って、建築物を構築する作業をいう。工事現場において総合工事業者（ゼネコン）は、施工管理が主な役割であり、建築工事を実施するための詳細な施工図面を作成し、忠実に具現化する。

建築生産にかかわる主な人々は、建築主（発注者、施主）、設計者、工事監理者、施工管理技術者（ゼネコンの現場監督）、技能労働者（サブコンの技能者、職人）である。

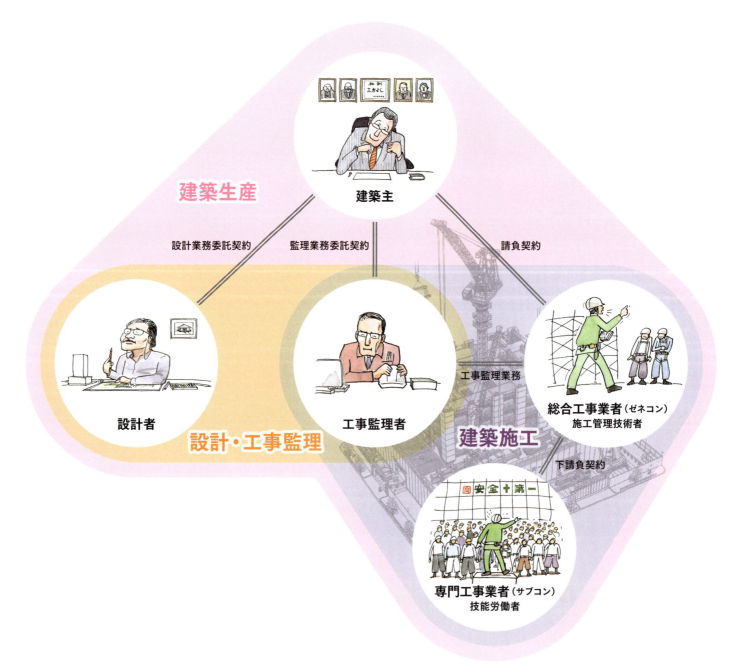

建築生産にかかわる主な人々

企業の社会的責任

　企業の社会的責任（CSR:Corporate Social Responsibility）とは、企業が利益を追求するだけではなく、組織活動が社会に与える影響に責任をもち、あらゆるステークホルダー（利害関係者）からの期待や要請に応えていくことを指す。企業が社会に与える影響に対して大別すれば4つの責任がある。

①法的責任、②経済的責任、③倫理的責任、④社会貢献的責任、この4つの責任を果たし、企業を取り巻くステークホルダーと信頼関係を築き、ステークホルダーの意見も反映させながら企業の価値を高め、その永続性を実現させ、持続する社会を築いていく活動がCSRである。

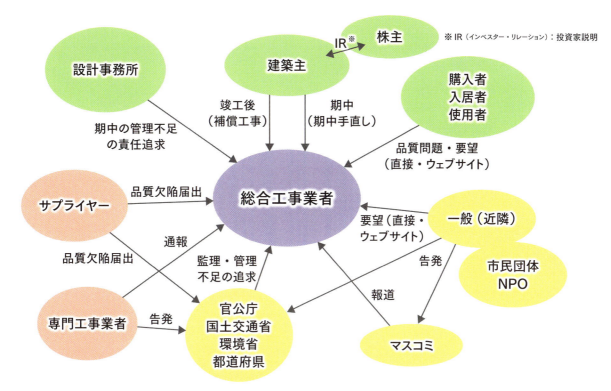

総合工事業者とステークホルダーとの関係

- **法的責任**：遵法責任を果たすこと
- **経済的責任**：営利組織として良い商品やサービスを提供し、利益を追求すること
- **倫理的責任**：法的責任を超えて社会倫理に基づき自己統制的に取り組むこと
- **社会貢献的責任**：地域、国家、地球に対して貢献すること、社会的課題の解決に取り組むこと

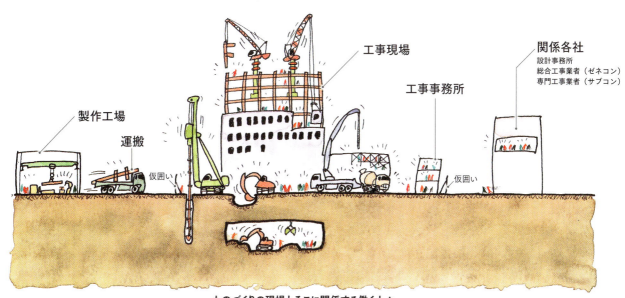

ものづくりの現場とそこに関係する働く人々

建築生産のしくみ

それぞれの役割

建築主とは

建築主は、発注者や注文者または施主・事業主と呼ばれることがある。

また、建築主は個人である場合と、会社のような組織である場合がある。公共施設の建築工事では、国や地方自治体が発注者となることが多い。建築主は、建築物を建てるため、または、その後の建築物を維持管理するための企画をし、工事を発注する者である。建築プロジェクトでは、建築主は、予算の確保、建築物の種類や規模の設定、採算計画、工事現場での近隣の調整などを行う。建築主は、設計事務所やゼネコンまたは設計施工（デザイン＆ビルド）を行うゼネコンを選定することができる。

設計者とは

設計者は、設計業務において、建築主の想いを形にするため、建築主から設計の依頼を受けて業務を行い（設計業務委託契約という）、設計図、特記仕様書などを作成する。

設計者が作成する図面とは
（意匠図、構造図、設備図）

設計図には大きく分けて、意匠図、構造図、設備図の3つがある。

意匠図は、建築物の形態や間取り、仕様などが設計され、図面化されたものである。

構造図は、柱や梁などの構造部材を表現し、建築物の骨組を示すものである。建設敷地の地盤の状況（柱状図）や鉄筋工事・鉄骨工事の標準的な納まりを示す標準図も記載されている。

設備図は、電気配線の系統・照明などの仕様を示すもの、空調の系統・仕様を示すもの、衛生設備の配管の系統・器具の仕様を示すものの3つに分けられる。

これら3つの図面は意匠設計者、構造設計者、設備設計者がそれぞれ打合せを行いながら、作図を行う。大切なことは、三者の各図面の整合性がとられていることである。

工事監理者とは

工事監理者は、建築主から監理を受託し（監理業務委託契約という）、設計図どおりに建設現場での工事が行われているかどうかを確認し、不具合があれば適宜、建築主に報告し、施工管理技術者に対して是正指導などを行う。

工事監理者は、建築主と施工者の間に立ち、常に中立の立場を守って客観的に出来栄えなどを評価し、指導することが求められる。

施工者とは
（ゼネコンの施工管理技術者とサブコンの技能労働者）

　施工管理技術者は、ゼネコン（総合工事業：General Contractor）の現場監督であり、建築主から工事を一括して請け負い（請負契約）、建設現場での施工管理を行う。建築生産活動の中枢に位置し、総合的な施工管理能力が求められる。一般的に、ゼネコンは、建築主から一括請負方式で建設工事を受注し、必要な資材の調達やサブコン（専門工事業：Sub-Contractor）の各種工事への発注および建設機械などの調達を行う。主として、品質、原価、工程、安全、環境の大きくは5つの施工管理を行う。現在、生産性向上は最も大きな課題となっている。

　また、ひとつの工事を施工する際に、複数の企業が共同で工事を受注し、施工するための組織を共同企業体（JV：Joint Venture）という。一般的には官庁発注工事や民間の大型工事に適用される。

　技能労働者は、サブコンの職人であり、ゼネコンから部分工事を下請負いし（下請負契約）、工事を行うものである。専門工事業には、鳶工・型枠大工・鉄筋工・左官工・造作大工・サッシ工・防水工・屋根工・電気工・配管工などの専門工事を行う各職種の技能労働者がいる。サブコンの各職種の技能労働者は、工事現場での適切な作業ができることはもちろんのこと、技能面ばかりではなく高度な技術や施工管理能力も併せもつ登録基幹技能者が活躍している。

トピック　生産性向上の必要性

建設就労者は高齢化や入職率の低下が進行し、次世代への技術伝承が大きな課題となっている。中でも建設就労者人口は1997年をピークに464万人が2014年には26％減の343万人となり、さらに10年後には37％減の215万人になると予測されている。建設投資額は約51兆円と横ばいの見通しがある中で、2025年までに入職者90万人の確保と35万人の省人化により生産性向上10％を図らなければならない。さらに、働き方改革の実行で2022年には週休2日推進で作業所の完全土曜閉所が目標となっている。生産性向上には大きく3つの施策があり、①ハード・ソフト技術の進化および裾野の拡大を図る、②最先端のICT技術を建築生産に取り込む、③魅力ある建築生産の場づくり・人づくりを推進する。これらの推進により、高い生産性を誇り、魅力ある建設業界を目指す。また、生産性向上を評価する生産性指標として、完工高（施工高）と施工管理技術者数の相関関係を継続的に分析しなければならない。

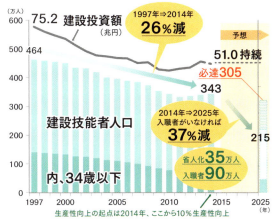

日建連2015年―建設業の長期ビジョン

設計施工（デザイン＆ビルド）とその流れ
（企画→設計→施工→引渡し）

　一般には設計業務は設計事務所に、施工は施工会社に発注される。しかし、建設プロジェクトの内容によってはひとつの企業が企画から始まり、設計、施工まで一括して請け負うことでメリットが生じる場合がある。このような発注方式を設計施工一括発注方式という。海外ではデザインビルド方式と呼ばれ、公共工事でも実績がある。日本でも民間工事では一般的となっているが、今後は公共工事でも段階的にこの発注方式が採用されると考えられる。

施工者が作成する図面とは（施工図）

　ゼネコンは工事を完成させるために、設計図に基づき、施工図という総合図・躯体図（コンクリート寸法図）・製作図などを工事事務所で作成する。

　施工図は工事現場でサブコンがものづくりを行うための図面であり、できるだけ分かりやすい表現としなければならない。また工事現場において、設計図書では表現できなかった詳細な寸法などが必要となるために、様々な縮尺で作図する必要がある。

エピソード　BCS賞

BCS賞は、一般社団法人日本建設業連合会により、日本国内の優秀な建築作品に与えられる賞で、「優秀な建築物をつくり出すためには、デザインだけでなく施工技術も重要であり、建築主、設計者、施工者の三者による理解と協力が必要である」という建築業協会初代理事長　竹中藤右衛門の発意により、良好な建築資産の創出を図り、文化の進展と地球環境保全に寄与することを目的に1960年に創設された。

建築生産のしくみ

建築生産の流れ

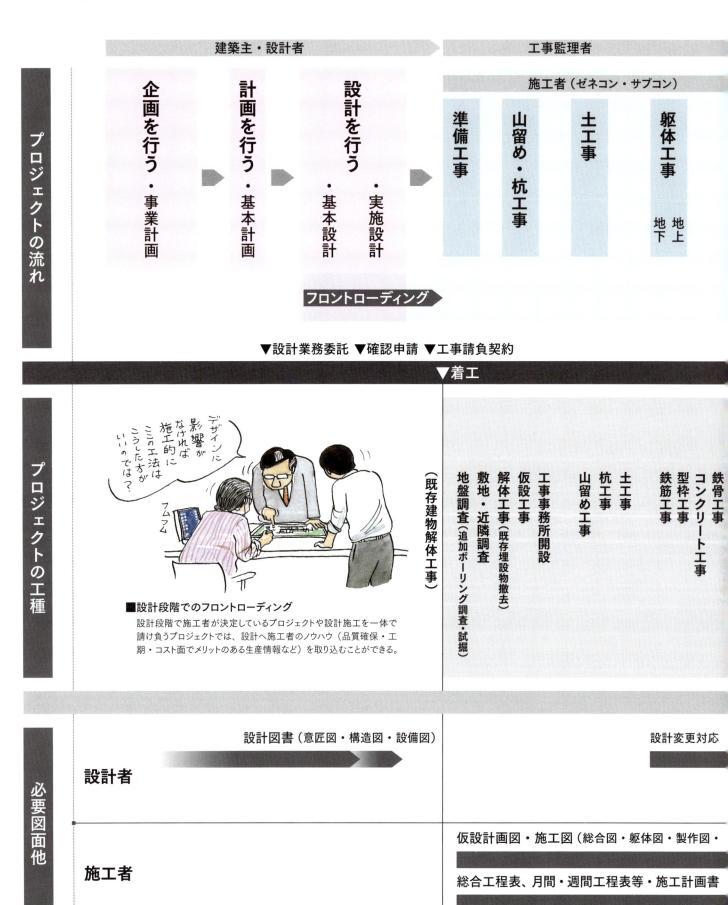

■設計段階でのフロントローディング
設計段階で施工者が決定しているプロジェクトや設計施工を一体で請け負うプロジェクトでは、設計へ施工者のノウハウ（品質確保・工期・コスト面でメリットのある生産情報など）を取り込むことができる。

ビルディングであれ、戸建て住宅であれ、ひとつの建築物をつくるのに、多くの技術者や技能労働者が工事現場に集合し、建築物をつくり込む。この行為を「建築プロジェクト（PJ）を実施する」といい、それは建設業に特有のものである。

| 設備工事 | 仕上工事（内装・外装） | 外構工事 | 建築物の完成・検査・引渡し | 建築物の維持保全・改修 |

▼中間検査　※特定行政庁による指定　　　　　　　　　　　　　　　　　　　　▼受電　　▼検査　　▼竣工

（制震工事・免震工事）
電気設備工事
空気調和設備工事
給排水衛生設備工事
昇降機設備工事
機械式駐車設備工事
防災設備工事
防水工事
カーテンウォール工事
左官工事
タイル工事
石工事
建具工事
ガラス工事
塗装工事
軽量鉄骨下地工事
内装工事
ALC工事
屋外排水設備工事
道路・舗装工事
植栽工事（屋上緑化含）
屋上緑化工事

点検・保守

改修工事
修理・修繕更新

※主要工事のみを記載した。

設備施工図等）　　　　　　　　　　　　　　　　　　　　　　　竣工図（完成図）

・各種届出・報告書・工事記録等

建築生産のしくみ

工事に携わる人々と組織体制

建築主
銀山 八郎（かなやま はちろう）

G8ビルオーナー。自社の会社事業を発展させるために、創立50周年の記念事業として新たな建物をつくってほしいと依頼した発注者。

※ G8ビル：銀八（ぎんぱち）ビル

株式会社 日八建設

設計・監理

設計者
大地 創作（だいち そうさく）

建築主の要望・想いを汲み取り、建築物のデザインをする。設計者は大きく意匠設計・構造設計・設備設計に分けられる。

工事監理者
監物 賢治（けんもつ けんじ）

工事中において、ゼネコンが図面どおりの施工をしているかどうかの監理を行う。

事務課長
筧 数馬（かけい かずま）

主に工事現場において専門工事業者との契約内容確認、支払処理などの事務業務を行う者の責任者。また、施工管理技術者の業務環境を整備する業務も行う。

事務担当者2名

建築系職種のサブコン［主任技術者の配置］

躯体工事

鳶工：大空 飛助（おおぞら とびすけ）

型枠大工：棟 梁太郎（むね りょうたろう）

鉄筋工：重井 長司（おもい ちょうじ）

地盤・敷地調査工事
ボーリング工（測量技師）

仮設工事（仮設足場など）
鳶工

仮設工事（基準墨の測量）
測量技師

山留め工事
山留め工

杭工事
基礎工

土工事
掘削工

型枠工事
型枠大工・型枠解体工

鉄筋工事
鉄筋工

コンクリート工事
土工・コンクリート圧送工
左官工（土間専門）

鉄骨工事
鳶工
溶接工・本締工
鉄骨検査工
耐火被覆工

仕上工事

防水工事
防水工

防水工事
シーリング工

カーテンウォール工事
カーテンウォール工

石工事
石工

左官工事
左官工

建築工事に携わる人々と、その役割を図に示す。
専門工事業者は、下記で表現されている職種以外にも存在するが、ここでは今回のモデル現場にかかわる主な職種を示した。ひとつの建築物をつくるために多くのサブコンがかかわっていることが分かる。

【工事概要】
工事名称：G8本社ビル新築工事
建物用途：事務所　等
敷地面積：3,763.0㎡
建築面積：2,196.0㎡（建ぺい率：58.3％）
延べ面積：29,897.0㎡（容積率：794.5％）
工期：〇〇年8月1日～〇〇年5月31日（22ヵ月）

構造：地上（高層部）S造
　　　地上（低層部）SRC造
　　　地下　RC造
基礎：杭基礎
階数：地下2階、地上18階（低層部2階）
高さ：73.0m

ゼネコン

作業所長（工事事務所長）
現場代理人
酒井 好男

工事現場で施工する上での総括責任者。施工方法や専門工事業者の選定など、工事を進めるための総合的なマネジメントと最終判断を行う。

作業所長方針
- S　公衆災害・重篤災害の絶無による全工期無災害の達成
- Q　鉄骨建方精度の確保と漏水撲滅による品質確保
- C　予実管理の徹底による目標利益の達成
- D　生産性向上によるマイルストーン管理と契約工期厳守
- E　3R運動推進による産業廃棄物の最少化
- M　ワークライフバランスとダイバーシティ推進による働き方改革の実践

作業所長　酒井 好男

工事課長 監理技術者
細井 良祐

建築工事をまとめる責任者。主に作業所長と専門工事業者の選定や支払いなどの予算管理を行うと共に、作業所長の方針に基づき各建築担当者へ施工管理の指示を行う。

設備課長
高山 大気

設備工事をまとめる責任者。主に設備サブコンを管理し、仕様に基づいた設備機器の選定や、建築工事と設備工事との調整を行う。

建築担当者
刀根 理子

工事現場における工事担当者。入社8年目で家庭と仕事を両立させ、工事計画の立案や建築の技能労働者へ作業指示・施工管理を行う。

担当工事の職種：
仮設・鉄骨・外装仕上工事

建築担当者
匠 建造

工事現場における工事担当者。入社3年目で刀根と共に、工事現場の最前線に立って施工管理を行う。

担当工事の職種：
土・鉄筋・型枠
コンクリート工事
内装仕上工事

建築担当者6名

担当工事の職種：
山留め・杭・外装仕上
内装仕上・外構工事・施工図

外注施工図担当3名

設備担当者2名

担当工事の職種：
電気・空気調和・給排水衛生
昇降機設備工事

設備系職種のサブコン

解体工事

解体工事
解体工

設備工事

電気設備工事
電気工

空気調和設備工事
空調ダクト工

給排水衛生設備工事
配管工

昇降機設備工事
エレベーター工

タイル工事
タイル工

建具工事
サッシ工

ガラス工事
ガラス工

塗装工事
塗装工

軽量鉄骨下地（金属）工事
軽量鉄骨工

内装工事
ボード工
造作大工
床シート工

ALC工事
ALC工

外構工事
造園工・植栽工・舗装工

建築生産のしくみ

工事に携わるサブコンの技能労働者とその役割

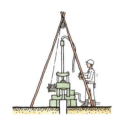
地盤・敷地調査工事
ボーリング工
ボーリング（地盤調査）作業を行う。

仮設工事（仮設足場）
鳶工
仮囲いや各職種の技能労働者が作業をするための仮設足場の組立て、解体を行う。

仮設工事（基準墨の測量）
測量技師
建築物の基準となる位置の墨出し作業を行う。

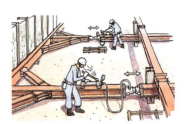
山留め工事
山留め工
山留め杭の設置や切梁の架設・解体作業などを行う。

杭工事
基礎工
建築物の荷重を支持地盤に伝えるための杭を築造する作業を行う。

土工事
掘削工
掘削機械を用いて、土を掘り、場外へ運搬する作業を行う。

型枠工事
型枠大工・型枠解体工
型枠を加工し組み立てると共に、コンクリート打設後の型枠解体作業を行う。

鉄筋工事
鉄筋工
鉄筋を加工し、配筋する作業を行う。

コンクリート工事
土工
生コンクリート打設の際、高周波バイブレーターによる締固め作業やタタキ作業を行う。

コンクリート工事
コンクリート圧送工
生コンクリートの圧送を行うために圧送用ホースやポンプ車の操作を行う。

コンクリート工事
左官工（土間専門）
打ち込まれた生コンクリートを均し、コンクリート表面を平らに仕上げる作業を行う。

鉄骨工事
鳶工
柱や梁など鉄骨の部材をクレーンで吊り上げ、組み立てる作業を行う。

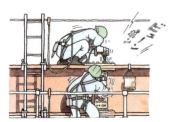
鉄骨工事
本締工
鉄骨の柱・梁の接合部を高力ボルトで締め付ける作業を行う。

鉄骨工事
溶接工（鍛冶工）
柱、梁の鉄骨の継ぎ目を溶接で一体化する作業を行う。

鉄骨工事
鉄骨検査工
鉄骨の現場溶接部の欠陥の有無を調べるために超音波を用いた検査を行う。

鉄骨工事
耐火被覆工
火災時における鉄骨の温度上昇を防ぐためのロックウールを鉄骨に吹き付ける作業を行う。

防水工事
防水工
アスファルト防水やシート防水など、屋上に防水層を形成するための作業を行う。

防水工事
シーリング工
金属製建具回りや躯体・外装間の隙間、目地からの水の浸入を防ぐためにシーリングを施す作業を行う。

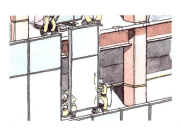
カーテンウォール工事
カーテンウォール工
プレキャストコンクリートや金属製の外壁を、クレーンを用いて躯体に取り付ける作業を行う。

石工事
石工
壁や床に、乾式や湿式工法で石を張り付ける作業を行う。

左官工事
左官工
壁にセメントモルタルなどを塗る作業を行う。

タイル工事
タイル工
壁や床に、タイルを張り付ける作業を行う。

建具工事
サッシ工
開口部にサッシやドアなどを取り付ける作業を行う。

ガラス工事
ガラス工
サッシにガラスを取り付ける作業を行う。

塗装工事
塗装工
外壁などの吹付け塗装や建具・壁への塗装を行う。

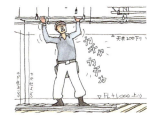
軽量鉄骨下地（金属）工事
軽量鉄骨工
軽量鉄骨（LGS）と呼ばれる材料で間仕切り壁や天井の下地を組み立てる。

内装工事
ボード工
天井や壁の軽量鉄骨下地にせっこうボードなどをビスで固定する。

内装工事
造作大工
造付けの家具や木製の下地・仕上げ材を取り付ける作業を行う。

内装工事
床シート工
接着剤を用いて床仕上げ材を貼り付ける作業を行う。

ALC工事
ALC工
ALCパネルを鉄骨などの下地に取り付けて間仕切り壁または外壁をつくる。

外構工事
造園工・植栽工・舗装工
外部の植栽やフェンスの取付け、舗装作業を行う。

解体工事
解体工
解体用の重機や手作業で、建築物を解体する作業を行う。

電気設備工事
電気工
電気の引込み・配線・器具の取付けなどの電気設備工事を行う。

空気調和設備工事
空調ダクト工
空調ダクト設置や機器の取付けを行う。

給排水衛生設備工事
配管工
給排水の配管作業や衛生器具（トイレ・洗面台）の取付けを行う。

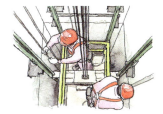
昇降機設備工事
エレベーター工
エレベーターをシャフトの中で組み立てる。

建築生産のしくみ

新しいサブコンの技能労働者「登録基幹技能者」

1 技能労働者の目標像

　建設産業において、生産性の向上を図ると共に、品質、コスト、安全面で質の高い施工を確保していくためには、直接生産活動に従事する技能労働者の中核をなす職長などの果たす役割が重要になっている。このような認識に基づき、現在、各専門工事業団体において、適切な施工方法、作業手順についての提案・調整、一般技能労働者に対する効率的な指揮指導を行うことのできる基幹技能者の確保・育成・活用が進められている。登録基幹技能者とは、現場施工にあたっての優れた技能に加えて、段取り、マネジメント能力に優れており、国土交通大臣が登録した専門工事業団体の資格認定を受けた者である。現場では、いわゆる上級職長などとして、元請の計画・管理業務に参画し、補佐することが期待されている。

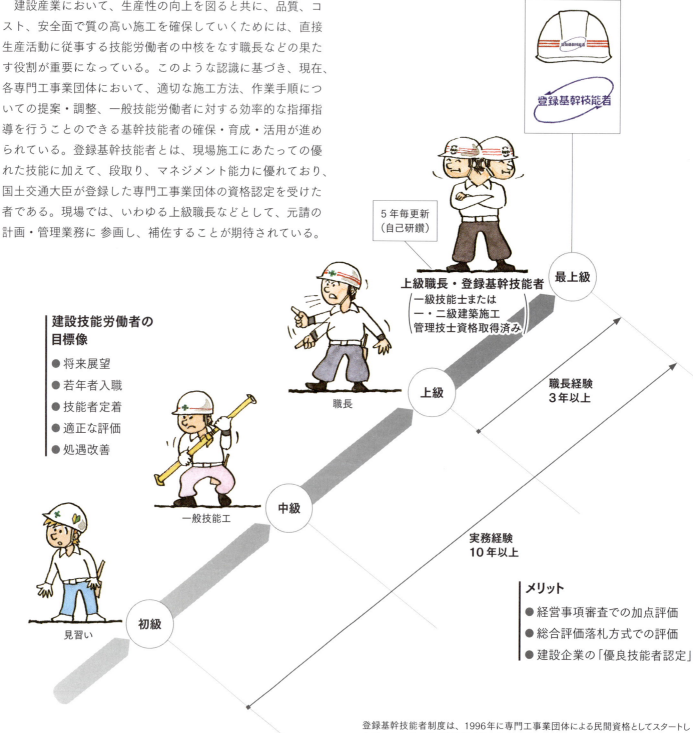

　登録基幹技能者制度は、1996年に専門工事業団体による民間資格としてスタートしたが、2008年1月に建設業法施行規則が改正され、新たに「登録基幹技能者制度」として位置付けられた。同年4月以降に国土交通大臣の登録を受けた機関が実施する登録基幹技能者講習の修了者は、登録基幹技能者として認められ、経営事項審査においても評価の対象となった。近年では、公共工事の「総合評価方式」での加点対象項目および元請企業の「優良技能者認定制度」での要件としても活用されている。

2 登録基幹技能者の仕事の内容

　登録基幹技能者は、現場の施工実績に精通し、現場における作業管理・調整能力を有することにより、工事現場の実態に応じた施工方法を元請の施工管理技術者などに提案・調整し、工事現場における部下の技能労働者に対しては適切な指揮・統率を行っていく役割を担っている者である。

　登録基幹技能者は、工事現場において次のような役割が期待されている。

- 現場の状況に応じた施工方法等の提案、調整
- 工事現場の作業を効率的に行うための技能者の適切な配置、作業方法、作業手順の構成
- 前工程、後工程に配慮した他の職長との連絡・調整
- 生産グループ内の技能者に対する施工に係る指示、指導

3 登録基幹技能者の評価と活用

　近年、国や道府県の総合評価落札方式の入札工事において、登録基幹技能者の配置を加点の対象とするなど、登録基幹技能者が着実に評価・活用されている。また、一般社団法人日本建設業連合会では、2009年に発表した「建設技能者の人材確保・育成に関する提言」の施策の1つとして、優良職長手当制度を設け、登録基幹技能者（職長）の中から、会員企業が特に優秀と認めた者を優良技能労働者と認定し、その職長の標準目標年収が600万円以上となるよう努めることとしている。

登録基幹技能者から元請技術者への施工方法の提案

元請技術者と登録基幹技能者との調整

ほかの登録基幹技能者との調整打合せ

登録基幹技能者から一般技能労働者への指示・指導

登録基幹技能者の仕事の内容

建築生産のしくみ

工事管理（建築施工）

　工事管理とは、工事現場での施工がスムーズに進むようゼネコンの施工管理技術者によって行われるもので、その項目としては品質管理、原価管理、工程管理、安全管理、環境管理がある。また、建築物をつくるために施工管理技術者の下で複数のサブコンの技能労働者がそれぞれの作業を行う。

1　建築施工とは

（1）施工者の仕事の内容

　建築施工における施工者は、ゼネコンの施工管理技術者とサブコンの技能労働者のことを指す。

　元請のゼネコンは、建築・土木工事を一式で建築主から直接請け負い、工事全体のとりまとめを行う。また、ゼネコンから工事の一部を請け負う専門工事業者をサブコンという。

　建築プロジェクトの進め方は、企画・提案→設計→施工→竣工→維持・保全　という流れである。

　ゼネコンは、技術開発や研究開発といった建設にかかわる幅広い技術力ももっている。近年は、ストックマネジメントの分野としてリニューアル工事の占める割合も大きい。

チームでのプロジェクトの推進

（2）建築施工の仕事

　建築施工における施工管理の目的は、「品質の良いものを、適正な費用で、契約工期内に、安全かつ環境に配慮しながらつくりあげること」である。日常の現場運営においてPDCA（Plan：計画、Do：実施、Check：確認、Action：改善）の4つの管理サイクルを維持して実施し、スパイラルアップすることが重要であり、建築施工の仕事の具体的な内容は、次のとおりである。

①工事計画の立案（施工計画・工程計画）
②資材発注、専門工事業者（サブコンの技能労働者）の手配
③工事現場での工事全体の管理（マネジメント）
　5つの施工管理要素：QCDSE
　　Quality＝品質　　Cost＝原価　　Delivery＝工程
　　Safety＝安全　　Environment＝環境
④設計図を具現化するため建設現場で施工図を作成
⑤VE（Value Engineering）活動や改善・技術開発の推進

工事計画のプレゼンテーション

4つの管理サイクル　　5つの施工管理要素

工事計画の検討

2 工程管理

工程管理は、工事が計画どおりに進捗しているか確認し、遅れなどがあるときはその原因を調べて必要な対策を立て、工期内に完了させるために重要であり、そのためのツールとしての工程表には、ネットワーク工程表やバーチャート工程表などがある。ネットワーク工程表は、作業手順が明確で、作業前後の関連性も分かりやすい。必要日数の算出にあたってもクリティカルパスが明確で、作業手順や作業の余裕日数の把握が容易であるため、工事総合工程表などに使用されている。

また、工事現場では工事総合工程表以外に3カ月工程表、月間工程表、週間工程表も作成される。

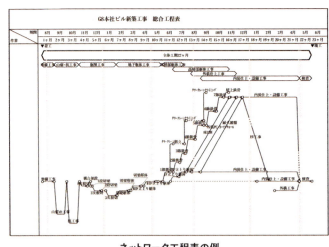

ネットワーク工程表の例

バーチャート工程表の例

工程の検証

3 工事現場における組織・環境

(1) 工事現場の組織

工事現場ごとに施工管理技術者の適正人員が計画され、作業所組織が構成される。工事の規模や契約条件に基づき、請負者の代理人としての現場代理人や施工の技術上の管理をつかさどる監理技術者・主任技術者が配置される。

(2) 工事事務所・作業員休憩所の環境

工事事務所や作業員休憩所は工事規模や工事場所によって大きさが異なる。

現場の敷地に余裕がある場合は、敷地内に仮設のプレハブ事務所を設置することが多い。敷地に余裕がない市街地での工事の場合などは、テナントビルの一室を借りて事務所にする場合もある。

また、近年は女性の施工管理技術者や技能労働者も増えており、女性専用の更衣室やトイレなどを積極的に設け、働きやすい環境を整えている。

4 けんせつ小町（日建連）

「けんせつ小町」は、建設業で働くすべての女性の愛称である。建設業には女性が力を発揮できる仕事が数多くあることや、日本建設業連合会において多くの女性たちが土木・建築・設備・機械などの分野で活躍していることを業界内外の方たちへ知ってもらいたいという想いから誕生したものである。

ロゴマークは、ヘルメットをオレンジ系の花びらに見立て、建設業で明るく活き活きと活躍する女性を表現している。5枚の花びらは、建設業の重要ファクターであるQ（品質）、C（原価）、D（工程）、S（安全）、E（環境）にちなんでいる。

けんせつ小町のロゴマーク

 エピソード

G8ビル新築工事けんせつ小町活動

ゼネコンの女子職員3名とサブコンの女子技能労働者5名がチームをつくり、「安全で美しく、働きやすい職場環境を」をスローガンにして女性目線で作業所内の美化や近隣清掃、安全パトロールなどの活動を実践している。

女性施工管理技術者の活躍

ちょっとした気遣いやコミュニケーションで環境が変わる

働きやすい職場環境

5 工事現場の一日

工事現場におけるゼネコンの施工管理技術者は、QCDSEの管理を行うために現場を巡回し、「品質上の問題はないか」「無駄はないか」「事前計画や工程に遅れなどの問題がないか」「作業は安全に行えているか」「環境に配慮されているか」などの確認を行っている。施工管理技術者の一日の安全施工サイクルは、次のようになっている。

毎日の活動
- 朝礼
- 危険予知活動（KYK）
- 工程・安全打合せ
- 巡回確認
- 事務所内作業

随時行う活動
- 入場予定業者との事前打合せ
- 持込機械の届出
- 新規入場者教育

毎週の活動
- 週間安全工程打合せ
- 週間点検
- 週間一斉片付け

毎月の活動
- 災害防止協議会
- 定期点検・自主点検
- 安全衛生教育
- 職長会
- 安全衛生大会

安全施工サイクル（例）

施工管理技術者の一日のサイクル

11:00 ④工程調整会議（サブコンの職長との作業調整・打合せ）

当日の作業の進捗状況や翌日の作業予定の確認を行い、各職種の前工程・後工程作業の調整を行う。また、安全上の不具合の指摘や是正指示なども行う。

工程調整会議

10:00 ②工事現場巡回（安全・品質・工程・環境）などの確認
③工事事務所内作業（翌日の技能労働者や資機材の手配の確認、施工図のチェック、施工計画や品質書類のチェック）

工事現場の巡回では、足場などの安全設備に不備はないか、技能労働者が不足していないか、安全行動、品質のチェックおよび進捗状況の確認を行う。また工事事務所では、施工計画や施工図のチェックを行う。

工事事務所内で資機材の手配や確認

08:00 ①安全朝礼（ラジオ体操、安全・作業指示）
- 危険予知活動（KYK）
- 新規入場者教育

朝礼では複数の施工管理技術者が順番で司会を行い、一日の主な作業内容の確認と危険箇所や注意事項の周知を行う。また技能労働者たちの人数や新しく現場に入場する技能労働者を把握する。

安全朝礼

12:00 ⑤昼休み（休憩は大切！
昼食はしっかりとり
午後の作業に備える）

ランチタイム

13:00 ⑥工事現場巡回（安全・品質・工程・環境）などの確認
⑦工事事務所内作業
（翌日の技能労働者や資機材の手配の確認、施工図のチェック、
施工計画や品質書類のチェック）
⑧現場巡回（当日の工事進捗や作業終了時の状況などの確認）

作業指示

工事現場巡回

17:00 一日の作業の終了前に、予定どおり作業が進んでいるか、工事進捗を確認し、手配の変更をする必要があれば早急に対応する。また、各職種の作業の片付け状況などを確認し、翌日の作業がスムーズに行えるようにする。ワークライフバランスを重視し、業務の効率化により残業時間を極力少なくすることが重要である。

自己紹介

 安全朝礼
安全朝礼は、技能労働者に当日の立入禁止箇所や危険のポイントを周知する重要な場面である。
大規模な現場では、一日に数百〜数千人が朝礼に参加するケースがある。そのようなときでも、必要な伝達事項を確実に周知するために、場所を分けて数カ所で行うなど工夫している。

工事事務所内では、連絡事項の伝達や各担当業務の調整、今後の工事計画に関する情報共有などのために定例会議や勉強会を行い、所員間のコミュニケーション向上や若手技術者の能力向上を図っている。
工事事務所内での勉強会

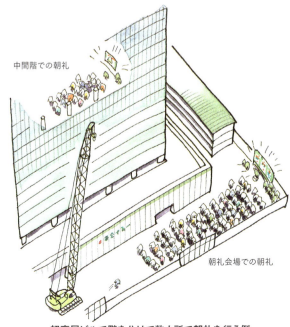
中間階での朝礼
朝礼会場での朝礼
超高層ビルで階を分けて数カ所で朝礼を行う例

Q 品質管理

杭工事工程内検査

C 原価管理

原価管理

D 工程管理

工程の確認

S 安全管理

安全設備の点検

E 環境管理

環境の点検（ごみ分別・水質管理・騒音対策など）

6 施工管理技術者の仕事（建築物ができるまで）

ゼネコンの施工管理技術者は、建築物をつくり上げていく（着工〜竣工）中で、複数の施工管理業務を行っている。

次のバーチャート工程表は、年月に対応した主要な工事を示したものであり、各工事の段階に応じてQCDSEの施工管理が確実に行われている。

						1年目
8月	9月	10月	11月	12月	1月	2

▼着工

準備工事　山留工事　杭工事　土工事（掘削工事）

準備工事

Q	敷地境界・埋設物の確認　設計図の読取り・確認、総合仮設計画図・施工図の作成、施工計画書の作成
C	下請負契約の手続きや予算の作成（請負契約手続きは着工前が原則）
D	工事総合工程表作成、各種工程表作成
S	諸官庁届出書類の手続き、労働基準監督署の届出、各種保険手続き、建設工事計画届の書類作成など
E	環境に関する各種諸官庁届出、近隣への説明会の実施

工事事務所内でデスクワーク

工事現場巡回

施工管理技術者の施工管理業務

	4月	5月	6月	7月	8月	9月	10月	11月	12月	1月	2月	3月	4月	5月
								2年目						

全体工期 22ヵ月
地上躯体工事（低層部）
竣工▼
下躯体工事
地上躯体工事（高層部）
外装仕上工事
内装仕上工事
▼受電
設備工事
試運転・調整
外構工事
検査

山留め工事・杭工事・土工事

Q 杭心や杭天端レベル・山留め壁変形の管理・確認　床付けレベルの確認

C 工事出来高の確認とそれに対しての支払業務

D 工事総合工程表に基づき部分工程表の作成（月間・週間工程表など）

S 山留め壁の倒れなどの異常が発生しないように、その変位を毎日計測。建築現場内外の地下水（水量・被圧水など）の管理

E 汲み上げた地下水の排水の管理、工事現場の隣地や周辺地盤や周辺道路への影響の確認

躯体工事（地下・地上）・設備工事

Q 躯体工事（鉄骨・鉄筋・型枠・コンクリートなど）各種品質管理と自主検査および監理者による立会検査

C 無駄な手配（労務・材料など）を行っていないか確認　工事出来高の確認

D 各工種の工事担当者間での作業調整、進捗状況の確認

S 工事現場を巡回し、施工手順どおりに安全作業が行われているかどうか、また足場などの安全設備に不具合がないかどうかの確認

E 騒音・振動の確認と工事現場から排出される産業廃棄物の分別指導、書類管理

仕上工事（内装・外装）

Q 製作図・施工図の確認、仕上げ材料の製品検査、各種取付け後の検査

C 工事出来高の確認とそれに対応しての支払業務と入金管理

D 担当工事の詳細工程表の作成および工程管理

S 作業の慣れによる近道行動などないか、現場巡回による確認

E 塗料や建設資材などの成分や安全性の確認および管理

Part 2
着工から竣工まで

1 準備工事
　　調査
　　仮設工事
2 山留め工事
　　山留め工事
3 杭工事
　　杭工事
4 土工事
　　土工事
5 地下躯体工事
　　躯体工事の流れ
　　型枠工事
　　鉄筋工事
　　コンクリート工事
6 地上躯体工事
　　鉄骨工事
7 外装仕上工事
　　防水工事
　　カーテンウォール工事
　　石工事
　　左官工事
　　タイル工事
8 内装仕上工事
　　建具工事
　　ガラス工事
　　塗装工事
　　軽量鉄骨下地・内装・ALC工事
9 設備工事
　　電気設備工事
　　空気調和設備工事
　　給排水衛生設備工事
　　昇降設備工事・機械式駐車設備工事
　　防災設備工事
　　建築と設備のかかわり
10 外構・その他工事
　　外構・その他工事
　　検査・引渡し
11 竣工

01 準備工事

準備工事は、本格的に工事を始める前に、総合仮設計画に基づき、敷地境界の確認や仮囲い、工事用ゲート、仮設工事事務所の設置などの環境を整える工事である。これらの仮設物は工事が完了すれば撤去されるが、工事を安全に進めるためには欠かせないものである。また近隣の住民や通行者の安全・環境を確保し、工事の影響をできるだけ与えないように配慮することが重要である。

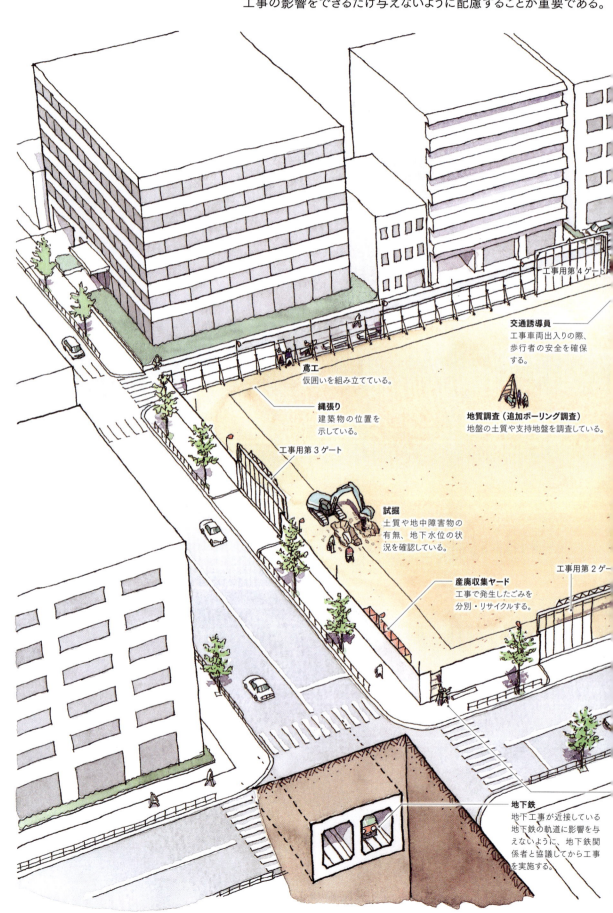

工事用第4ゲート

交通誘導員
工事車両出入りの際、歩行者の安全を確保する。

鳶工
仮囲いを組み立てている。

縄張り
建築物の位置を示している。

地質調査（追加ボーリング調査）
地盤の土質や支持地盤を調査している。

工事用第3ゲート

試掘
土質や地中障害物の有無、地下水位の状況を確認している。

産廃収集ヤード
工事で発生したごみを分別・リサイクルする。

工事用第2ゲート

地下鉄
地下工事が近接している地下鉄の軌道に影響を与えないように、地下鉄関係者と協議してから工事を実施する。

1-1 調査（準備工事中の届出・行政協議などを含む）

調査とは、これから始まる工事をスムーズに進めるために、敷地内の地盤や近隣などの状況を事前に調べておくことをいう。主な調査としては、地盤調査（敷地内ボーリング）、埋設物（敷地内外）調査、近隣家屋調査などがある。

1 地盤調査

地盤調査では、設計段階において、ボーリング調査が行われる。必要に応じて工事段階で追加の調査を行う。

ボーリングは、主に、直接基礎や支持杭の支持層となるべき地盤の調査と、地下工事を安全に進めるための土質や土の強度（N値など）地下水位（自由水、被圧水）などの調査を行うものである。

2 前面道路の埋設配管の調査

敷地の前面道路には上下水道管・ガス管・電話ケーブル、共同溝などが埋設されており、このことを知らないで掘削工事を行うと大事故を引き起こす可能性がある。まず、前面道路にどのような配管がどのくらいの深さで埋設されているか、国・地方公共団体の各担当窓口で図面の調査をする。掘削工事により影響が予想される場合は、各団体と協議を行う。道路に沿って掘削することを沿道掘削というが、一般に工事による根切り底を起点として45度の範囲に公道がある場合は、国・地方公共団体の各担当窓口によっては沿道掘削（協議）届が必要となることがあるので注意すること。

3 敷地内の埋設物調査

埋設物として、既存建築物の杭や地下構造躯体の一部、コンクリートガラが地中に残されていることがある。これらは地中障害物と呼ばれ、山留め工事や杭工事に支障をきたす場合は事前に撤去作業が必要になる。この撤去に膨大な時間や費用を要することもあるので、事前調査には十分な注意が必要である。

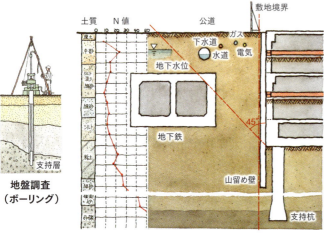

ボーリングデータと地下断面

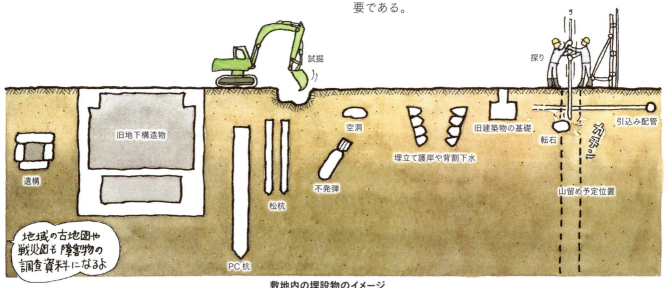

敷地内の埋設物のイメージ

エピソード　沿道掘削申請

4 近隣家屋調査

近隣家屋調査とは、工事敷地周辺の近隣家屋を工事開始前に現状調査することを指す。工事を開始すると、その影響（掘削による地盤沈下、重機作業による振動など）により、近隣の家屋が沈下したり壁にクラックが発生したりする影響が懸念される。工事終了時に、近隣の家屋に不具合が生じ、その所有者からクレームが入った場合、その原因が工事によるものかどうか判別しやすいように、近隣家屋調査（外観・内観）の調査を実施し、エビデンスを残す。

家屋調査状況

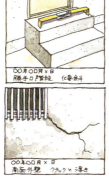
家屋調査報告書の例

5 事前協議・届出

工事の開始前には「建築基準法」「労働安全衛生法」「労働基準法」など、各関係法令に基づき各官公署への手続きが必要となる。手続きの内容は次のとおり。

（1）建築基準法に関するもの

建築確認申請：着工前に建築主が設計した建築物が建築基準法に適合するものかどうかを市区町村の建築主事または指定された民間の建築確認検査機関に確認を受けなければならない。一般には建築主の委任を受け、設計者が代行する。

（2）労働安全衛生法に関するもの

高さが31mを超える建築物の建築工事を行うときなど、事前にその計画内容を届け出ることが義務付けられている。危険な工法が採用されないように事前に労働基準監督署が審査し、労働災害を防止することが目的である（建設工事計画届：安衛法88条申請）。

（3）工事用の電力や上下水道に関するもの

電力：工事に電気を使用するために電力会社に届出を行わなければならない。

水道：工事には大量の水道水を使用する。また工事現場からは汚水や排水も発生するため下水道局に届出を行わなければならない。

（4）周辺道路に関するもの

車両規制がある場合や歩道・前面道路を使用しないと工事ができない場合は所轄の警察署や道路管理者との事前協議が必要となる（道路占用許可申請・道路使用許可申請・沿道掘削申請・特殊車両運行許可申請など）。

（5）境界や地盤レベルの確認

敷地境界（道路との境界、隣地との境界）は、着工前にしっかりと各関係者と確認しておきたい重要事項である。道路境界や隣地境界は、設計図（求積図）、行政区画の境界などに基づき、現況測量の上、関係者との境界立会を実施する。

また、設計図に記載のBM（ベンチマーク）やGL（グランドライン）の確認も重要である。

事前協議・届出

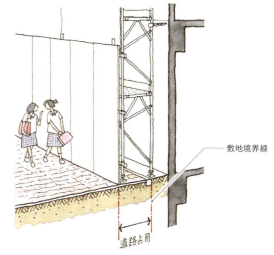
道路占用による仮囲い

豆知識　埋蔵文化財調査

埋蔵文化財とは、文化財保護法によって定義されている文化財の1つ。都市の遺跡、住居跡、貝塚、古墳など、地中に埋蔵されている文化財。所有者が判明しないときには国庫に属し、発見者と土地所有者に報奨金が支給される。埋蔵文化財が埋まっている可能性のある場所で建築・土木工事を行う場合には、文化財保護法に基づく届出が必要である。また、調査の結果、文化財が出てきた場合、相当な期間、工事着手は延期となる。

1-2 仮設工事

仮設工事とは、着工から竣工までの間、建設工事を安全かつ円滑に進めるために必要な仮工作物や足場などの安全設備を一時的に設置する工事である。建築物の完成後には原則すべて撤去される。仮設工事の計画を入念に行い確実に実施することが、その後の工事をスムーズに進めることになる。

1 仮設工事の計画

仮設工事は、敷地の形状・周辺道路の状況を考慮したものでなければならない。工事現場で働くすべての人にとって安全で作業しやすい環境をつくることが重要なポイントである。特に資機材の搬入や揚重が効率良くできることが工事全体の進行に影響する。総合仮設計画図には、仮囲い・工事用ゲート・工事敷地内の車両通路・揚重機械の配置・建築物外周の足場・工事事務所・仮設電気・給排水の外部との接続位置などを記載する。

仮設工事の計画（現地確認）

2 仮設工事の内容

共通仮設工事と直接仮設工事に分けられる。

（1）共通仮設：各種工事に共通して使用される仮設物等
- 仮設工事事務所・技能労働者の休憩所
- 仮囲いなどの安全設備
- 仮設電気設備・仮設給排水衛生設備など

（2）直接仮設：各工事に応じて使用される仮設物等
- 各工事で使用される足場
- 遣方・墨出し・現寸型板
- 山留め・乗入れ構台
- 鉄骨建方用移動式クレーンなど

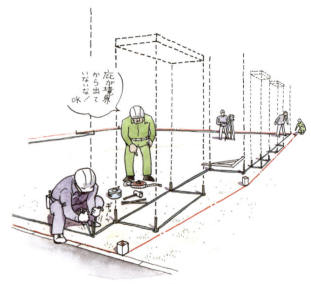

縄張りの状況

3 工事測量

建築主や設計者および工事監理者の立会いのもと、敷地境界を確認し、建築物の位置・基準地盤高さを確認する。建築物の位置を決定するために、敷地境界などを基準にして建築物の形のとおりに縄を張ることを縄張りという。縄張りにより建築物の位置と敷地境界との関係、道路や隣接建築物との関係を確認する。

また、既存の工作物や道路など動かないものに高さ・位置の基準点を設ける。これをベンチマークという。ベンチマークは通常2ヵ所以上設け、相互にチェックできるようにする。

建築物の高さの基準

設計図には建築物の建つ地盤面の高さ、つまり設計GL（グランドライン）が設定されており、基準点からの高さとして示されている。

基準点には一般に
T.P. =Tokyo Peil（東京湾平均海面）
O.P. =Osaka Peil（大阪湾工事基準面）
A.P. =Arakawa Peil（荒川工事基準面）
などが用いられており、
「GL = T.P.+○○○○」のように示されている。

ベンチマークの設置

4 仮設工事事務所・技能労働者休憩所

ゼネコンの施工管理技術者や事務員たちが日常のデスクワークや打合せを行うための仮設工事事務所と、サブコンの技能労働者が昼食や休憩をとるためのスペースやトイレを設置し、工事現場で働く人々の仕事がしやすい環境を整える。工事監理者のスペースとしての監理事務所、電気・給排水衛生・空調の各サブコンの設備工事事務所も設ける。

これらの仮設建築物は、解体が容易にできる比較的簡易な構造とするが、企業のオフィスと同等の快適性を確保できるように空調・トイレなどの仕様に配慮する。また敷地が狭く、仮設工事事務所が設置できない場合は、近隣の建築物やビルの一室を借りる場合もある。

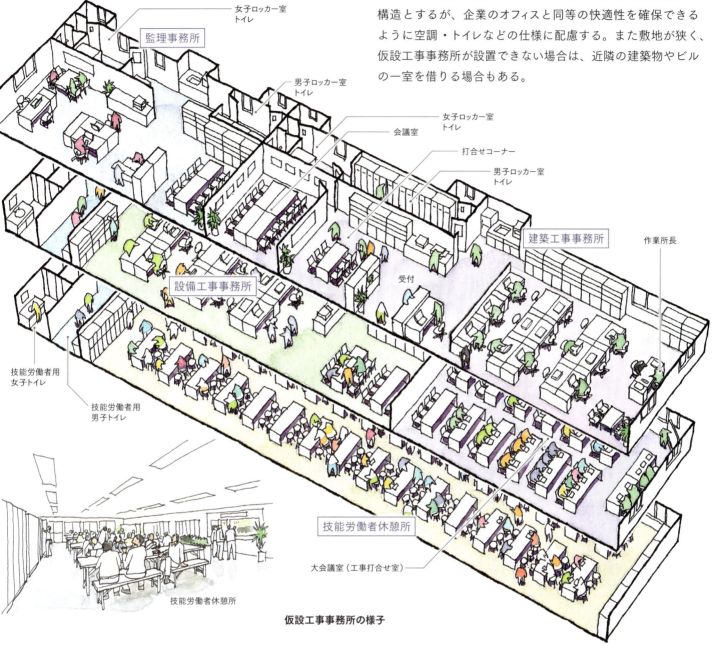

仮設工事事務所の様子

豆知識 工事歩掛(こうじぶがかり)

歩掛とは、ある作業を行う場合の単位数量、または、ある一定の工事に要する作業手間ならびに作業日数を数値化したもののことをいう。歩掛は各作業条件が異なることで数値が大きく変化することがあるので、必ず作業条件を記入してデータを残すことが必要である。数多くの歩掛を保有することで工程管理やコスト管理に役立たせることができる。

型枠工事歩掛
地上普通型枠 8.9㎡/人・日
地上打放型枠 6.8㎡/人・日
地下普通型枠 7.6㎡/人・日

鉄筋工事歩掛
ラーメン構造 0.69t/人・日
壁式構造 0.48t/人・日
基礎鉄筋 0.90t/人・日

日建連適正工期標準歩掛

5 仮囲い・安全設備

　工事敷地と道路・隣接敷地とを区画する仮設の囲いを仮囲いという。また、工事車両が出入りするための仮設の出入口を工事用ゲートという。工事現場の高所から落下物に対して、通行人に危害を及ぼさないように足場の外側面にはね出して設ける防護棚を朝顔という。

　工事現場は、歩行者・周辺住民の安全や環境を確保し、工事に影響を及ぼさないことを念頭において計画する。

　仮囲いには法律で義務付けられている工事用看板を取り付ける。

仮囲い・工事用ゲート

6 産業廃棄物の分別

　現代では社会全体の取組みとして、限りある資源を効率良く活用するため資源循環型社会への移行を目指している。

　建築工事においてはゼロ・エミッション（廃棄物をゼロにする）を目標として
- Reduce：ごみそのものを減らす
- Reuse：繰り返し使用する
- Recycle：再資源化

といった3R活動により、発生する廃棄物を削減する取組みが進められている。

　工事現場内では分別ヤードを設け、発生した産業廃棄物を可能な範囲で分別収集し処理業者に委託する。

産廃分別ヤード

トピック　**街並み景観への配慮**
仮囲いには、街並みやその地域の雰囲気と調和するようなイラストデザインを施したり、近隣の小学校の児童の絵画を展示したり、プランターを設置して緑化するなどの工夫で、周囲の人々とのコミュニケーションを図っている。

仮囲いのデザイン例

Part 2　着工から竣工まで

7 工事用電気・給排水設備

工事が始まる前の敷地には電気や給排水設備がないため、工事に必要な電力や工事用水、工事関係者が飲用・水洗に使用する生活用水を確保するために敷地の外部より引き込む必要がある。工事規模に応じて必要な電気容量・給排水量を計画し、電力会社・水道事業者に申請手続きの後、外部との接続を行う。申請から許可までは約1ヵ月を要する。

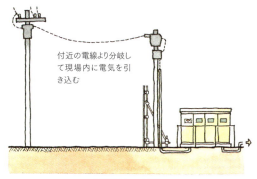

仮設電気の引込み

8 工事期間中の仮設工事

工事の進捗に応じて作業用の仮設足場や資機材を使用する場所まで移動する揚重機を組み立てる。

（1）外部足場

地上躯体工事が始まった時点で建築物の外周に作業用の仮設足場を設置する。工事が上階に進むと共に足場も併行して組み上げていく。外部足場は躯体工事から仕上工事まで長期間使用するので、複数の職種の技能労働者が安全に作業できるように計画し、組み立てることが重要である。

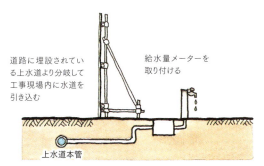

仮設上水道の引込み

（2）内部足場

ホールなどの大空間や天井高が高い場所には、仕上げ作業用の仮設足場を設置する。建築物の形状が複雑な場合、下部に通行スペースを設ける場合など、様々な状況に応じて計画する。

（3）揚重機

工事に使用する資機材や作業員を、作業する場所まで移動させる機械を揚重機という。移動式クレーンやタワークレーン、工事用人荷エレベーターなどがある。

（4）山留め・乗入れ構台

山留め工事（38頁参照）や乗入れ構台（50頁参照）も仮設工事に含まれる。

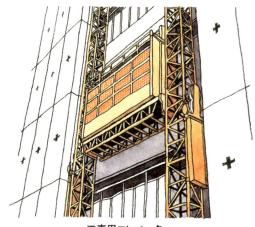

工事用エレベーター

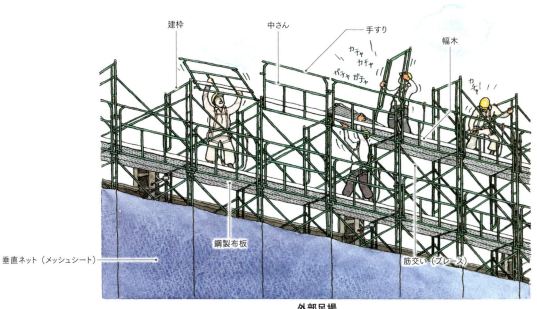

外部足場

9 総合仮設計画図

工事に先立って工事計画に基づいた総合仮設計画図を作成する。主に安全施設（仮囲い、工事用ゲート、足場、カラーコーン、安全通路）や重機（クレーン、トラック、ポンプ車）などを明記する。

一定規模以上の工事では、その他各工事段階の計画図を作成し、工事を着手する前に所轄の労働基準監督署に提出することが必要となる（安衛法88条申請）。

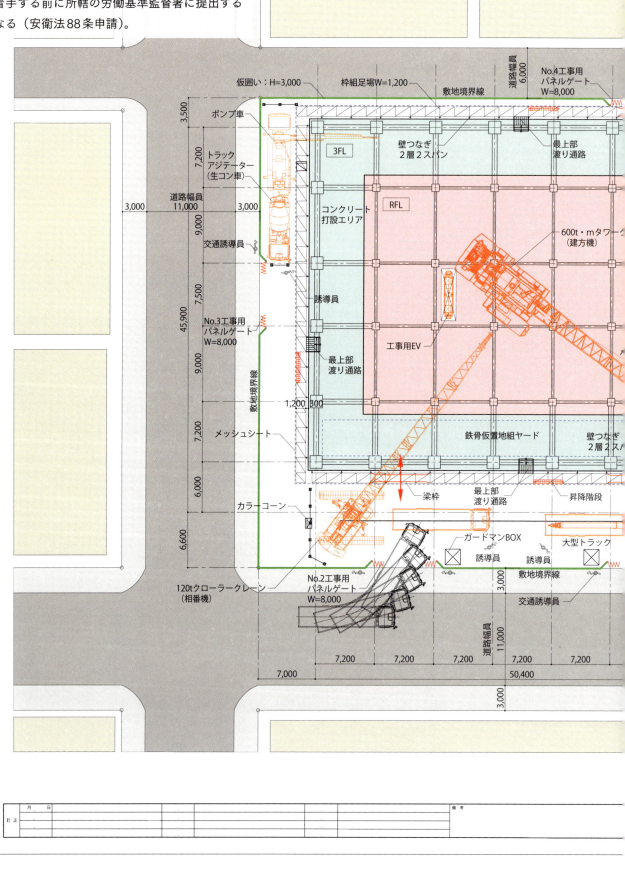

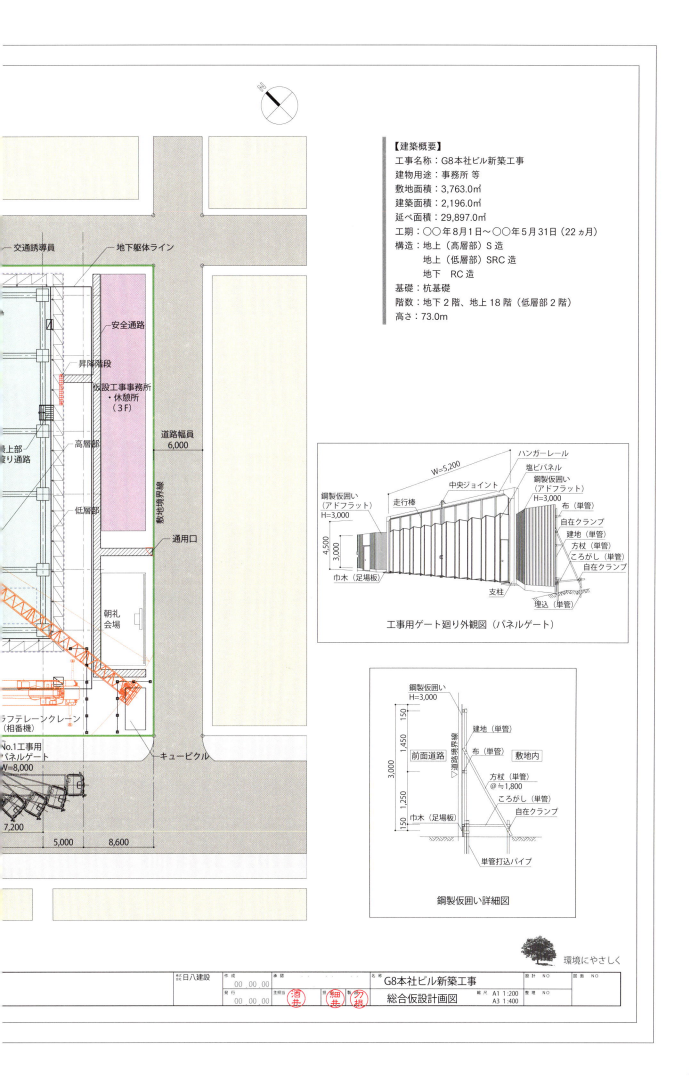

02 山留め工事

仮囲いなどの準備工事が終了すると、山留め工事が始まる。山留め工事は、掘削工事や地下躯体工事にあたって、周辺地盤や近接する既設構造物に影響を与えないように計画および施工することが重要である。ほかの工事と異なり、土や水など不確定要素の高いものを扱うので、入念な調査と計画が必要となる。

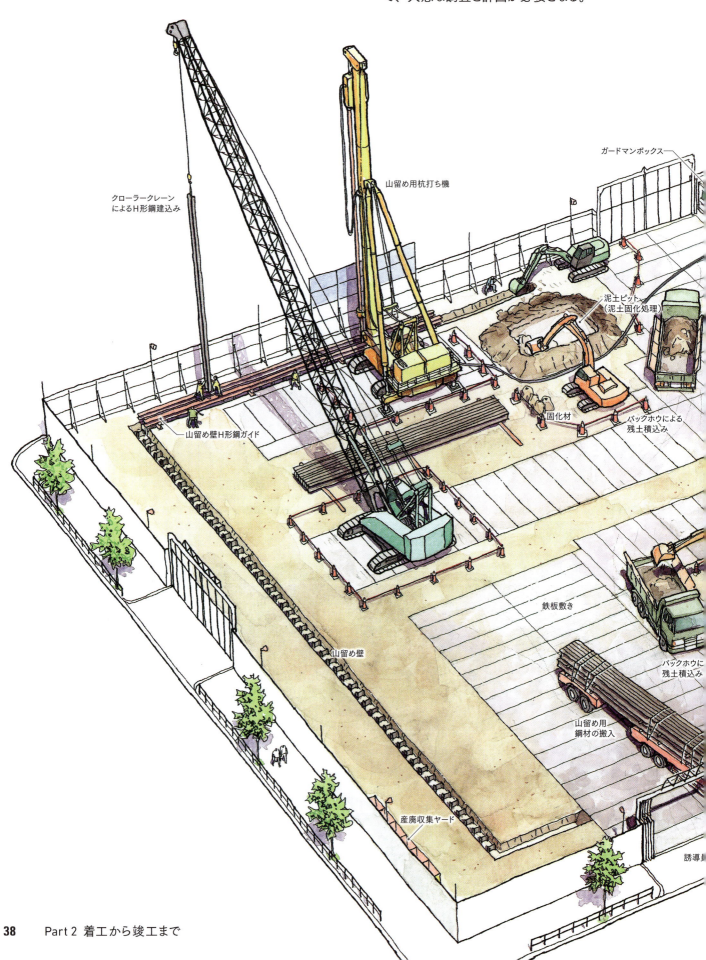

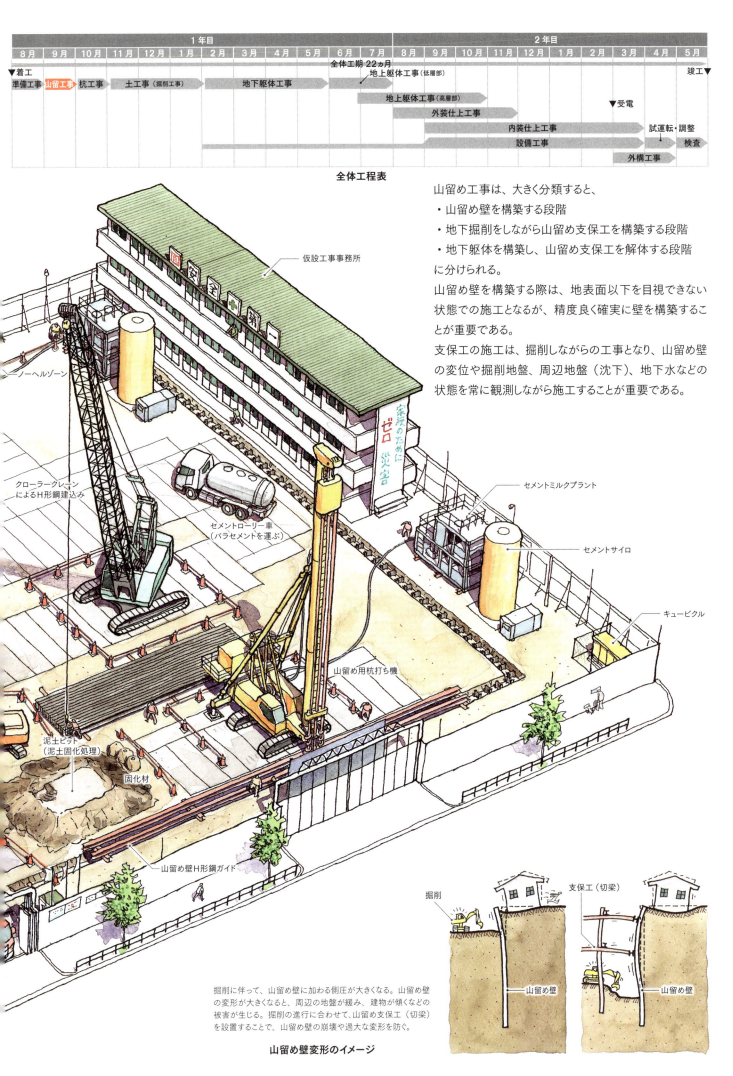

全体工程表

山留め工事は、大きく分類すると、
・山留め壁を構築する段階
・地下掘削をしながら山留め支保工を構築する段階
・地下躯体を構築し、山留め支保工を解体する段階
に分けられる。

山留め壁を構築する際は、地表面以下を目視できない状態での施工となるが、精度良く確実に壁を構築することが重要である。

支保工の施工は、掘削しながらの工事となり、山留め壁の変位や掘削地盤、周辺地盤（沈下）、地下水などの状態を常に観測しながら施工することが重要である。

掘削に伴って、山留め壁に加わる側圧が大きくなる。山留め壁の変形が大きくなると、周辺の地盤が緩み、建物が傾くなどの被害が生じる。掘削の進行に合わせて、山留め支保工（切梁）を設置することで、山留め壁の崩壊や過大な変形を防ぐ。

山留め壁変形のイメージ

山留め工事

山留め工事とは、土の掘削によって周辺の地盤が崩れないように、地中に仮設の壁（山留め壁）を構築したり、山留め壁を支える支保工を設置する工事である。

1 山留め壁の主な工法

山留め壁は、止水性のある止水（遮水）壁と、止水性のない透水壁に分類される。掘削深さ、地下水の有無・地下水位、土質、掘削周辺の建築物や埋設物などにより、安全や経済的な観点から最適な山留め壁の種類を選定する必要がある。山留めを構築する機械は、壁の種類により異なる。

（1）親杭横矢板工法

H形鋼（親杭）を芯材として打ち込み、掘削しながらその間に木製の板（横矢板）をはめ込む工法。止水性はないが、工事費用は比較的安価である。地下水位より浅い掘削に適している。

（2）シートパイル（鋼矢板）工法

互いにかみ合う形になっている鋼製の板を打ち込む工法。止水性に優れているが、材料が比較的高価なため、地下工事が終了後回収（引抜き）するのが一般的である。地下水位の高い地盤で、比較的浅い掘削に適している。

（3）ソイルセメント柱列壁工法

土とセメントミルクを撹拌して止水性のある壁（ソイルセメント壁）をつくる工法。壁の剛性をもたせるために、芯材としてH形鋼を挿入する。止水壁としては最もよく利用される工法である。地下水のある地盤で、比較的深い掘削に適している。

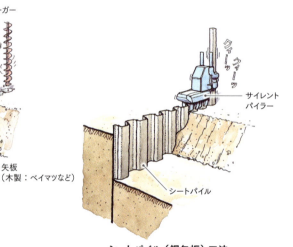

親杭横矢板工法　　シートパイル（鋼矢板）工法

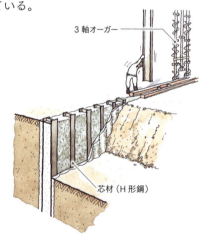

ソイルセメント柱列壁工法

（4）鉄筋コンクリート（RC）地中連続壁工法

地中に鉄筋コンクリート製の壁を構築する工法である。止水性・剛性は、ソイルセメント柱列壁より高い。仮設ではなく地下躯体として使用するケースもある。工事費用が高価となるが、周辺に重要な構造物がある条件での大深度掘削において採用されることがある。

（5）既存躯体を利用する方法

既存の建築物がある場合、その地下外壁を部分的に解体せずに、山留め壁として利用する工法。既存地下外壁の解体と新設の山留め壁の構築を省くことができ、コスト・工期面でのメリットがある。既存杭を新築工事の杭として利用することも検討する。

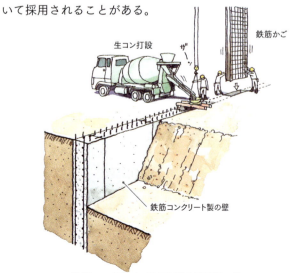

鉄筋コンクリート（RC）地中連続壁工法

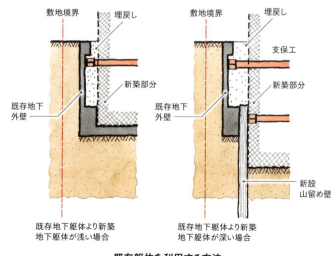

既存躯体を利用する方法

2 山留め支保工の主な工法

　山留め支保工は、掘削深さ、掘削面積・形状、敷地の高低差、土質、地下工事の手順、周辺地盤などにより、最適なものを選定する。

（1）水平切梁工法

　一般的によく行われる工法で、山留め壁を鋼製の腹起し・水平切梁・火打ちで支える工法。

　比較的深い掘削で、周辺に余裕がない敷地や高低差が少ない敷地で採用される。

（2）自立山留め工法

　山留め壁の根入れ部分を頼って、支保工なしで掘削する工法。浅い掘削で、周辺に余裕がない敷地で採用される。

（3）地盤アンカー工法

　掘削背面（外側）に地盤アンカーを打ち込むことで山留め壁を支える工法。掘削場所に仮設の障害物（水平切梁など）がないため、地下工事がしやすい。地盤アンカーの打込める敷地条件や周辺条件で、広い面積の掘削や敷地の高低差のある場合で採用されることが多い。

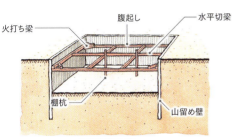

水平切梁工法

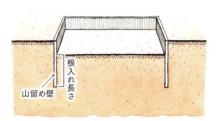

自立山留め工法

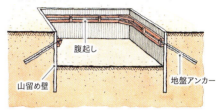

地盤アンカー工法

（4）法切りオープンカット工法

　法面（斜面）を形成しながら掘削する工法。山留め壁を構築する必要がないが、地下躯体完了後、埋戻しが必要となる。掘削周辺の敷地に余裕があり、周りに構築物や埋設物がない条件で、地盤が比較的堅固な場合に採用されることが多い。

（5）アイランド工法

　山留め壁に沿って法面を残して敷地中央部を掘削し、まず、中央部に構造物（基礎など）を築造する。続いて、この構造物から斜め切梁で山留め壁を支え、周辺部を掘削する。広い面積の掘削で、地盤アンカーが打設できない場合などに採用されることがある。切梁の数量を減らすことができるが、施工が2段階となり工期がかかる。

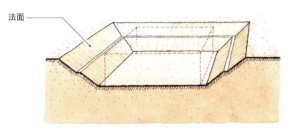

法切りオープンカット

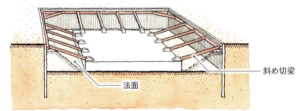

アイランド工法

（6）逆打ち工法

　山留め壁の設置後、構真柱と呼ばれる鉄骨をあらかじめ地中に埋め込み（場所打ち杭内）、これを支柱として、1階の床から下へ下へと掘削と躯体構築を繰り返す。通常とは逆の手順で躯体をつくることから、逆打ち工法と呼ばれる。並行して上部構造も構築することができるので、工期が短縮できる。また、剛性の高い建築物本体の床・梁躯体で山留めを支えるため安全性が高い。敷地に余裕のない周辺構造物の多い市街地での大深度掘削で採用されることが多い。

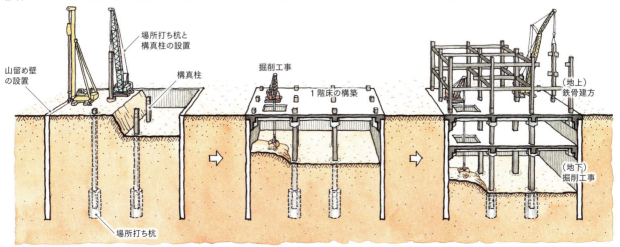

逆打ち工法の流れ

3 山留め壁の構築（ソイルセメント柱列壁）

　掘削工事に先立って、山留め壁を構築する。山留め壁の構築方法は、その壁の種類に応じて使用する重機や構築方法が異なるが、ここでは、比較的深い掘削の際に一般的に採用されるソイルセメント柱列壁の構築について説明する。

　掘削オーガー（3軸が一般的）を取り付けたベースマシン（クローラークレーンタイプが一般的）を使って地中にソイルセメントの壁体を構築する。
　壁の施工は、別途設置したプラントから供給されたセメント系懸濁液を掘削オーガーのヘッド先端から吐出しながら削孔し、地中の土と撹拌する。削孔混練後オーガーを引き抜き、すみやかに芯材を挿入する。
　3軸の掘削オーガーを使用した場合は、3軸分を1エレメントとして削孔し、止水壁として連続性の確保と鉛直精度の確保のため、各エレメントの端部1軸分をラップして施工する。

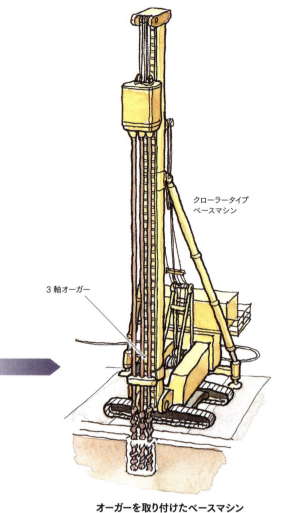

オーガーを取り付けたベースマシン（クローラータイプ）

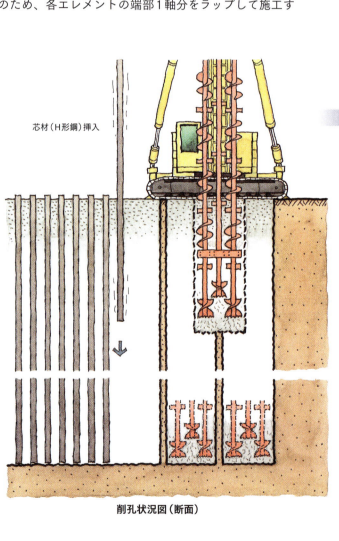

削孔状況図（断面）

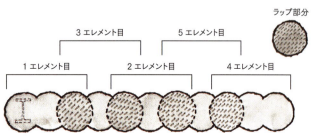

ソイルセメント柱列のラップ処理ステップ（連続方式）

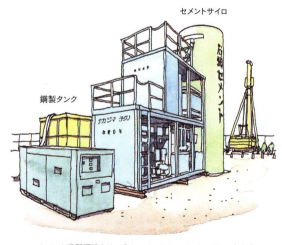

セメント系懸濁液とは、主に、セメント、ベントナイト、水を成分とするもののこと。セメントスラリーともいう。
掘削する土質により、セメントやベントナイトの配合を決め、プラントで必要量を調合し、オーガーマシンに供給する。

プラント

4 掘削工事中の施工・管理

　山留め壁構築後、掘削しながら矢板の施工や支保工の施工を行う。山留め壁の種類や支保工の種類によって施工方法は異なるが、掘削工事中のトラブルを回避するためには、山留め壁からの出水対策や山留め壁の変形、周辺地盤の沈下などの計測管理が重要である。

（1）親杭横矢板の「矢板」の施工

　土の掘削と矢板の挿入が同時に進行する。矢板は木製でベイマツなどが用いられる。

　矢板と地盤（壁）との間に隙間をつくらないように、手作業で矢板の裏に土を入れる。これを裏込め処理という。

親杭横矢板の「矢板」の施工

（2）山留め支保工（水平切梁）の施工

　切梁の段数に応じて段階的に掘削を行い、各段階で切梁の架設をしていく。切梁の架設後、山留め壁の変形を小さく抑える必要がある場合は、油圧ジャッキによりあらかじめ切梁に軸力（プレロード）を導入しておく。

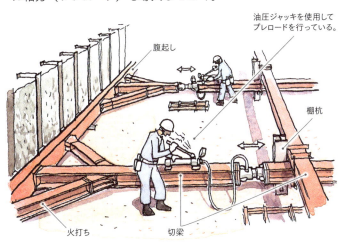

山留め支保工（水平切梁）の施工

（3）ソイルセメント柱列壁の掘削時の壁面の処理

　ソイルセメント柱列壁は、地下水位より深く掘削する場合に用いられるため、壁面からの出水に特に注意が必要である。出隅部分はクラックが入りやすいので鋼材（アングルなど）で補強する。なお、出水が確認された場合、状況に応じてすみやかに急結セメントでの補修、鉄板の溶接、土嚢による応急措置などの適切な対応を行う。

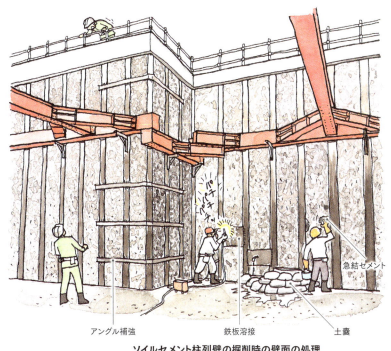

ソイルセメント柱列壁の掘削時の壁面の処理

（4）計測・管理

　掘削時においては、山留め壁の（水平）変位、切梁軸力や周辺地盤の沈下などの計測を定期的に実施する必要がある。計測値と計画時に予測した値との差を比較することで、適切な管理・対策が可能となる。

　山留め壁の変位の計測は、ピアノ線、下げ振りなどを用いた計測方法や山留め打設時に設置した測定管に傾斜計を挿入して測定する方法などがある。前者は掘削深さの浅い比較的軽微な工事で適用され、地下階のある建築物の工事では後者が一般的である。

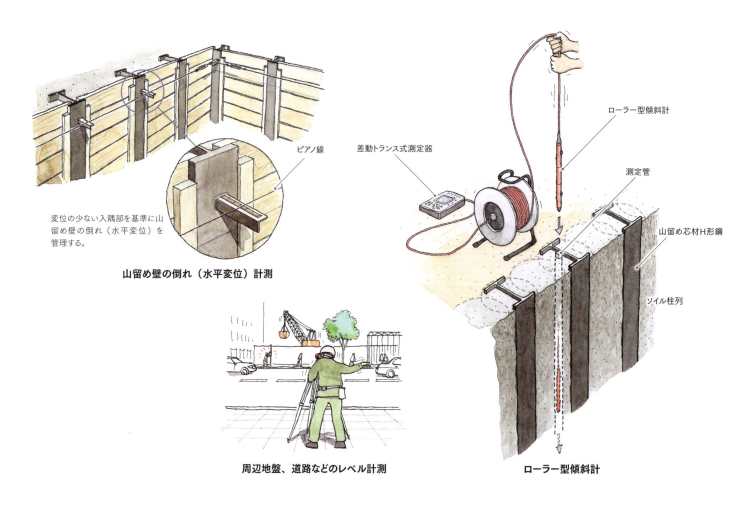

山留め壁の倒れ（水平変位）計測

周辺地盤、道路などのレベル計測

ローラー型傾斜計

 エピソード 山留めからの出水トラブル談

30年前の昔話

（5）事故例

　地下水のある深さより深く掘る大深度の掘削工事において、地下水対策は大変重要である。山留め壁は遮水性のあるソイルセメント柱列壁工法を採用するが、山留め壁の精度が悪くラップが十分でなかったり、ソイルセメントの硬化不良があったりすると、そこから地下水が流入することがある。大量の地下水が流入すると、地下水と共に山留め壁背面側の砂の流入が起こり、周辺の地盤が陥没する大事故へつながる。そのため、地下を一旦水没させ、地下水の流入を減らした上で薬液注入する対策を行うこともある。

　掘削工事において山留めを支持する支保工の施工管理が重要である。特に市街地では、敷地一杯に地下構造物を構築することが多く、支保工が壊れると、山留めの崩壊に至り、周辺の道路や民家などを巻き込んだ大事故へつながる。切梁や地盤アンカーの軸力、山留めの変形などの計測管理を行うことで、事故を未然に防ぐ。

地下水流入事故の水張りによる対策例

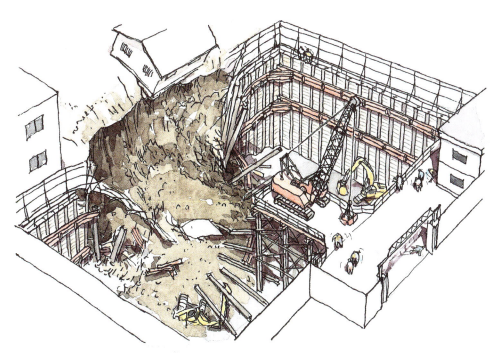

地盤アンカー破断による山留め崩壊事故例

03 杭工事

山留め壁の構築が終了すると、杭工事が始まる。建築物をしっかりと支えるために、支持地盤まで確実に杭を到達させることが重要である。

杭工事では、表層が軟弱地盤の場合には大型の重機が転倒しないように地盤改良を行い、その上に車両通行用の鉄板を敷き込み、仮設道路をつくる。その後、杭打ち機をパーツごとに搬入し、現場敷地内で組立てを行う。

この現場では、同一敷地内でアースドリル用杭打ち機2台で施工を行っている。これら大型の重機が所狭しと稼働するので、それぞれの重機を安全かつ効率良く稼働させるのが計画の見せどころである。

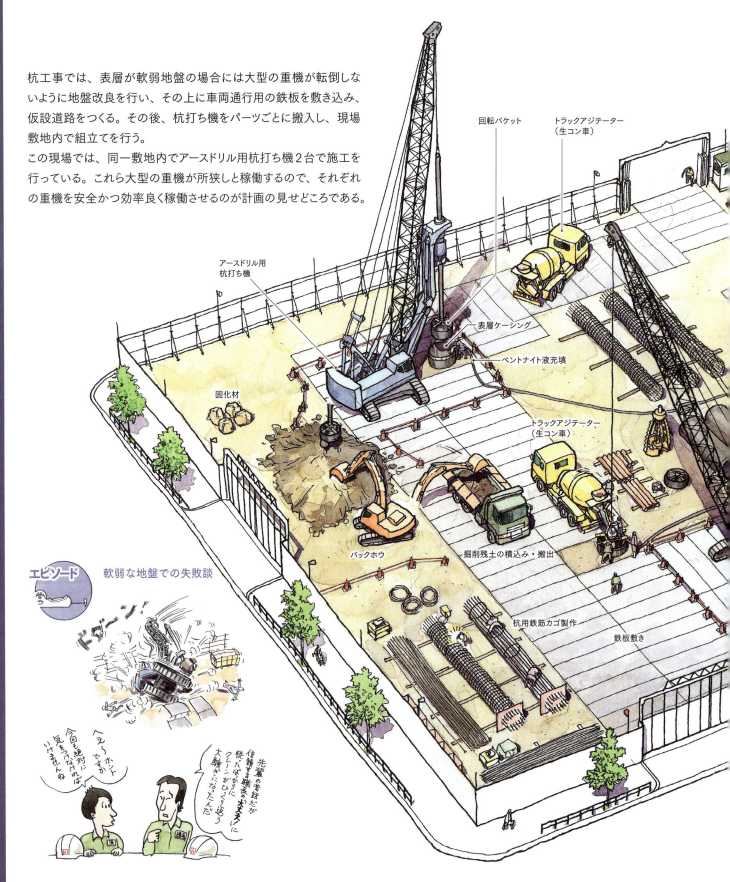

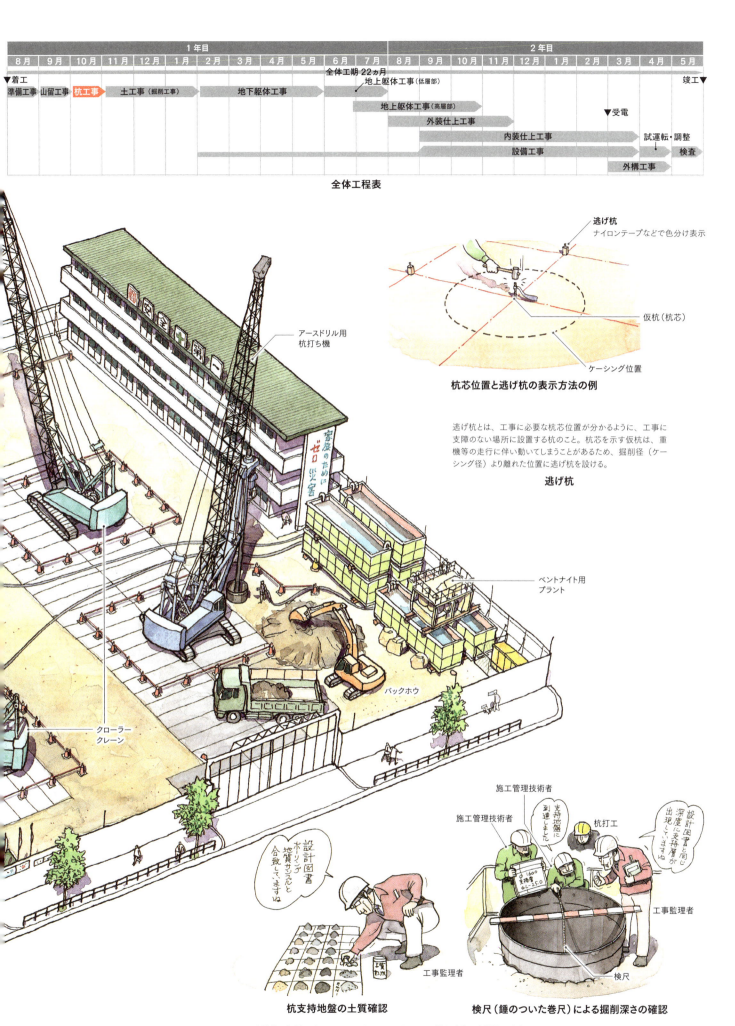

杭工事

杭工事とは、建築物を支持することができる地盤まで杭を築造する工事である。杭には支持する荷重と地盤の様々な条件に対応した杭工法がある。

1 杭の種類

(1) 杭仕様による分類
① 場所打ちコンクリート杭
② 既製杭（既製コンクリート杭、鋼管杭）

(2) 支持方式による分類
① 支持杭は、杭の先端を支持地盤に到達させ、主として上向きに働く先端支持力によって荷重を支えるものである。
② 摩擦杭は、先端を支持地盤まで到達させず、主として杭の側面と地盤との間に働く周面摩擦力によって荷重を支えるものである。摩擦杭は、支持地盤がかなり深い場合に採用されることが多い。

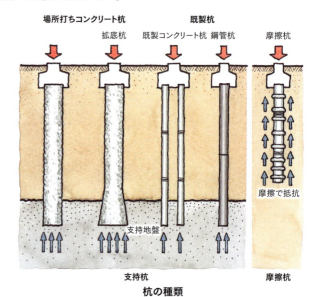

杭の種類

2 場所打ちコンクリート杭

(1) 工法
場所打ちコンクリート杭とは、地盤を掘削し、その孔の中に円筒状の鉄筋かごを挿入し、その後、生コンクリートを流し込み、杭を築造するものである。外径は、1mから2mを超えるものまであり、長さも10mから70mぐらいまで様々である。

主な工法としては、アースドリル工法、オールケーシング工法、深礎工法などがある。

(2) 施工手順（アースドリル工法）
① 孔壁が崩壊しないよう表層ケーシング（杭径の鋼管）を設置し、孔内を安定液で満たして、掘削用の回転バケットで支持地盤まで掘削する。安定液はベントナイト溶液が用いられる。
② 掘削後にスライム（泥）を底ざらいし、その後に鉄筋かごを挿入する。鉄筋かごのジョイント部は、継手長さを確保し、番線を用いてしっかりと結束する。
③ スライムのクリーナーでエアーを送り込み、スライムを吸い上げる。
④ コンクリートが分離しないようにトレミー管というパイプを使って杭底からコンクリートを打設する。
⑤ 杭築造後の穴の上面は敷き鉄板で養生し、後日、土砂で埋め戻す。

(3) 杭頭処理
場所打ちコンクリート杭の場合、比重の小さい泥など不純物の混じった上澄みコンクリートが発生するため、土工事の掘削後、この部分を斫りとる必要がある。この作業を杭頭処理といい、斫りとる杭頭の部分を余盛りという。杭築造時に高さは500〜800mm程度余分に生コンクリートを打設する。

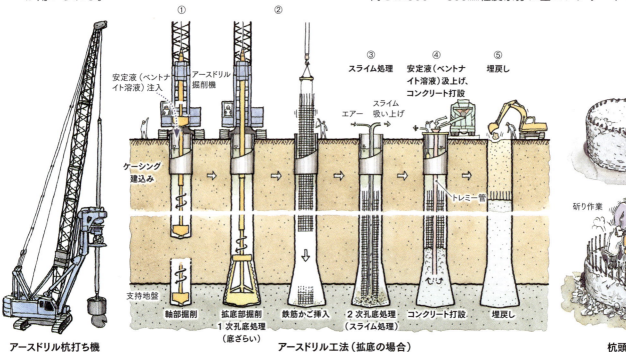

アースドリル杭打ち機　　アースドリル工法（拡底の場合）　　杭頭処理

3 既製杭（既製コンクリート杭、鋼管杭）

（1）工法

工場製作した杭を、工事現場で打ち込む。工法と杭の種類（既製コンクリート杭・鋼管杭など）により、施工可能長さが異なる。杭の施工法は、打込み工法と埋込み工法がある。

近年、周辺への騒音・振動に配慮した埋込み工法が使用されることが多くなっている。埋込み工法には、プレボーリング工法と中掘り工法がある。

（2）施工手順（プレボーリングセメントミルク工法）

① オーガー（きり）を回転させて、支持地盤まで掘削する。
② 掘削完了後、根固め液としてセメントミルクを先端に注入し、オーガーを引き上げる。
③ オーガー引上げ後に既製コンクリート杭（PHC杭ほか）を挿入する。杭のジョイントは、溶接するかプレートとボルトで固定して接続する。
④ 杭を回転させて、先端を支持地盤に圧入し、セメントミルクの根固め液で固める。

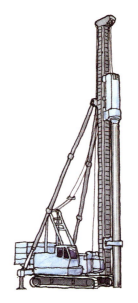
アースオーガー杭打ち機

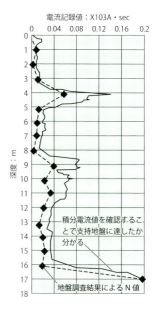
積分電流値記録表

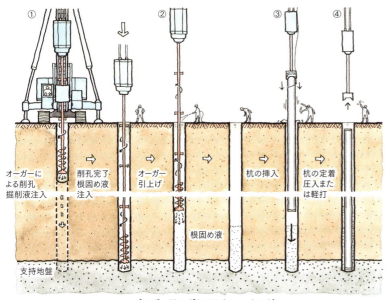
プレボーリングセメントミルク工法

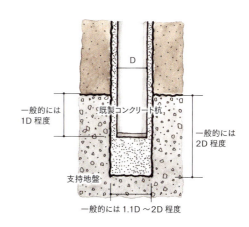
支持地盤根入れ深さ（既製コンクリート杭の例）

既製コンクリート杭は認定工法により根入れ部が違うため、確認の必要がある。

（3）支持地盤の確認

支持地盤の深さは、地盤調査資料や設計図書で事前に支持地盤となる礫層やN値を確認するとともに、施工時には、アースオーガー駆動用電動機の積分電流値の変化と掘削深度などの情報に基づき確認する。積分電流値が大きい場合は、支持地盤に達したことを示す。

豆知識 「打たなく」ても杭打ち?!

以前、杭は杭打ち機と呼ばれる杭を打つ機械で「バシーン！バシーン！」とディーゼルハンマーで叩いて打ち込んでいた。しかし、今では騒音や振動のため市街地ではほとんど行われておらず、油圧の力で押し込んだり、オーガーで穴をあけてから杭を入れるなど、新たな工法に変わっている。

打込み式の杭工法

04 土工事（掘削工事）

杭工事が完了すると、次は地下の躯体を構築するためにまず土を掘削をしていく。掘削工事中は山留め壁の変形や周辺地盤の沈下などに注意し安全に作業を進める必要があり、気の抜けない作業である。

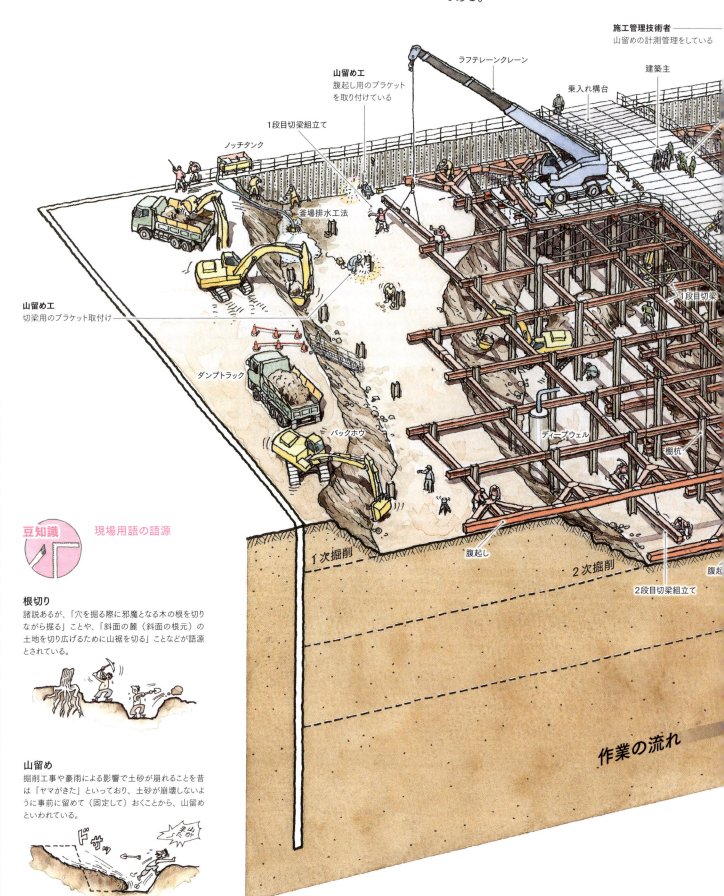

豆知識　現場用語の語源

根切り
諸説あるが、「穴を掘る際に邪魔となる木の根を切りながら掘る」ことや、「斜面の麓（斜面の根元）の土地を切り広げるために山裾を切る」ことなどが語源とされている。

山留め
掘削工事や豪雨による影響で土砂が崩れることを昔は「ヤマがきた」といっており、土砂が崩壊しないように事前に留めて（固定して）おくことから、山留めといわれている。

全体工程表

地下掘削のステップ図

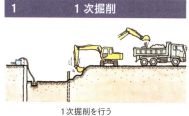

1 １次掘削
１次掘削を行う

2 切梁（１段目）設置
１段目の切梁を設置する

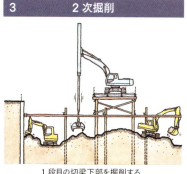

3 ２次掘削
１段目の切梁下部を掘削する

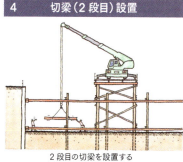

4 切梁（２段目）設置
２段目の切梁を設置する

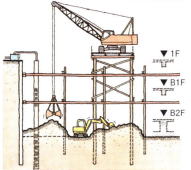

5 ３次掘削・床付け
構造体下部の床付面まで掘削する

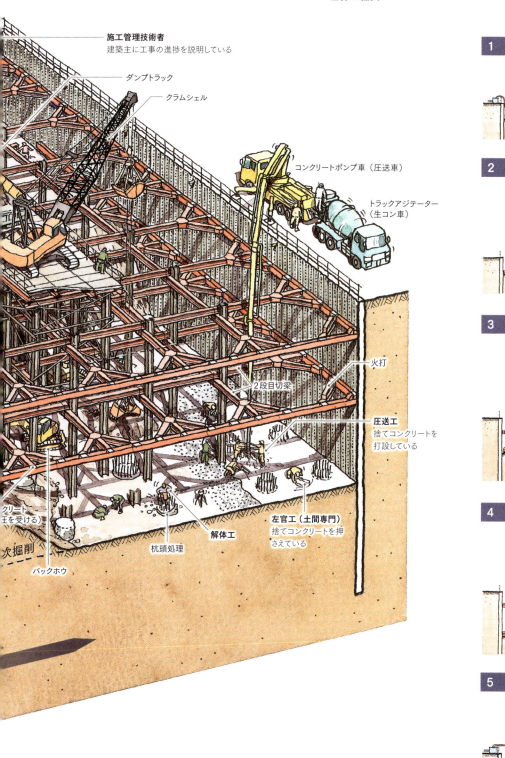

バックホウなどを用いて土を掘り、ダンプトラックに積み込み、指定先に搬出することを繰り返し、掘り進める。切梁を架設しながら掘り進めていくことで、山留めの崩壊や過大な変形を防いでいる。作業が進むにつれ、ダンプトラックがバックホウに寄りつけなくなるので、乗入れ構台を設置して、構台上からクラムシェルを用いて地下深くから土を持ち上げ、搬出する。

土工事

土工事とは、主に地下階や基礎躯体などの地表面より下の構造物をつくるために、あらかじめ土を掘り場外へ搬出する作業である。地表面より下には地下水が滞水していることが多く、掘削作業が進むにつれて根切り部へ浸透、流入してきた水が溜まらないように、掘削作業と並行して排水も行うことが工事を順調に進める上で重要となる。

1 掘削機械の種類

掘削機械は、バックホウを使うのが一般的である。バックホウの掘削可能深さは約4〜5mである。積込み機械は、バックホウとクラムシェルを用いることが多い。ダンプトラックが掘削している深さまで近付けない場合、バックホウで直接積込みができないため、クラムシェルを用いる。

土を掘り、ダンプトラックの荷台に土をそのまま積み込む作業や土を集積する作業を行う重機。

バックホウ

地下の深い掘削工事の際、地下でバックホウが集積した土を地上にいるダンプトラックに積み込む作業を行う。

クラムシェル

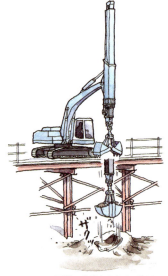

クラムシェルと同様の作業を行うが、油圧でアームが伸縮し、下部の土をバケットでつかむことが可能。クラムシェルより作業効率が高い。

テレスコ式クラムシェル

2 床付け

床付けとは、設計された建築物の深さまで土を掘り、掘削底面を平らに仕上げることをいう。床付け面を乱さないように掘削するために、最後は平爪バケットを用いたバックホウですき取り（薄く土砂を削り取ること）することが望ましい。

一般には、床付けが完了したら砕石を敷き均し、捨てコンクリートを打設する。捨てコンクリートとは、基礎や型枠の墨出し、型枠・鉄筋の受け台として設ける厚さ50mm程度の無筋コンクリートをいう。

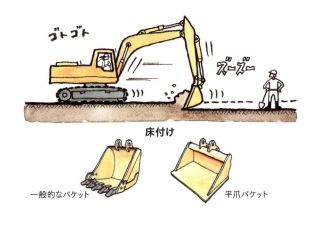

床付け

一般的なバケット／平爪バケット

トピック　建設機械のICT技術（3次元情報での重機コントロール）

GPS機器を用いてバックホウなどのバケットの位置を把握することで、自動で図面どおりに掘削が可能となる技術。

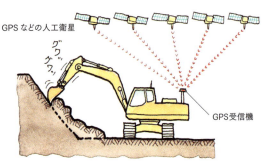

GPS位置情報を用いた自動掘削イメージ

エピソード　掘削工事中の現場巡回

3 排水工法の選定

掘削深さが地中の水位（地下水位）より深くなると地下水が湧き出てきて、土が泥状になり掘削作業に支障をきたしてしまうので、掘削開始前・掘削中に排水を行う。一般的な排水工法を以下に示す。

（1）釜場排水工法

掘削底面に釜場という仮設の穴を築造し、水中ポンプで水を汲み出す工法。最も簡易的な工法。根切り底に溜まる雨水の排水に適する。

（2）ディープウェル（深井戸）工法

口径600mm程度の井戸用鋼管を地中深く設置し、井戸内に流入した地下水を水中ポンプで汲み上げ、井戸周辺の地下水を低下させる工法。釜場排水と比べ、設置費用・手間がかかるが、大量の水を効率良く排水できる。

水中ポンプで揚げられた水は、通常ノッチタンクと呼ばれる濾過槽を介し、揚水に混じる泥などを沈殿させ分離し、上澄みの水だけを場外に排水する。排水された水は地下水が大体を占めるため、中性であることが一般的だが、現場内に解体したコンクリート片があると、コンクリート中のアルカリ成分が現場内の水に溶け出し、アルカリ性を示すことがあるため、定期的に水質（主にpHチェック）を管理する。

4 残土処理

掘削した際に発生する土を残土という。残土を決められた処分地に、決められた経路で運搬しているかどうかを確認するため、ダンプトラックの運搬経路を追跡確認し、処分地の受入れ現場の確認を行う。追跡確認の方法としてGPSを用いた方法も取り入れられている。

ダンプトラックで残土を場外に搬出する際、工事エリアから出る前にタイヤ洗浄を行い、周辺の道路を汚さないよう配慮する。また、埋戻し用に残土を残す場合もある。

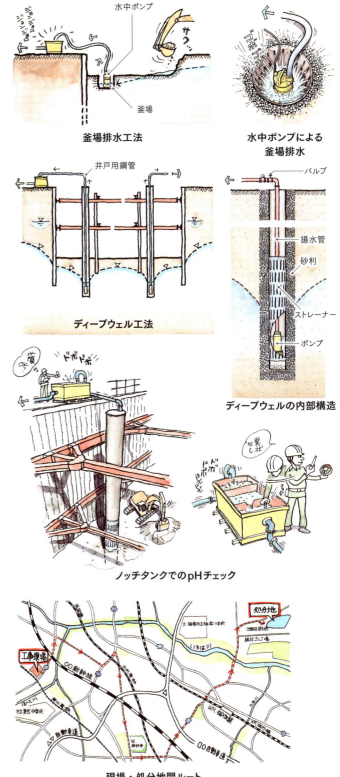

釜場排水工法 / 水中ポンプによる釜場排水 / ディープウェル工法 / ディープウェルの内部構造 / ノッチタンクでのpHチェック / 現場・処分地間ルート / タイヤ洗浄

エピソード　床付け完了！
掘削完了は工事現場の大きなひと区切り。ささやかなお祝いもあるでしょう。

05 地下躯体工事

土工事が終わると、いよいよ躯体（くたい）工事が始まる。しっかりとした地盤に、鉄筋コンクリートで基礎、柱、梁、床、壁などの建築物の骨組をつくる。それには、鉄筋工事・型枠工事・コンクリート工事・設備工事が相互に連携をしながら、入念な計画と適切な管理のもとで各工事を進めていく。

地下躯体構築のステップ図

1　基礎躯体構築後、切梁2段目解体

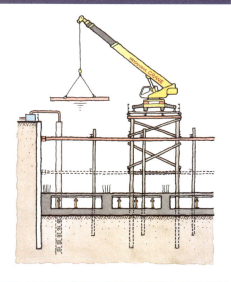

2　地下2階躯体構築後、切梁1段目解体

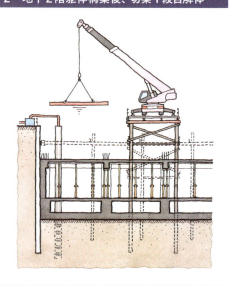

3　地下1階躯体構築後、構台解体

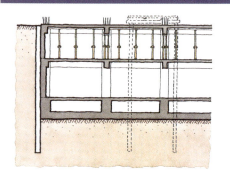

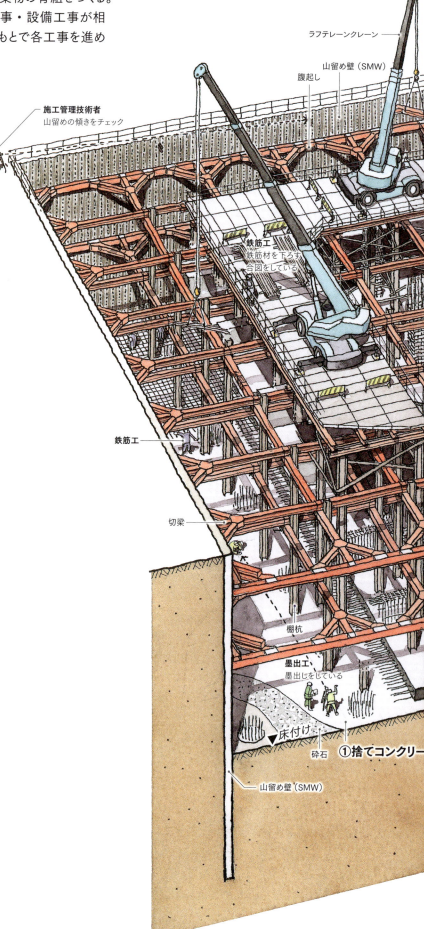

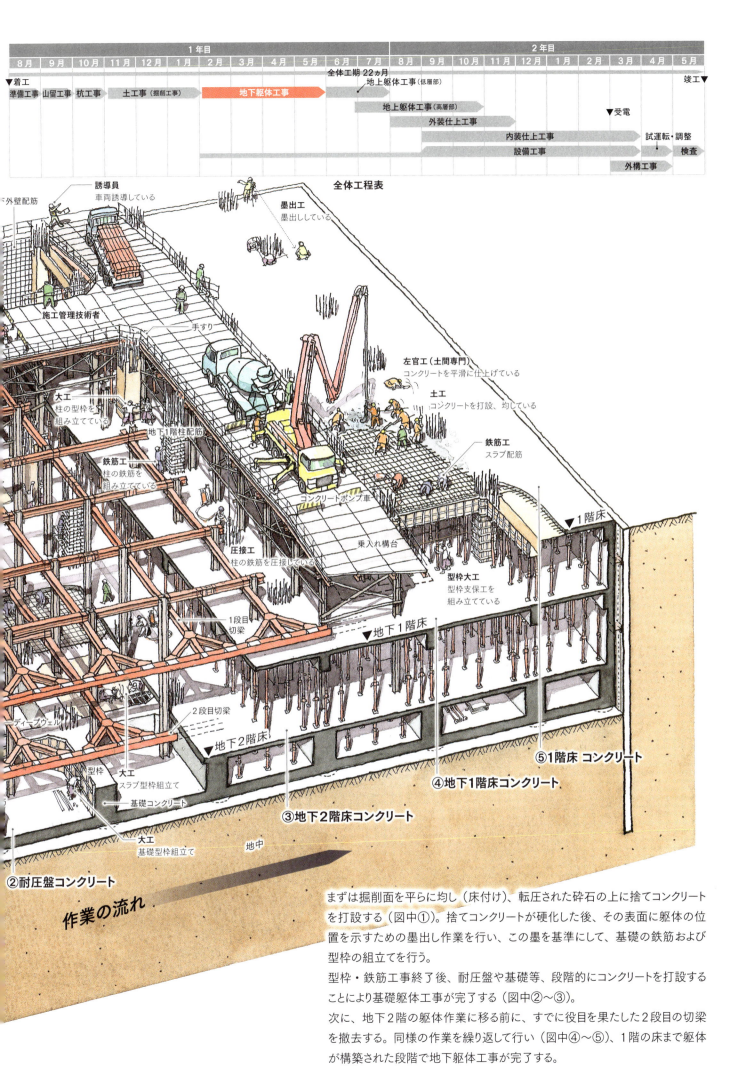

まずは掘削面を平らに均し（床付け）、転圧された砕石の上に捨てコンクリートを打設する（図中①）。捨てコンクリートが硬化した後、その表面に躯体の位置を示すための墨出し作業を行い、この墨を基準にして、基礎の鉄筋および型枠の組立てを行う。

型枠・鉄筋工事終了後、耐圧盤や基礎等、段階的にコンクリートを打設することにより基礎躯体工事が完了する（図中②〜③）。

次に、地下2階の躯体作業に移る前に、すでに役目を果たした2段目の切梁を撤去する。同様の作業を繰り返して行い（図中④〜⑤）、1階の床まで躯体が構築された段階で地下躯体工事が完了する。

5-1 躯体工事の流れ（RC造）

1フロアの躯体ができるまでの一般的な作業順序をそれぞれ示した。
専門技術・技能をもつ各職種の技能労働者たちが入れ替わりながら、建築物をつくり込んでいく。

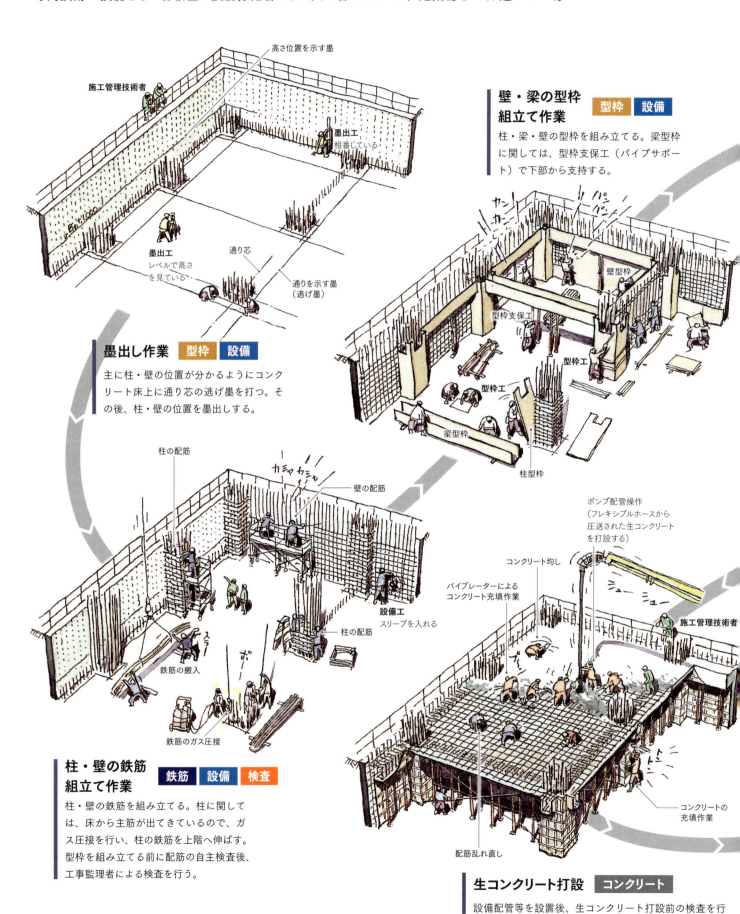

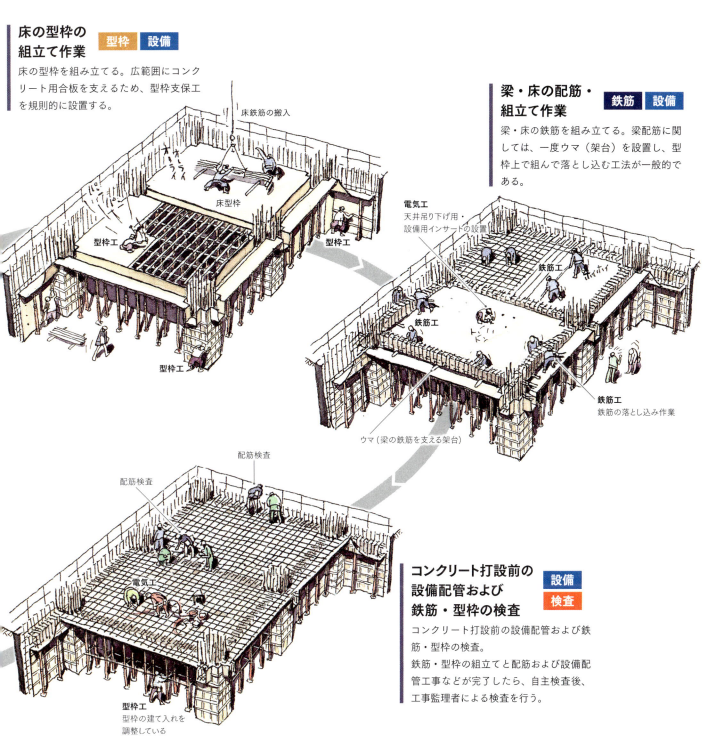

床の型枠の組立て作業　型枠　設備

床の型枠を組み立てる。広範囲にコンクリート用合板を支えるため、型枠支保工を規則的に設置する。

梁・床の配筋・組立て作業　鉄筋　設備

梁・床の鉄筋を組み立てる。梁配筋に関しては、一度ウマ（架台）を設置し、型枠上で組んで落とし込む工法が一般的である。

コンクリート打設前の設備配管および鉄筋・型枠の検査　設備　検査

コンクリート打設前の設備配管および鉄筋・型枠の検査。
鉄筋・型枠の組立てと配筋および設備配管工事などが完了したら、自主検査後、工事監理者による検査を行う。

養生・型枠解体　型枠

コンクリートの強度が出るのに必要な期間の経過後、型枠を解体する。

鉄筋	鉄筋工事
型枠	型枠工事
設備	設備工事
コンクリート	コンクリート工事
検査	各種検査

5-2 型枠工事

型枠工事とは、鉄筋コンクリートの構造物を形づくるために重要な役回りを担う工事で、"型"となるための"枠"をつくる工事である。型枠は、要求される形をつくり、コンクリートの強度が十分に発現するまでの養生を行うための仮設のものである。

1 型枠工事の機能と部材構成

通常型枠には、組み立てられた枠内に打ち込んだ生コンクリートが漏れ出ないように留める機能と、生コンクリートが硬化して十分な強度を発現するまで形状を保持・保護する機能がある。

型枠はコンクリートに直に接し、生コンクリートの漏れを防ぎ成形するためのせき板と、せき板を支える支保工と、せき板と支保工を緊結して型枠の強度・剛性を保つ締付け金物から構成される。

下の図は、型枠工事で最も多く使用されている、コンクリート用木製合板のせき板を用いた在来工法で、その際使用される主な材料の名称を示している。

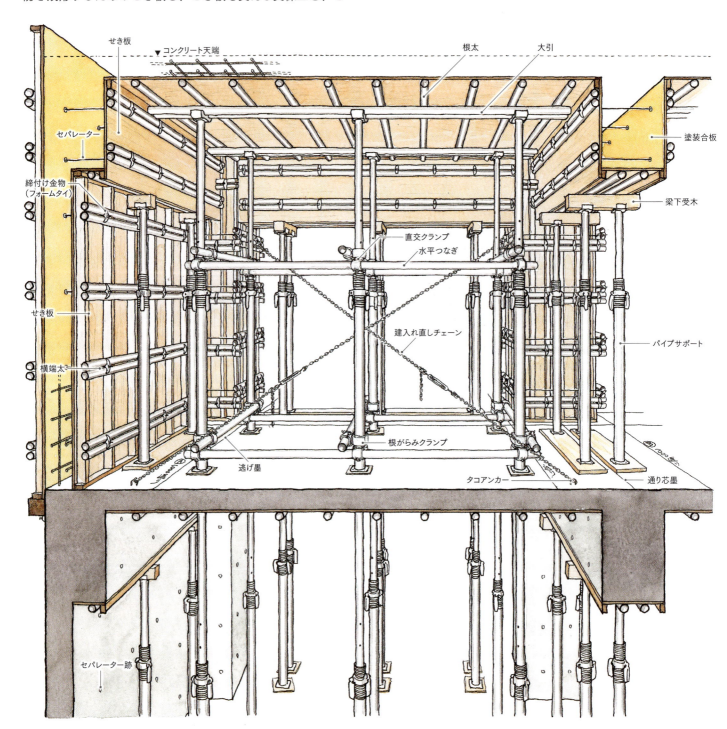

在来工法による型枠組立ての例

2 型枠の加工

コンクリート寸法図（躯体図）をもとに、型枠加工図（型枠工事業者が作成する場合が多い）を作成し、これに基づき、型枠の加工を行う。通常、現場での組立てに間に合うように、計画的に型枠を事前に工場（加工場）で加工する、もしくは敷地に余裕のある場合は工事現場敷地内で加工を行う。

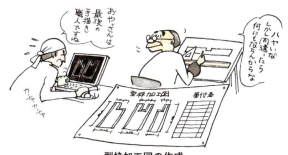

型枠加工図の作成

3 型枠の現場施工

（1） 墨出し

柱や壁などの正確な位置を出すために、墨壺という道具を使って床の上に基準の線を墨で印すことを墨出しといい、その基準線となる通り芯は、セオドライト、トータルステーションなどを用いて計測する。一般に柱芯・壁芯などの墨出しは、鉄筋が邪魔をして墨打ちができず、また、型枠を建て込むと見えなくなってしまうため、通り芯から1mずらして逃げ墨の基準線を出しておく。

上階への地墨の移設は、柱の基準線を出し、その交点の上階床に直径15cm程度の孔をあけ、この孔を利用して下げ振りを使って墨を上階の床上に移動する。このように移設したポイントを結んで各階の基準線を引いていく。また、高さ方向の基準線は、レベルを用いてＦＬ（フロアライン）＋1mの水平の墨を柱・壁に出しておく。

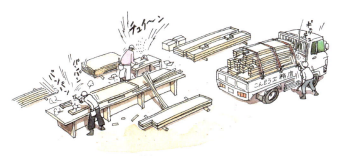

墨壺

（2） 型枠組立て

コンクリート部材が図面に示された位置に適切な形状となるように、水平・垂直の精度を確認しながら型枠を組み立てる。型枠は、組立てが完了するまで不安定な構造になりやすく、さらにコンクリート打込み中はコンクリートの自重や側圧、振動など大きな荷重が作用するので、これらの荷重に耐えられるように型枠を堅固に組み立てる必要がある。型枠の組立て作業を安全に進めるために、型枠組立ては型枠支保工の組立て等作業主任者の有資格者が指揮にあたる。また、その際、型枠が変形しないように補強し位置を保つための部材である型枠支保工には、パイプサポートを使う場合や枠組み式の材料を使う場合など、それぞれの状況や条件によって、その仕様を使い分ける。

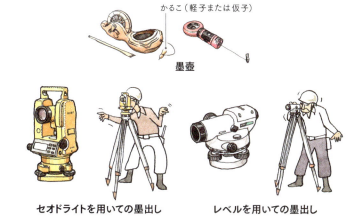

セオドライトを用いての墨出し　　レベルを用いての墨出し

基準線の墨出し作業

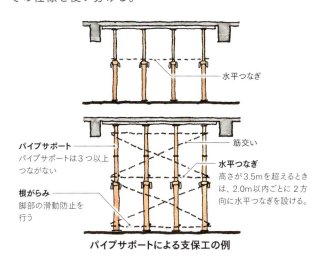

パイプサポート
パイプサポートは3つ以上つながない

根がらみ
脚部の滑動防止を行う

筋交い

水平つなぎ
高さが3.5mを超えるときは、2.0m以内ごとに2方向に水平つなぎを設ける。

パイプサポートによる支保工の例

地墨の上階への移設

（3）コンクリート打込み

コンクリート打込み作業中は、型枠の状態を点検し、側圧によって、型枠がパンク（崩壊）したりふくらんだりしないように注意する必要がある。

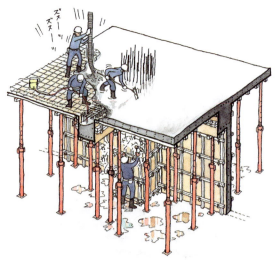

コンクリートはポンプ車を使用して、配管より送り出される。スラブ上では、バイブレーターをかけながらコンクリートを流し込んでいる。スラブ下では、生コンクリートを密実に打設するために、型枠を木づちで叩いている。また、型枠大工は緩んだ締付け金物をしっかりと締め直している。

コンクリート打込み状況

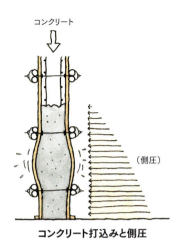

コンクリート打込みと側圧

（4）型枠脱型（型枠解体）

型枠は、打ち込んだ生コンクリートが所要の強度を発現するまで解体してはならない。また、型枠支保工は、コンクリート部材に作用する荷重に対して、十分な安全性が得られる強度が発現するまで解体してはならない。型枠の取外しが早すぎると、コンクリート部材にひび割れや、過大な変形が生じることがある。床や梁では、コンクリートが設計基準強度の100％以上に達するまで、型枠支保工を存置する方法が一般的である。

型枠脱型の作業場所は型枠解体工以外の立入りは禁止。安全作業に徹することが重要である。

型枠の脱型

（5）型枠転用

型枠工事に使用する資機材を繰り返し使用することを転用という。転用計画では、転用回数や転用しやすい形状・寸法を計画することが重要である。

せき板（コンクリート用合板）は複数回転用して使用すると表面が劣化して、脱型するとコンクリート仕上げ面が荒れてくる。塗装合板を使用する場合は無塗装合板に比べて、転用できる回数が多く、鋼製型枠やアルミ製型枠などはさらに耐久性に優れている。このような材料の特性も認識して計画することで、品質の向上と工事の合理化が可能となる。

型枠パネルの転用しやすい形状・寸法とは、形状・寸法が標準化されているものである。

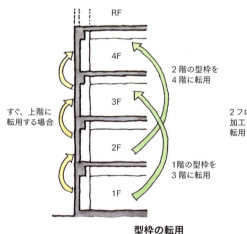 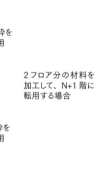

型枠の転用

特定支柱を用いた型枠支保工の早期解体工法

本工法はコンクリートが設計基準強度に満たない打設後4日目前後の段階（例えば、設計基準強度24N/mm²に対して12N/mm²〜16N/mm²程度の強度発現）で、特定支柱を指定位置に設置し、増し締めを行った上で、一般型枠と支保工を早期解体し、直上階に荷上げ転用することで、型枠資材を1層分で済ませ、転用効率を高める工法である。また、この工法を用いる場合はFEM解析（有限要素法を用いた解析）により、有害なひび割れやたわみを防止する特定支柱の位置と本数を算出し、かつコンクリートの強度およびプロセス管理を行う。採用にあたり、設計者・工事監理者への確認が必要である。

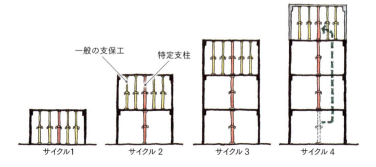

4 各種型枠工法

　型枠材は"仮設の材料"であるため、コンクリートを打設し終わると不要なものとなってしまう。不要材とならないように型枠材を躯体兼用とする工法やコンクリート部材を工場で事前に成形（PCa化：プレキャスト化）して現場へ持ち込む工法も多くなっている。これらは、工事現場から出てくる廃棄物量の低減にも役立っている。このことを一般に「工業化（合理化）工法による施工」といい、そのねらいは、①型枠の組立・解体作業の省力化、②解体作業の削減、③他の工事との融合、④工期の短縮、などが挙げられ、様々な種類の工法がつくり出されている。その例としては、デッキプレート型枠、鉄筋付きデッキプレート型枠、ハーフPC（プレキャストコンクリート）型枠、ラス型枠、薄鋼打込み型枠などがある。

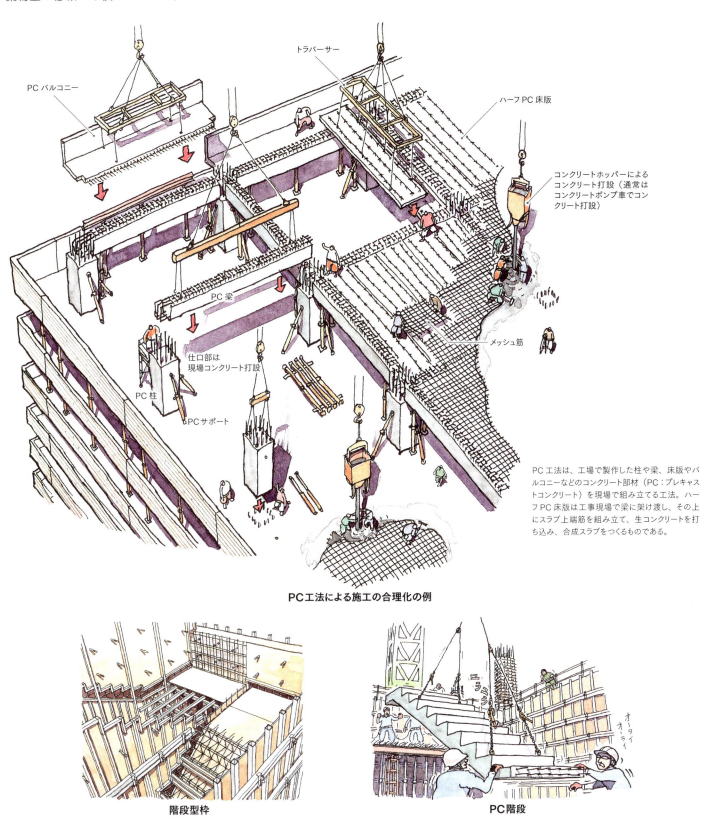

PC工法は、工場で製作した柱や梁、床版やバルコニーなどのコンクリート部材（PC：プレキャストコンクリート）を現場で組み立てる工法。ハーフPC床版は工事現場で梁に架け渡し、その上にスラブ上端筋を組み立て、生コンクリートを打ち込み、合成スラブをつくるものである。

PC工法による施工の合理化の例

階段型枠など加工が複雑で、高度な技能が要求されるものは、合理化を図るためにも、鉄骨やPC（プレキャストコンクリート）にするなど工夫されている。

複雑な型枠の例（階段型枠）

5-3 鉄筋工事

鉄筋工事とは、鉄筋コンクリートの構造体を構築するために鉄筋で骨組を組み立てる作業を行うことである。建築物の強度を左右する大切な躯体工事である。

作業の流れは、まず設計図書（構造図）から鉄筋の種類・径・長さ・本数を読み取り、施工図（コンクリート寸法図・鉄筋加工図）を作成する。次に、鉄筋工事業者の加工場で鉄筋を切断し、曲げ加工する。さらに、切断・加工された鉄筋を工事現場に搬入し、配筋・組立て作業を行う。

1 鉄筋の各部材の構成と名称

鉄筋は、建築物の構造部分によって名称が異なる。下の図は、代表的な構造部分（柱・梁・床・壁・基礎）の鉄筋の名称である。

鉄筋コンクリートでは、コンクリートは圧縮力に耐えられるが引張力には弱いため、中の鉄筋が引張力を負担している。このことから構造部分に大きな引張力がかかる箇所には多くの鉄筋が配置される。また、コンクリートは乾燥して収縮を起こし、ひび割れが発生する弱点をもっているため、ひび割れを防ぐ効果もある。

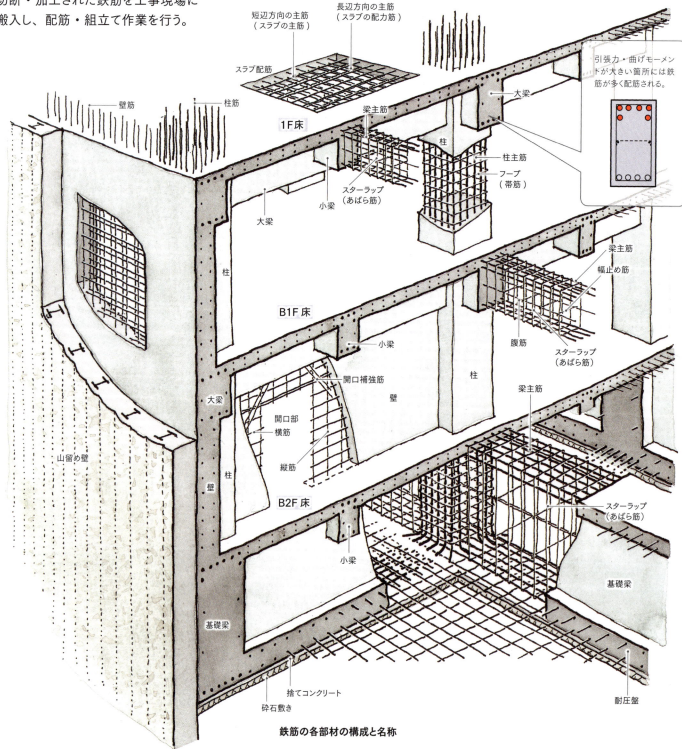

鉄筋の各部材の構成と名称

2 鉄筋材料（種類・径・鋼種）

　鉄筋の種類は、丸鋼・異形棒鋼・ねじ節鉄筋に分類される。昭和初期までは丸鋼の使用が多かったが、現在では異形棒鋼が一般的となっている。また近年、鉄筋同士をつなぐ際に機械式継手も多くなっていることから、ねじ節鉄筋も多く使用されている。ねじ節鉄筋は、鉄筋表面の筋がねじ状に形成された異形鉄筋のことである。構造物の各部にかかる力の大きさによって、適切な鉄筋径（太さ）・種類が選定され、設計されている。一般的に建築で使用される鉄筋の直径は、10〜51mm程度である。鉄自身の強さの違いを表す鋼種も様々あり、一般的には4種類が使われている。また、各鉄筋メーカーではこれらの鉄筋の種類や径などを判別しやすくするための目印をつけて、間違いを防いでいる。

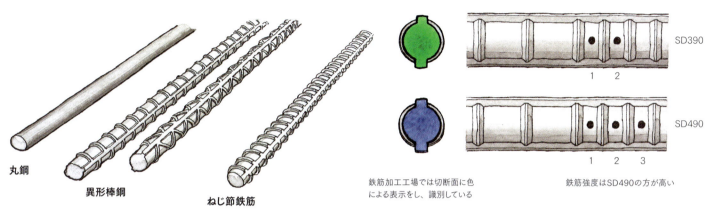

丸鋼　異形棒鋼　ねじ節鉄筋

鉄筋加工工場では切断面に色による表示をし、識別している

SD390
SD490

鉄筋強度はSD490の方が高い

種類の違いを表す表示マーク

3 鉄筋の加工

　鉄筋の加工は、設計図・特記仕様書・標準仕様書・コンクリート躯体図あるいは鉄筋組立図・加工図・加工帳に従い、通常、鉄筋工事業者の加工場で必要な寸法に切断曲げ加工を行う。鉄筋を切断・加工するための、鉄筋切断機にはシアーカッターと丸鋸切断機（高速カッター）があり、鉄筋折曲げ機には、帯筋、あばら筋、主筋の加工に用いるバーベンダーと鉄筋直材をR加工する鉄筋曲げ機に大きく分けられる。

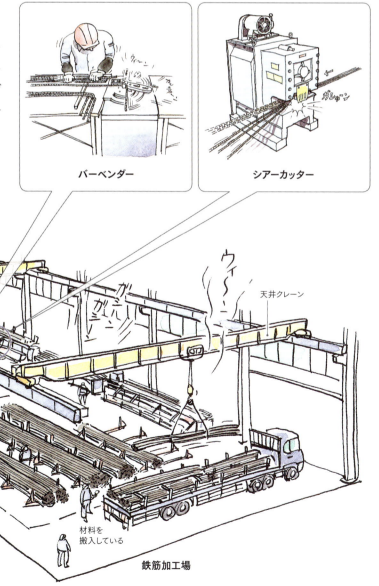

バーベンダー　シアーカッター

材料出荷ダンプ
天井クレーン
加工後の鉄筋
鉄筋工　鉄筋を曲げている
材料を搬入している
鉄筋加工帳
鉄筋加工場

4 鉄筋の組立て

（1）材料受入検査・配筋および組立て

現場にて鉄筋を組み立てる前に、品質管理の上で重要となる鉄筋材料の受入検査を行う。組み立てる箇所と設計図を確認し、種類に間違いが無いかどうかを確認する。

鉄筋の組立ての目的は、鉄筋を所定の位置に正しく配筋し、コンクリートの打込み完了まで移動しないように堅固に結束し保持することである。鉄筋同士の位置の固定には結束線と呼ばれる細いなまし鉄線を用いて、ハッカーで縛り付ける。

また、高さのある基礎の梁などを組み立てる際には、鉄筋架台などの一時的に仮受けする台を設置する。

（2）鉄筋材料の継手・定着

工事現場での鉄筋の組立ては通常1フロアごとに行うため、上下階の柱の鉄筋同士を接合する必要がある。また、梁も構造上必要な鉄筋の長さが定尺より長い場合が多いので、鉄筋同士を接合する必要がある。この鉄筋同士の接合を継手という。継手の種類は複数あり、鉄筋径や施工条件に応じて採用する継手を決める。

定着とは、例えば梁の主筋を柱内の所定の位置に必要な長さ分を延長して組み立て、コンクリートと鉄筋との付着力によって梁にかかる力を柱に伝達する。その延長部分が定着で、継手と同様に構造上重要な部分となる。

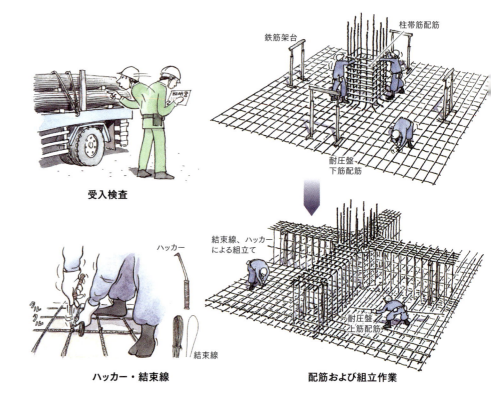

受入検査

配筋および組立作業

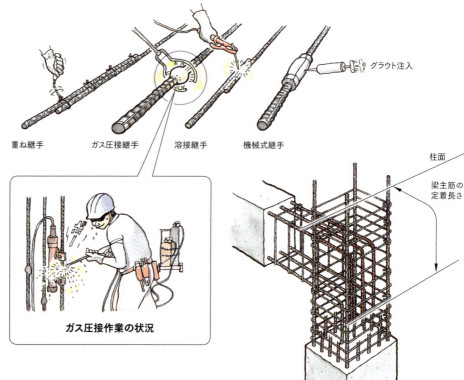

ハッカー・結束線

重ね継手　ガス圧接継手　溶接継手　機械式継手

ガス圧接作業の状況

定着

豆知識　鉄筋先組工法
不安定な足場での鉄筋組立て作業を避け、地上で鉄筋を組み立て、ブロックで揚重することで、作業の安全・省人・効率などの合理化が可能となる工法

エピソード　ほめられたり注意されたり…
それくらい「確認」は重要！　ガンバレ匠クン。

(3) あき・かぶり厚さ

あきとは、隣接する鉄筋の表面の相互の最短距離をいう。鉄筋のあきは、コンクリート中のセメントペーストと粗骨材とが分離することなく密実に打ち込まれ、鉄筋とコンクリートの間の付着による応力が伝達されるように、最小値が決められている。

かぶり厚さとは、鉄筋からコンクリート表面（型枠の内側）までの最短距離のことをいう。かぶり厚さは、耐火性・耐久性及び構造耐力に大きく影響するため、設計におけるかぶり厚さの適切な設定と施工におけるかぶり厚さの精度の確保が、品質確保の上で極めて重要な事項となる。かぶり厚さを確保するため、鉛直部（柱・壁・梁側面など）にはプラスチック製のスペーサー、水平部（スラブ・梁底など）には鉄筋のサポート（鋼製またはコンクリート製）を設置し、所定の間隔を確保する。ポリスチレンフォームのような柔らかい素材の断熱材を打ち込む場合はバーサポートが沈まないようプレート付きのものを使用する。

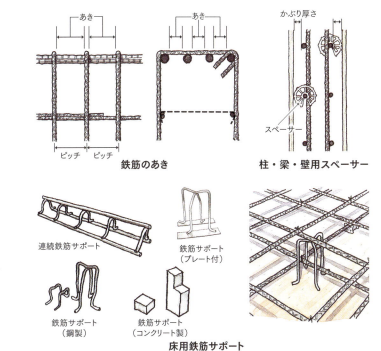

鉄筋のあき　　柱・梁・壁用スペーサー

連続鉄筋サポート　鉄筋サポート（プレート付）　鉄筋サポート（鋼製）　鉄筋サポート（コンクリート製）

床用鉄筋サポート

(4) 配筋検査

配筋検査は、設計図と工事現場の配筋状況が一致しているかどうかを確認・記録することが重要となる。

その際、配筋検査表と写真で記録を残す（黒板には検査場所・検査日・立会い者を記入する）。検査内容は主に以下の項目となる。

①部材符号・断面に関する検査（部材に用いられる鉄筋の種類、径、本数、ピッチ）
②部材位置・かぶり厚さに関する検査
③配筋基準や詳細図で示されている鉄筋の定着長さ、フックの角度および余長、継手の位置と長さ、打ち増し部の処置、開口補強、貫通孔補強などの検査

この検査は、鉄筋工事業者による自主検査とゼネコンの施工管理技術者の現場監督（品質管理者）による検査を行った後、工事監理者による検査を行い、問題がなければその後、型枠大工が残りの面を型枠で塞ぎ、コンクリートを打設する。

配筋検査

トピック　タブレット端末による配筋検査
近年、タブレット端末を用いて配筋検査をすることで、記録を書類に残す負担を減らした技術が開発されている。検査項目をタッチしチェック、配筋写真を撮影すると、自動的に整備された記録を残すことができる。

5-4 コンクリート工事

コンクリート工事とは、鉄筋コンクリート造の建築物において構造部材である柱・梁・床や雨水・地下水の浸入を防ぐ外壁などを構築する上で型枠工事、鉄筋工事と共に重要な工事である。
まずレディーミクストコンクリート工場（以下、生コン工場）では、品質基準、強度や打設時期や場所に基づいて呼び強度（コンクリートを注文する際に指定する強度）を決定し、その調合でコンクリートを混練し製造する。コンクリートをトラックアジテーター（生コン車）で現場まで運搬し、工事現場でコンクリートポンプ車などを用いて型枠内に流し込む。コンクリート工事は、一度打設（流し込み）し始めてしまうと基本的に作業完了まで止めることができず、やり直しができない工事のため、骨材や混和剤などの材料選定やコンクリートの調合計画を適切に行い、さらには打設前、打設中、打設後それぞれに品質の不具合が発生しないように入念な施工管理を行う。

1 材料

(1) 構成材料

コンクリートは、水・セメント・骨材（細骨材（砂）・粗骨材（砂利））・混和材料（混和剤と混和材の両方）からつくられる。なお、セメントと適量の水を練り混ぜたものをセメントペースト、セメントと水と細骨材を練り混ぜたものをセメントモルタルという。

①セメント材料の構成

セメントは、石灰石や石膏を焼いて粉末とした灰色の粉体である。砂や砂利などの骨材を結合させる接着剤としての役割がある。セメントと水が化学反応して水和熱を発生し、硬化する。

一般には普通ポルトランドセメントや早強ポルトランドセメントが使用されることが多い。

②骨材

骨材は細骨材（砂）と粗骨材（砂利）との2つに分けられる。粗骨材とは粒径5mm以上の砂利であり、細骨材は5mm以下の砂のことである。コンクリート中の約7割を占め、コンクリートの骨格をつくることから骨材といわれる。

③混和剤

コンクリートの様々な性能を改善し、品質を向上させるために入れる液体。混和剤を入れることで、鉄筋が複雑に組み立てられている型枠内でも隅々までコンクリートが流れ込む性能（流動性）などを高めることが可能となる。

混和剤の1つであるAE剤は、気泡のボールベアリング効果によりワーカビリティー（打込み作業のしやすさ）が改善されたり、単位水量を減らすことができる。

④混和材

混和材は、一般に粉体で添加量が多く、コンクリートの調合時に混練する材料で、高炉スラグやフライアッシュなどがある。

(2) 性能

①フレッシュコンクリート

型枠内および鉄筋周囲に密実にコンクリートを打ち込むために、フレッシュコンクリートの流動性（コンシステンシー：Consistency）が重要である。流動性の程度を表す重要な指標にスランプがある。スランプを確認する方法として、スランプ

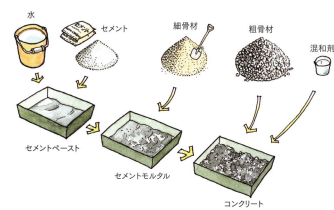

コンクリートの構成材料

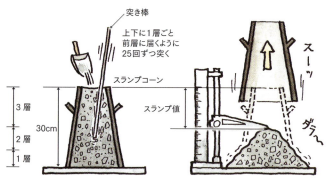

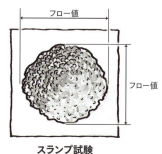

スランプ試験

コーンと呼ばれる器具にコンクリートを3層に分けて（体積を3等分）入れ、1層分25回ずつ突き棒で突く。2層・3層は前層に届くように突き、上に引き上げた後の高さ、広がり方の形状を計測するスランプ試験がある。また、ワーカビリティー（施工軟度：Workability）の重要性も必要で、水分量やコンクリートの流動性・粘り・材料分離への抵抗性など、コンクリートの打込み作業のしやすさを確認する。

②硬化後のコンクリート

硬化後のコンクリートは所要の強度、ヤング係数、乾燥収縮率、耐久性を有する必要がある。強度については、専用の圧縮試験機を用いて、円柱状に固めた試験体（供試体）に力をかけ、計画どおりの強度があることを確認する。

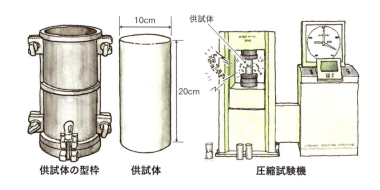

供試体の型枠　　供試体　　　　　　圧縮試験機

2 製造

（1）試し練り

設計図書で指定された調合でコンクリートを試作し、スランプ、空気量、圧縮強度、塩化物量などの品質が管理値内に入っているかを確認する。

（2）運搬計画

生コン工場で混練したレディーミクストコンクリートはトラックアジテーターで現場まで搬送する。コンクリートは練混ぜ後、時間が経過するにつれてワーカビリティーが低下する。型枠に流し込むまでに時間がかかってしまうと、きれいに型枠内に充填されずにジャンカ（コンクリートの表面に粗骨材が集まって固まり、多くの隙間ができて不均質な状態、豆板ともいう）が発生しやすくなる。また、連続したコンクリートの打込み時において先に打ち込まれたコンクリートが凝結し、後から打ち込んだコンクリートと一体化されずにできた継ぎ目（コールドジョイント）ができてしまうことがある。このことから、打込み終了までの時間制限を設け、また、練混ぜ開始から中断せず、連続的に打込みが終了するようにする。

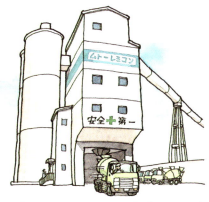

レディーミクストコンクリート工場（生コン工場）

試し練りの状況

フレッシュコンクリートの練混ぜから打込み終了までの時間の限度の規定

ジャンカ（豆板）　　　トラックアジテーター（生コン車）

3 現場施工（コンクリート打設）

（1）打設計画
①コンクリートポンプ車配置・打設計画
　コンクリートの打設に際し、あらかじめ適切な計画をすることが重要である。コンクリートポンプ車とトラックアジテーター（生コン車）の配置やコンクリートポンプ車のブームがどこまで伸びるのかを検討し、ブームが打設位置まで届かない場合は、圧送用の配管の計画を行い、コンクリート打設前に手配する。

　また、コンクリート打設順序も事前に計画し、コールドジョイントの発生をなくすために、フレッシュコンクリートの打重ね時間間隔の限度は、外気温が25℃未満で150分、25℃以上で120分とする。

　コンクリートポンプ車以外にも、シュートやバケットと呼ばれるコンクリート打設専用器具を用いることもある。

②打設時間計画
　1時間当たりの打設量を計画する。コンクリートポンプ車1台当たり20～30㎥/h程度で計画し、コンクリート打設作業に無理が生じないようにする。

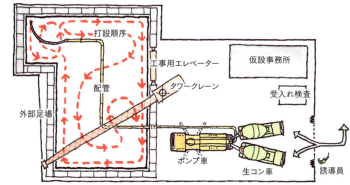

コンクリート打設計画

コンクリートポンプ車　　**コンクリートホッパーによる打設**

（2）打設管理
①受入れ検査
　コンクリートを型枠内に打ち込む前に、コンクリートの性能が発注したとおりの性能かどうかを、トラックアジテーターから供試体（テストピース）に使用するフレッシュコンクリートを採取し、受入れ検査を行う。受入れ検査は150㎥ごとに1回行い、工事監理者、施工管理技術者が毎回立ち会い、確認しなければならない。検査項目は主に以下となる。

- 納入書による確認
　コンクリートの種類、呼び強度、粗骨材の最大寸法、セメントの種類などを、納入書により確認する。
- 圧縮強度の試験
　1回の試験は、打込み工区ごと、打込み日ごと、かつ150㎥以下にほぼ均等に分割した単位ごとに3個の供試体を用いて行う。3回の試験で1検査ロットを構成し合否を判定する。
- コンクリートの状態
　受入れ時に、目視検査でワーカビリティーの確認を行う。
- スランプ試験
　凝固前のコンクリートの流動性を確認する試験。
- 空気量試験
　フレッシュコンクリートに含まれる空気量を調べる試験。JIS規格では普通コンクリートでは4.5%±1.5%が規定値である。
- 塩化物量試験
　フレッシュコンクリートに含まれる塩化物量を調べる試験。塩分濃度計や試験片への化学反応により塩化物イオン量を調べる。JIS規格では塩化物イオン量は0.30kg/㎥以下となるように定められている。

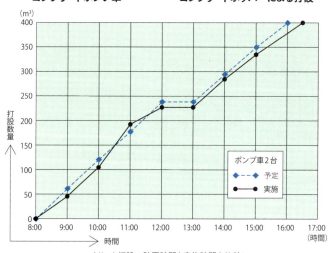

コンクリート打設の計画時間と実施時間を比較して計画どおりに打設できているかを管理する表

打設管理表

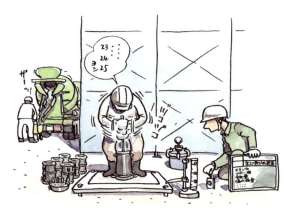

受入れ検査

・コンクリートの温度測定
　フレッシュコンクリートの温度を測定する。

②打設立会い管理

　コンクリートの打設は、施工管理技術者の指揮のもと、複数職種の技能労働者たちが連携して行う。

　施工管理技術者は、複数の技能労働者に計画どおりに各作業を実施してもらうため、コンクリート打設前に、関係者を集めてミーティングを行い、打設計画を周知させる。

・施工管理技術者：総指揮、コンクリートの発注数量の調整や施工の方法などの指示を行う。
・コンクリート圧送工：コンクリートポンプ車を操作し、打設箇所にコンクリートを送る。
・土工：型枠内にコンクリートを充填させる。棒形振動機（バイブレーター）や木槌を用いてコンクリートの充填性を高める。
・左官工：コンクリートの表面を均し、平滑にする。
・型枠大工：コンクリート打設中に型枠がずれたりしないよう、通りやはらみを調整する。
・鉄筋工：コンクリート打設中に鉄筋の乱れや、かぶりを直す。
・設備工：コンクリート打設中に配管用スリーブの乱れを直す。

コンクリート打設状況

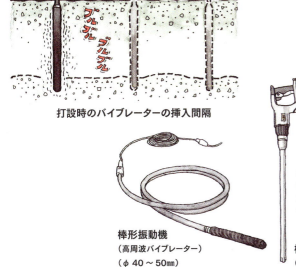

打設時のバイブレーターの挿入間隔

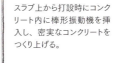

棒形振動機
（高周波バイブレーター）
（φ40〜50mm）

棒形振動機

棒形振動機
（コードレスバイブレーター）

スラブ上から打設時にコンクリート内に棒形振動機を挿入し、密実なコンクリートをつくり上げる。

型枠振動機による締固め

コンクリート打設中に型枠外部から木槌や型枠振動機を用いて、密実なコンクリートをつくり上げる。

木槌による充填確認

③コンクリート表面仕上げ管理

打設終了後、凝結が終了する前にタンピング（コンクリート表面を叩いて締め固める作業）、床押え（表面を平滑にする作業）を行う。床押えは、コンクリート上部の水の引き具合を見てまず木鏝で表面を押さえる。その後、さらに固まってきたら金鏝やトロウェルという機械を用いて、平滑に仕上げる。床の仕上げ（コンクリート表面のまま、床シート張り、防水下地など）の違いによって、鏝押えを1回にするのか2回にするのかを決める。

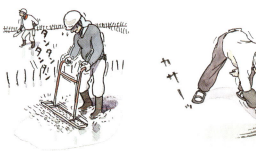

タンピング　　　　　　　　床押え

（3）コンクリート打設後の管理（養生）
①湿潤養生

コンクリートは打設後もセメントと水が化学反応をし続けている。打設後硬化し始めたコンクリートに散水し、水分を供給することで反応が促進される。散水などによる湿潤養生を一定期間（下表参照）行うことは重要である。

トロウェル

湿潤養生の期間

セメントの種類	計画供用期間の級 短期および標準	長期および超長期
早強ポルトランドセメント	3日以上	5日以上
普通ポルトランドセメント	5日以上	7日以上
中庸熱および低熱ポルトランドセメント 高炉セメントB種、フライアッシュセメントB種	7日以上	10日以上

②温度養生

外気温が低い場合には、コンクリート表面が凍結することで硬化不良を生じることがあるため、シートや毛布で打設部位を包み、養生を施す必要がある。

散水養生による湿潤

（4）ひび割れ対策
乾燥収縮によるひび割れ

コンクリートの硬化時に、コンクリート中の水分が失われ、乾燥収縮によるひび割れが発生する場合がある。

対策として、
・乾燥収縮の小さい骨材（石灰石骨材など）を使用する
・打設後に十分な湿潤養生を行う
・混和材として膨張材を使用する

などがある。また、ひび割れが発生すると思われる場所にひび割れ誘発目地を設け、計画的にひび割れを発生させることがある。

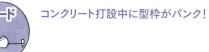

コンクリート打設中に型枠がパンク！

 生コンクリートの発注調整

バケツリレー

1㎥≒ネコ（一輪車）33杯

（5）CFT造充填コンクリートの打設方法

CFT（Concrete-Filled steel Tube：コンクリート充填鋼管）造とは、鋼管の内部にコンクリートを充填した構造形式で、鋼管と充填コンクリートとの相互拘束効果により、構造耐力が向上する。鋼管柱の内部にコンクリートを充填するための打設の管理にはCFT造施工管理技術者の資格が必要となる。コンクリートの打設方法には、コンクリートホッパーを用いた落とし込み工法とコンクリートポンプ車を用いた圧入工法がある。

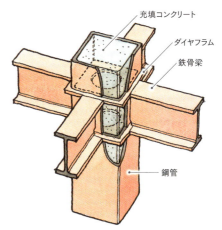

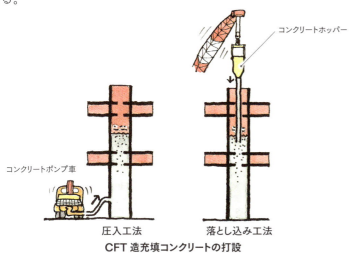

CFT造充填コンクリートの打設

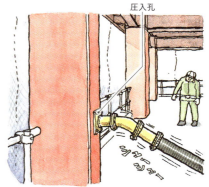

圧入の状況

豆知識　コンクリート工事のノウハウ

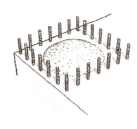

清掃ノウハウ
柱中央部はコンクリートを盛り上げておくと、型枠内を水洗いしたときに埃などが溜まらず、清掃が容易にできる。

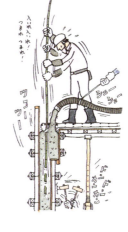

打設ノウハウ
棒形振動機（バイブレーター）が普及していなかった頃は竹で突いて充填していた。

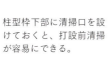

柱型枠下部に清掃口を設けておくと、打設前清掃が容易にできる。

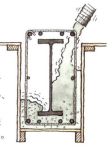

打設ノウハウ
SRC造梁のコンクリート打設は片側から流し込みを行い、反対側からの生コンクリート吹出しを確認することで、鉄骨下端の空洞発生を防止する。

エピソード　年末のもちつき大会で家族も慰労

現場監督や作業員とその家族への感謝やコミュニケーションを大切にする。

06 地上躯体工事

【低層部1〜2階：SRC造（鉄骨鉄筋コンクリート造）】
地下躯体工事が終了し、地上躯体工事が始まる。まずは、大事な骨組となる鉄骨建方が行われる。巨大な揚重機を使いながら、鳶工や鍛冶工が重量鉄骨を組み立てていくダイナミックな作業はまさに圧巻である。鉄骨は工区ごとに移動式クレーン（クローラークレーン）で建て込み、その後、下の階から柱、梁、壁、床の順で鉄筋・型枠を組み立て、コンクリートを1層（1階）ごとに打設していく。

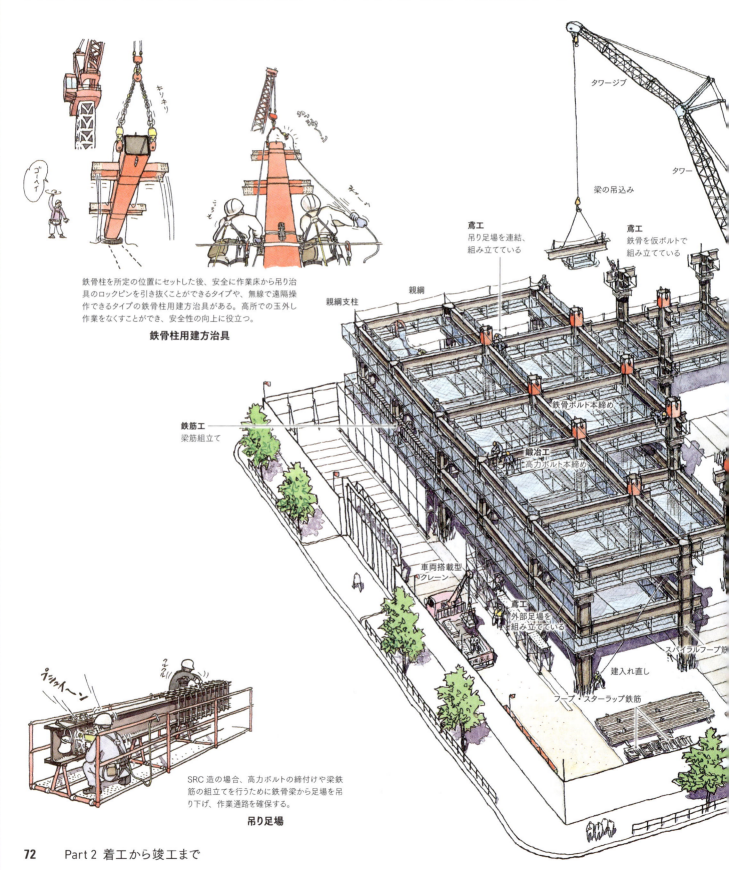

鉄骨柱を所定の位置にセットした後、安全に作業床から吊り治具のロックピンを引き抜くことができるタイプや、無線で遠隔操作できるタイプの鉄骨柱用建方治具がある。高所での玉外し作業をなくすことができ、安全性の向上に役立つ。
鉄骨柱用建方治具

SRC造の場合、高力ボルトの締付けや梁鉄筋の組立てを行うために鉄骨梁から足場を吊り下げ、作業通路を確保する。
吊り足場

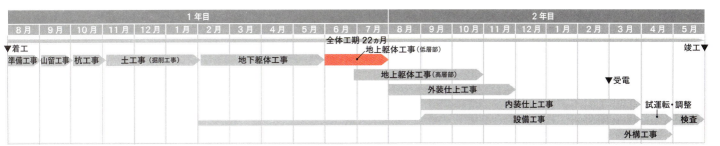

全体工程表

豆知識　SRC造の鉄骨柱での鉄筋先組工法

SRC造では、鉄骨の柱や梁に鉄筋を地上で取り付けたものを組み立てていく方法がある。これによって、高所で行う作業を減らし、安全性を向上させると共に工期を短縮させることができるため、この合理化工法を採用することが多い。

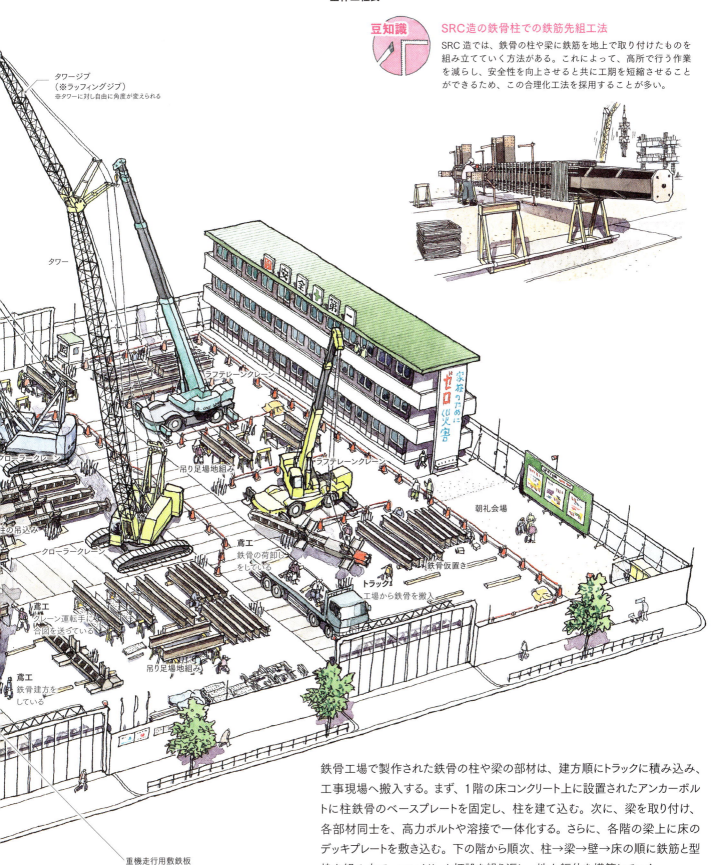

鉄骨工場で製作された鉄骨の柱や梁の部材は、建方順にトラックに積み込み、工事現場へ搬入する。まず、1階の床コンクリート上に設置されたアンカーボルトに柱鉄骨のベースプレートを固定し、柱を建て込む。次に、梁を取り付け、各部材同士を、高力ボルトや溶接で一体化する。さらに、各階の梁上に床のデッキプレートを敷き込む。下の階から順次、柱→梁→壁→床の順に鉄筋と型枠を組み立て、コンクリート打設を繰り返し、地上躯体を構築していく。

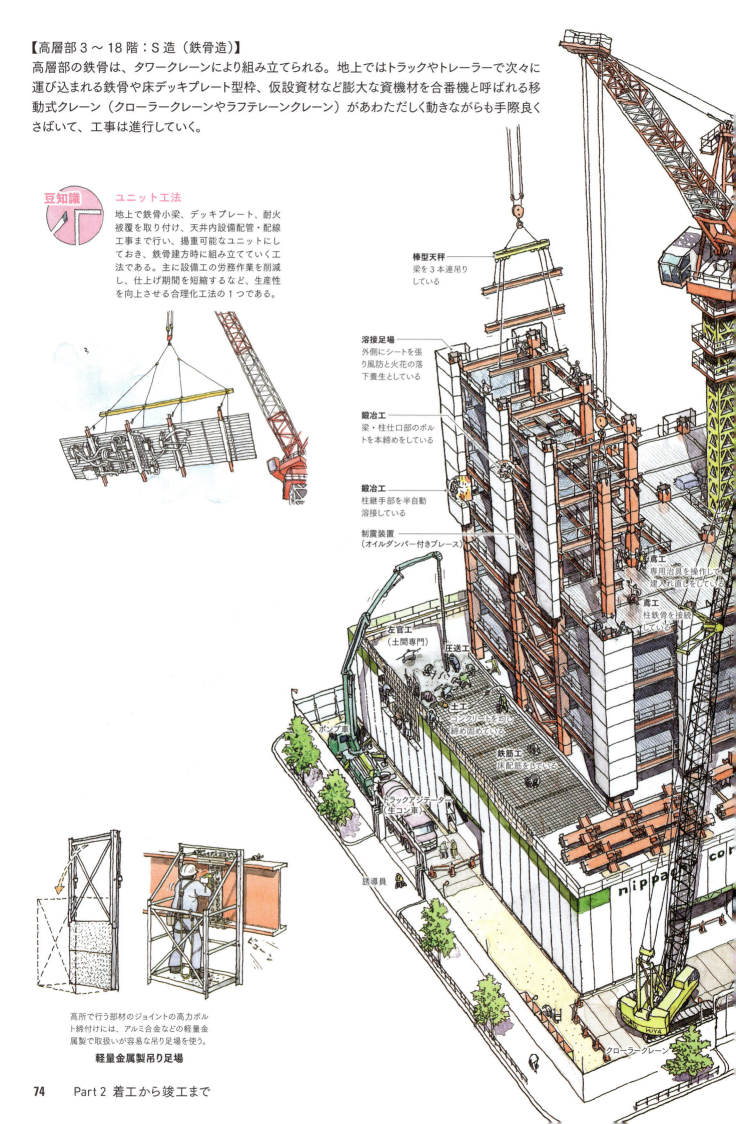

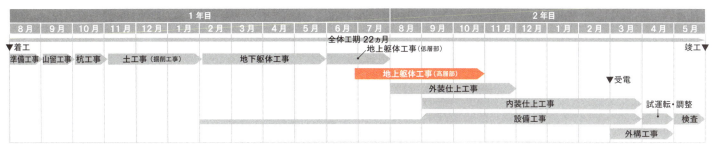

全体工程表

タワークレーンの組立

高層部への資機材の揚重を担う大型のタワークレーンは、地上で移動式クレーンによって組み立てられる。その後はマストを継ぎ足し、自力で上昇（クライミング）することができる。

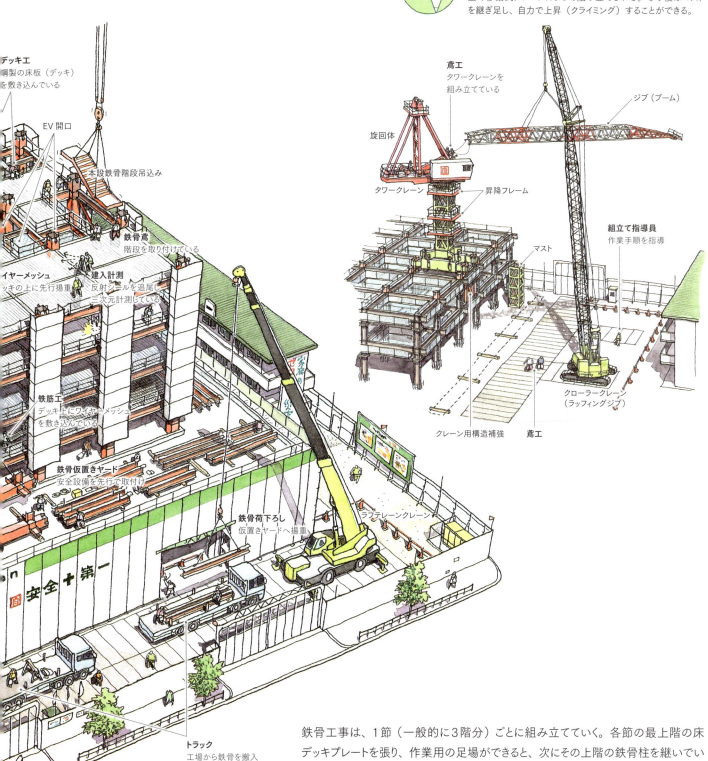

鉄骨工事は、1節（一般的に3階分）ごとに組み立てていく。各節の最上階の床デッキプレートを張り、作業用の足場ができると、次にその上階の鉄骨柱を継いでいく。柱と梁の鉄骨をつないだ後、鉄骨建方と並行して各階に揚重しておいた床のデッキプレート型枠を敷き込み、鉄筋を配筋し、コンクリート打設といった作業をサイクルで行い、次に始まる外装や設備、内装の工事につなげていく。

鉄骨工事

鉄骨工事とは、鉄骨製作工場で製作した鋼（スチール）製の柱や梁などの部材を工事現場にて高力ボルトや溶接で接合し、建築物の骨組をつくる工事である。

1 鉄骨製作工場での部材の製作

鉄骨製作工場では、工事現場へ運搬・搬入できる鉄骨部材の大きさや取付け順序をあらかじめゼネコンの施工管理技術者と取り決め、製作スケジュールを立てる。工場での溶接作業は、回転治具や溶接用ロボットを使用して品質を確保しつつ効率良く行われる。

鉄骨製作工場の様子

（1）使用する材料

鉄骨工事での構造用または溶接用鋼材、高力ボルト、スタッド、溶接材料などはJIS規格品または国土交通大臣の認定を受けたものを使用する。

（2）工作図から加工までの流れ

鉄骨製作作業者が、設計図をもとにCADを用いて、設計者・施工者と協議しながら作図する。

工作図作成

CAD/CAM（コンピュータ支援製造）の普及により床書き現寸作業は省略され、鋼材自動加工装置を使用して作業が行われる。細かい納まりを確認したい場合、フィルムによる確認を行う。

けがき（鋼材に線を描く作業）・切断・加工

加工した部材を水平台上で組み立てる。

組立て

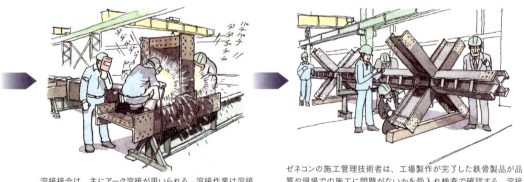

溶接接合は、主にアーク溶接が用いられる。溶接作業は溶接内容に応じた技能試験に合格した溶接技能者が行う。溶接後、部材に変形があった場合、ひずみ取りの作業が必要となる。溶接部は外観と超音波探傷試験で自主検査を行う。

本溶接

ゼネコンの施工管理技術者は、工場製作が完了した鉄骨製品が品質や現場での施工に問題がないかを受入れ検査で確認する。溶接部はゼネコンが非破壊検査会社へ発注し、その会社の有資格者が外観検査や超音波探傷検査を行う。合格品に錆止め塗装を施したものを工事現場へ搬送する。

受入検査（製品検査）

2 工事現場での施工

ここでは、鉄骨工場で製作し工事現場に搬入された鉄骨の建方や建入れ直しの方法、部材同士の接合方法などについて述べる。

（1）建方方法と建方重機

建方方法と建方重機は、作業が安全に効率よくできるように検討する。敷地、建築物の形状、鉄骨の架構形式から、建て逃げ方式と水平積上げ方式の代表的な2つの工法から選定する。建て逃げ方式で1階の床を移動式クレーンが走行する場合は、配筋量を増やすなどの構造補強を行う。

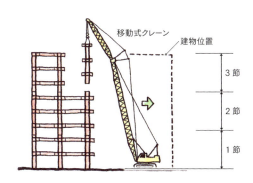

敷地の奥の方から鉄骨を「建て」徐々に手前に「逃げて」いく方式。移動式クレーンを用いるため、採用できる高さに限界がある。

建て逃げ方式

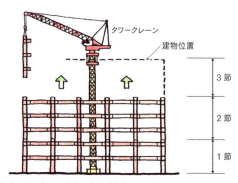

下層から節ごとに上げていく方式。高層建築物では一般的に採用される方式で、建方が完了した節から順次、外装仕上工事、内装仕上工事、設備工事などを行っていく。1節の長さは、トレーラーでの運搬やタワークレーンの揚重能力などを考慮して計画する。

水平積み上げ方式

（2）タワークレーンのクライミング方式

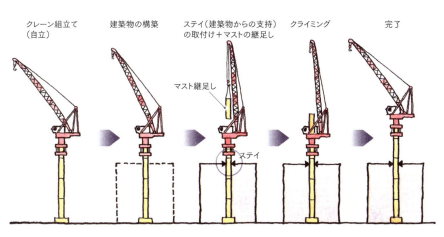

マストを自らのブームで継ぎ足しながらクレーン本体が昇っていく方式。建築物の外部に設置することが多い。外部に設置した場合、解体時はマストを逆に切り離しながら下降していくことで、比較的容易に解体できる。

マストクライミング方式

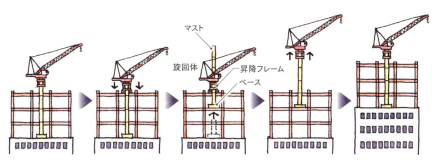

建築物の内部に短いマスト（支柱）のタワークレーンを建て、鉄骨建方の進行とともにベースを上階に移動していく方式。鉄骨造の高層ビルで採用されることが多い。最上階にクレーンの昇降フレームを仮に設置し、マストをベースごと上に引き上げ固定した後、昇降フレームの伸縮を繰り返しながら本体はマストの最上部まで昇っていく。本体鉄骨にクレーン荷重がかかるため、補強が必要となる。

フロアクライミング方式

> **豆知識　超高層ビルのタワークレーンの解体**
>
> 建築物の屋上に高くそびえるタワークレーンの解体は、まずAのクレーンよりもサイズの小さいBのクレーンを屋上に組み立て、BでAを解体する。BよりもサイズのちいさいCを組み立てて、CでBを解体する。Cを人力で解体し、最後に解体した部品はエレベーターなどを使って地上に降ろし、完了となる。

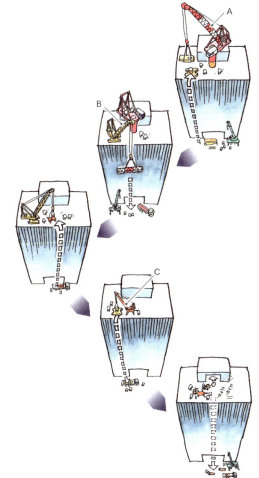

(3) 鉄骨建方の流れ

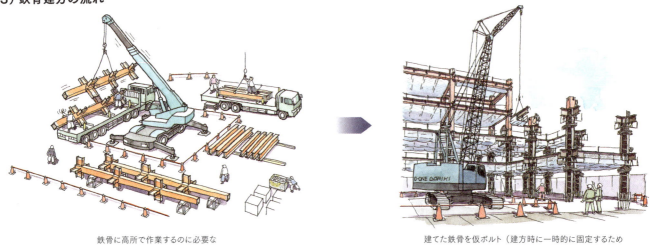

荷卸し・安全設備等取付け
鉄骨に高所で作業するのに必要な安全設備を地上で取り付ける。

柱・梁鉄骨建方
建てた鉄骨を仮ボルト（建方時に一時的に固定するためのボルト）やワイヤーで安定させ、組立て作業を進めていく。

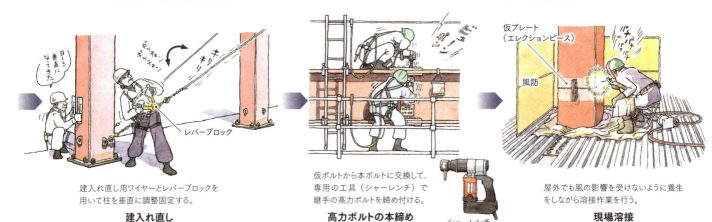

建入れ直し
建入れ直し用ワイヤーとレバーブロックを用いて柱を垂直に調整固定する。

高力ボルトの本締め
仮ボルトから本ボルトに交換して、専用の工具（シャーレンチ）で継手の高力ボルトを締め付ける。

現場溶接
屋外でも風の影響を受けないように養生をしながら溶接作業を行う。

・柱の建込み

　柱脚のベースプレートの中央部に、正確な高さとなるよう高強度のセメントモルタルで「まんじゅう」をつくって、その上に柱脚を載せる。ベースプレートの孔を基礎に埋め込まれたアンカーボルトに通し、ワッシャーとナットで締め付けた後、緩み止めとしてナットを二重に設ける。柱脚下の隙間には無収縮セメントモルタルを充填する。

・柱のジョイント

　梁を接続するまでの間、柱は自立した状態であるため、倒壊しないようワイヤーを張ったり、建入れ直し治具で固定し安定させる。梁をつないだ後に、この治具の調整用ボルトを専用レンチを用いて回すことで、上部に載せた柱を前後、左右、上下に動かし、さらに建入れ直しを行う。

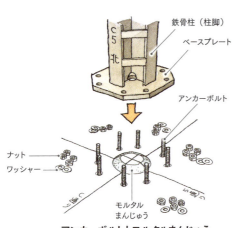

アンカーボルトとモルタルまんじゅう

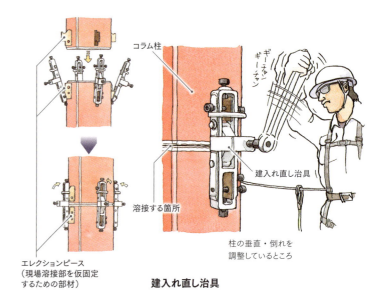

建入れ直し治具

（4）鉄骨工事の仮設備

鉄骨工事は、大きな揚重機を使用し、鳶工が高所で建方作業を行っている。高所でも安全な作業ができるよう足場をあらかじめ地上で取り付けておく。また、万が一、技能労働者が落下した際、怪我を防ぐための水平ネットを張るなど、安全設備を整備しながら進められていく。

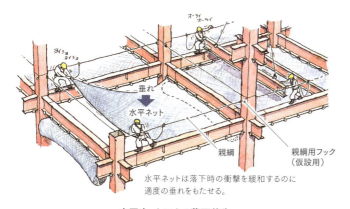

水平ネットによる落下養生

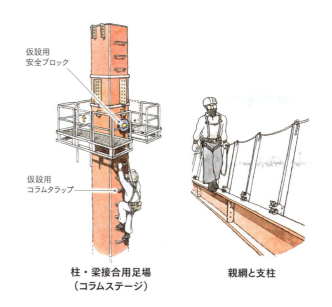

柱・梁接合用足場（コラムステージ）　　親綱と支柱

（5）鉄骨の接合

工事現場で鉄骨を接合する方法は、ボルトによる接合と現場溶接による接合の2種類がある。

鉄骨建方中は、まず仮ボルトで接合し、建入れ直しを行った後、本締め用の高力ボルトに交換して接合する。

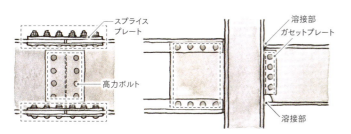

一群の考え方（破線が一群）

・高力ボルト

引張強度が高いボルトを用いて、高い摩擦力が生じるまで締め付けることで、部材同士を摩擦接合する接合方法を高力ボルト接合という。高力ボルトには高力六角ボルト、トルシア形高力ボルト、溶融亜鉛めっき高力ボルトがある。トルシア形高力ボルトの締め付けの品質管理は、ピンテールが破断していることとマーキングにて確認する。また、ボルトはあらかじめ決められた順序で締め付ける。

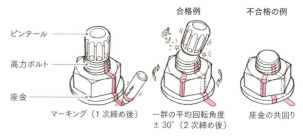

トルシア形高力ボルトのピンテール破断

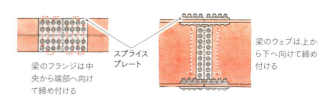

ボルトの締付け順序

ボルトによる接合

・仮ボルト

本ボルト（高力ボルト）を仮ボルトとして使用すると、精度調整などでねじ山が痛むなどの不具合が起き、本締め時に正規の軸力が導入されない可能性があるため、本ボルトは仮ボルトとして使用してはならない。取替えが行われたかどうかを検査しやすくするため、本ボルトがトルシア形の場合は、仮ボルトには、本ボルトと同軸径の六角ボルト、ナットを準備する。仮ボルトはボルト一群に対して1/3程度かつ2本以上をウェブとフランジにバランス良く配置して締め付ける。

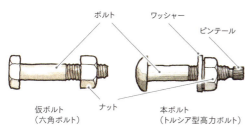

仮ボルトと本ボルト

・現場溶接による接合

鉄骨の溶接は主にアーク溶接にて行われ、母材（被溶接部材）と電極との間に発生したアーク溶接熱により、母材と電極または溶加棒を溶融して母材と母材を接合する。溶接継手では、突合せ溶接（完全溶込み溶接、部分溶込み溶接）、隅肉溶接が多く使用される。溶接がしやすいように部材の溶接部分に設ける溝を、開先（グルーブ）と呼んでいる。溶接後は、超音波探傷検査器を用いて不良箇所がないかを検査する。

柱と柱、梁と柱の溶接箇所は、外観と溶着金属のなかの欠陥がないかどうかを確認するため、超音波による非破壊検査を行う。

超音波探傷検査

3 その他

（1）構造の種類

① SRC造

鉄骨構造と鉄筋コンクリート造を組み合わせたものがSRC造（鉄骨鉄筋コンクリート造）である。耐震性に優れ、鉄骨がコンクリートで覆われているため耐火性も優れている。躯体重量は大きくなるが強度が高いことから、鉄骨造の超高層建物の低層部や地下部に用いられることが多い。

② CFT造

CFT（Concrete-Filled steel Tube：コンクリート充填鋼管）造とは、柱鉄骨の鋼管内にコンクリートを密実に充填している構造形式で、鋼管とコンクリートの相乗効果で優れた構造性能を発揮し、柱を細くでき、鉄骨重量を低減できる。また、耐火被覆厚さを軽減、または、不要とすることができる場合がある。

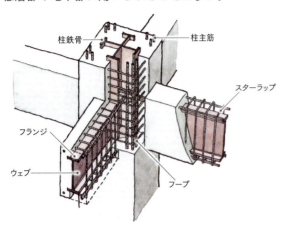

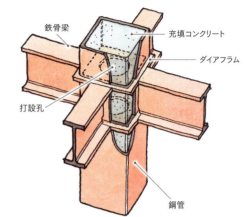

（2）鉄骨造を形づくる様々な要素

① デッキプレート

鋼板製のプレートを鉄骨梁に架け渡すように敷き込み、溶接で固定する。木製合板を使用した床型枠の代わりとなり、作業用の床としても役立ち、安全を確保できる。捨て型枠として用いるものと、鉄筋とコンクリートを一体化させて構造スラブとして用いるもの（デッキ合成スラブ）がある。

② スタッド

鉄骨とコンクリートを一体化させるために、鉄骨梁の上部にアークスタッド溶接で、スタッドと呼ばれるシアコネクターを取り付ける。溶接完了後の打撃曲げ試験は、スタッド100本または1つの主要部材に溶接した本数の少ない方を1ロットとし、1ロットにつき1本に対してハンマーによる打撃の結果、曲げ角度15°で溶接部に割れ、その他の欠陥が生じなければ合格とする。

③ 耐火被覆

鉄骨造の場合、火災時の鉄骨溶融による建築物倒壊を防ぐため、必要な部分の鉄骨に不燃性の耐火被覆を施工することが法律によって定められている。半湿式の岩綿耐火被覆材料のほかに、乾式巻付耐火被覆材料がある。

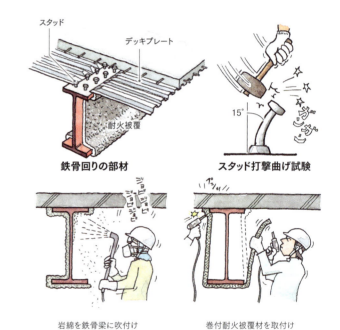

 上棟式の最終鉄骨梁

上棟式は棟上げ式ともいわれ、鉄骨の骨組が完成した後、最上階の梁鉄骨を取り付ける際に関係者で建物の無事完成を願い執り行う。鉄骨梁の吊上げ前に建築主、設計者、ゼネコンの三者が金と銀の鋲（ボルト）を使って、締込みと検証の儀式を行う。

(3) ICT（情報通信技術：Information and Communication Technology）の活用

① BIM（Building Information Modeling）

近年は、コンピューター上に作成した三次元の鉄骨デジタルモデルを活用し、鉄骨の詳細な納まりの検討や、設備との干渉の有無の確認に用いたり、複雑な鉄骨の建方計画の理解を深めるのに活用したりしている。形状が複雑な建物であっても事前に問題を把握し、解決することができる。

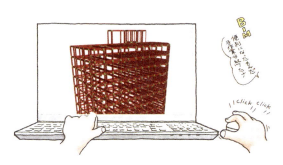

三次元モデルから二次元製作図への変換

施工関係者による事前検討会

② 三次元計測システム

自動視準・追尾式トータルステーション（TS）とモバイルPCにより、鉄骨建方時の建入れ精度を三次元計測するシステム。精度の向上と大幅な省力化が図られている。鉄骨の測点に設置した反射シートをTSが自動で旋回・追尾し計測結果を操作端末に無線で送ることができる。

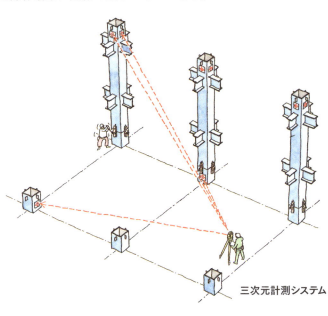

三次元計測システム

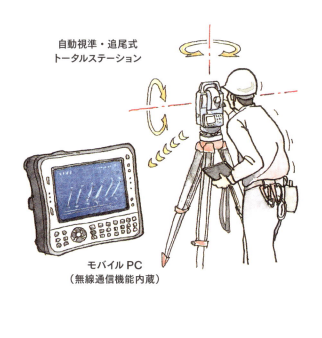

自動視準・追尾式トータルステーション

モバイルPC（無線通信機能内蔵）

エピソード 上棟式での記念品

column
地震に対応する技術
──耐震・制震(制振)・免震

1) 耐震構造
柱や梁を堅固につくり、大きな地震にも耐えるようにした構造である。中小地震に対しては建築物が損傷せず、建築物の継続使用ができるようにする。ごくまれに発生する大地震に対しては建築物の一部を損傷させてエネルギーを吸収し、人命にかかわる倒壊・崩壊が起こらないようにする。

建築物の固有周期と地震の関係

建築物はそれぞれその重さや固さ(=剛性)に応じた揺れやすい周期があり、これを固有周期という。重い建築物ほど、また、剛性の低い建築物ほどゆっくり揺れる、つまり固有周期が長くなる。一般に鉄骨造(S造)は鉄筋コンクリート造(RC造)の建築物に比べて剛性が低く、固有周期は長く、また、高層建築物は中低層建築物に比べて固有周期が長くなる傾向がある。

地震時の地盤の揺れの周期と建築物の固有周期が一致すると共振現象が起こり、建築物の揺れが増幅される。

大規模な地震が発生すると、周期の長いゆっくりとした大きな揺れ(長周期地震動)が発生し、固有周期が比較的長い高層建築物や免震建築物は、この長周期地震動と共振しやすく、共振すると長時間にわたり大きく揺れる現象が生じる。また、高層階の方が大きく揺れる傾向があり、室内の家具や什器が転倒したり、エレベーターが故障したりすることがある。

2017年4月より、超高層建築物(高さ60mを超える建築物)と免震建築物(地上4階以上)は、この長周期地震動への対策が義務付けられた。

制震装置

揺れを抑える働きにはダンパー

オイルダンパー
ブレースタイプ

揺れを制御する働きには頂部制震装置

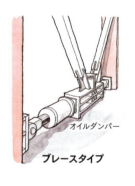

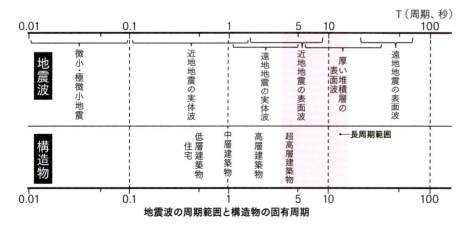

地震波の周期範囲と構造物の固有周期

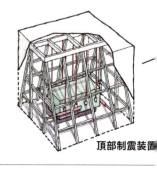

頂部制震装置

2) 制震（制振）構造

建築物に組み込んだダンパーなどのエネルギー吸収機構により、地震による建築物の揺れを抑制する技術である。建築物の揺れを抑え、構造体の損傷が軽減されるため繰り返しの地震に有効である。地震による揺れに対するものを制震、風の揺れに対するものを制振という。

3) 免震構造

基礎部分などにアイソレータやダンパーなどの免震装置を設置し、地震力を建築物に伝えにくくする構造である。あらゆる規模の建築物に有効であり、地震時の揺れの軽減率が最も高い。

免震装置

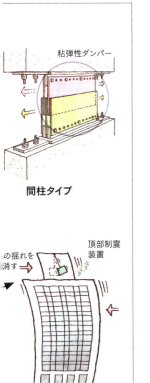

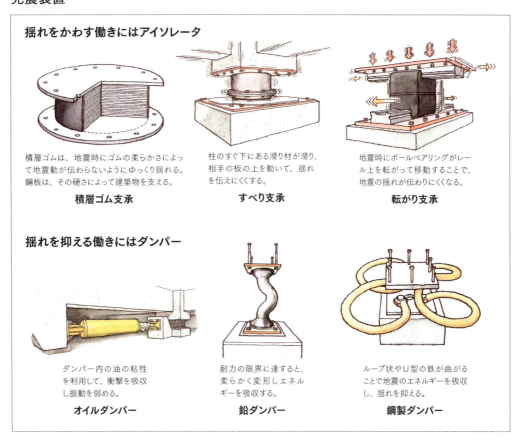

07 外装仕上工事

【低層部】
躯体工事が完了すると、外装仕上工事が始まる。外装仕上工事には、カーテンウォール・防水・左官・タイル・建具・ガラス工事など多くの職種がかかわっている。
外装には、建築物の美観を向上・維持することのほかに、外部からの雨水の浸入や日射による熱影響を低減する目的がある。

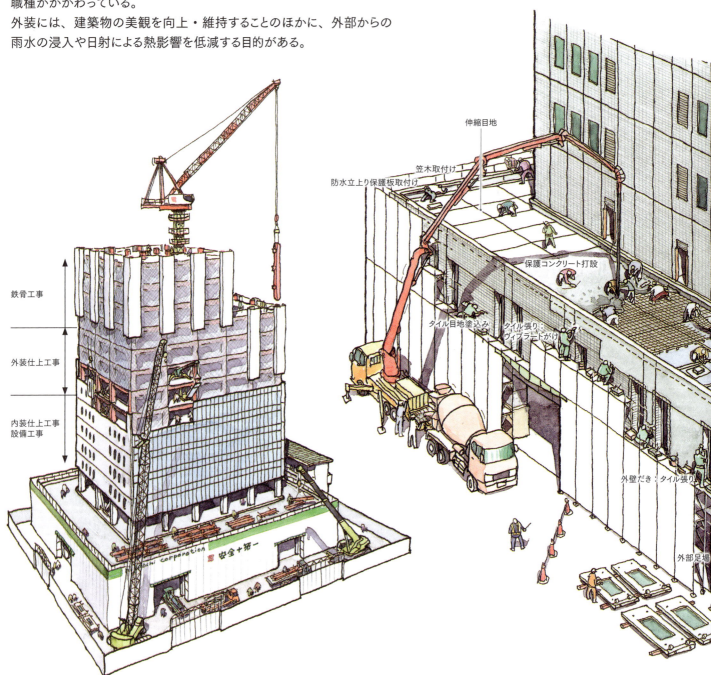

低層部屋上では防水工事が行われている。防水層を施工し、断熱材を敷き込み、メッシュ配筋した後、保護コンクリートの打込みが行われる。
低層部の外装においては、まず建築物内へ雨水の浸入を防ぐため、外部足場上にてサッシ・ガラスが取り付けられ、左官によるタイル下地を施した後、タイル張りが行われる。1階の柱・2階の梁には石の取付けが行われている。
サッシ・ガラス工事が終わると、内装工事を進めることが可能となる。

Part 2　着工から竣工まで

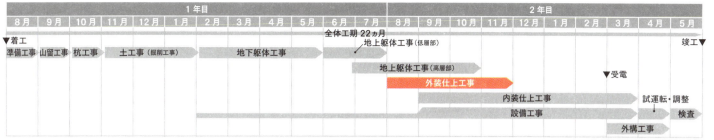

全体工程表

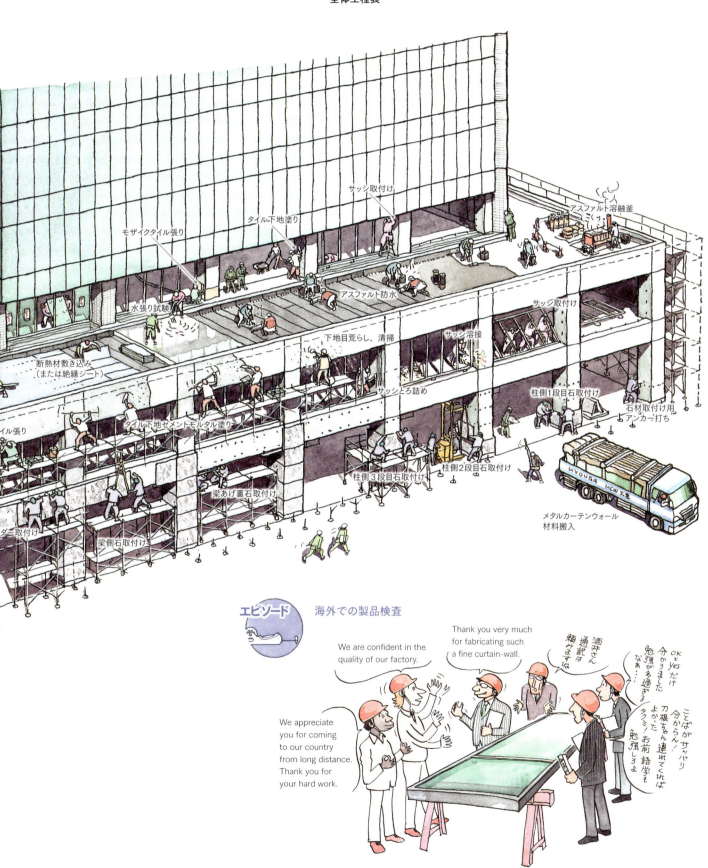

エピソード　海外での製品検査

※担当である刀根理子は、子どもの幼稚園の行事と重なり海外出張ができず。

【高層部】

地上の鉄骨工事が進んでいくと、高層部ではでき上がった鉄骨の骨組に順次外装材を取り付けていく。高層部の上部で鉄骨作業を行いながら、下部では床コンクリートの打込みや外装の取付け、低層部での作業が行われる。墜落災害や資材の落下による第三者・作業員の災害がないように、日々の工程・安全管理が重要となる。

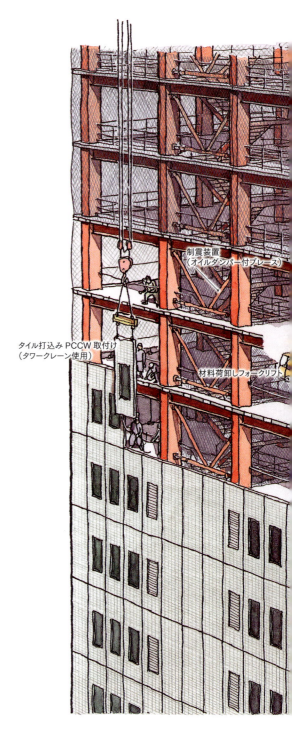

制震装置
(オイルダンパー付ブレース)

タイル打込みPCCW取付け
(タワークレーン使用)

材料荷卸しフォークリフト

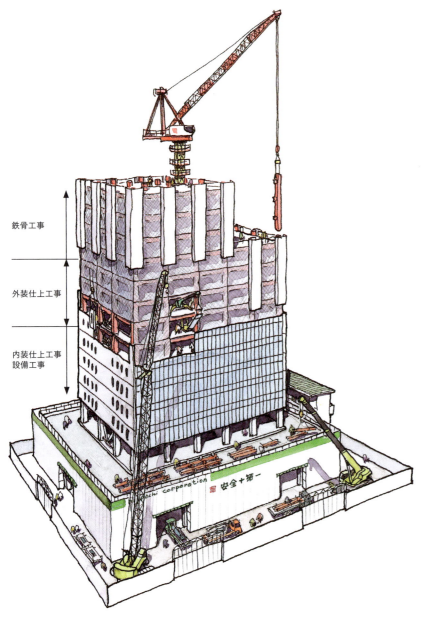

鉄骨工事

外装仕上工事

内装仕上工事
設備工事

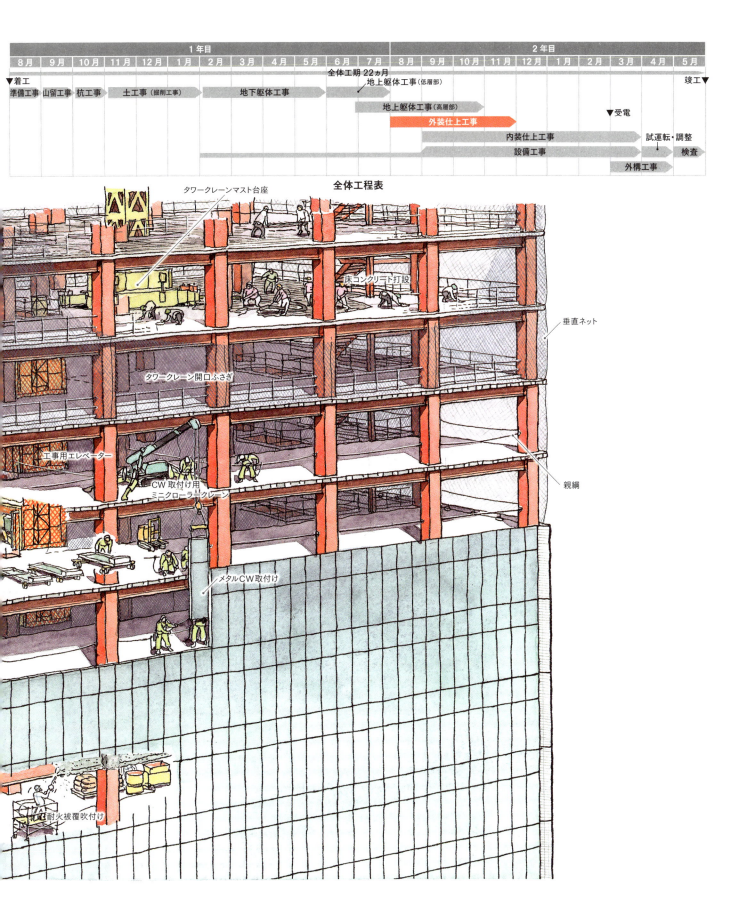

高層部の外壁には、外装材・サッシ・ガラスを工場で事前に組み上げてユニット化したカーテンウォール（工場で製作された外壁）を採用している。

鉄骨工事が進み床コンクリートを打ち込んだ階から順に、カーテンウォールの取付けを行う。メタルカーテンウォール（MCW）は比較的軽量であるため、上階から小型クレーンで吊り下げて取付けを行うことが可能であるが、PCカーテンウォール（PCCW）は重量があるため、重量物を吊ることが可能なタワークレーンを用いて取付けを行っている。取付けをする技能労働者が、外部足場がない状態で内部から施工できるように、取付け金物の配置や防水のための納まりについて入念に計画する。

7-1 防水工事

防水工事とは、建築物の内部への雨、雪、水などの浸入を防ぐために施工する工事である。適切に施工を行わないと漏水が起きる可能性が高いため、品質管理が重要な工事である。

適切な勾配が取れていないことによって水が滞留する箇所は、接着力が低下し、剝がれが生じる。

シート防水の不具合事例

1 工法

防水工事には形状により、面状のメンブレン防水と線状のシーリング防水に大きく分けられる。主な防水工法の種類を以下に示す。

2 施工

（1）アスファルト防水工事・改質アスファルトシート防水工事

アスファルト防水とは、合成繊維の布にアスファルトを含浸させたシートを張り合わせ、防水層を形成するものである。

① 材料

- アスファルトプライマー：下地とアスファルト層の接着性を向上させる役割をする。
- アスファルト：石油の精製の際に残留物となる黒色の固体で水をよくはじく性能がある。現場にて専用の窯で270℃程度まで熱してから使用する。近年、環境対応低煙低臭型の防水工事用アスファルトも開発されている。
- アスファルトルーフィング類：古紙・木質パルプなどを原料としたフェルト状のシートにアスファルトを含浸させたロール状の防水材料。

② 施工

i）下地処理

下地のコンクリートは水が溜まらないように適切な勾配を確保すると共に、凹凸を平滑にする必要がある。勾配は防水仕様によって異なるが、1/20 〜 1/100程度必要である。施工後のふくれを防ぐため、十分に乾燥させることも重要である。乾燥度合の計測には水分計を用いる方法がある。

ii）防水層

アスファルト防水には様々な仕様があるが、一般的にアスファルトを流しながらルーフィングを敷いていく作業を、各仕様で指定された回数繰り返し、防水層を形成する。

改質アスファルトシート防水にはトーチ工法と呼ばれる、ロール状の改質アスファルトシートの裏面と下地面をトーチバーナーであぶって加熱溶融させ、ロールを広げながら下地に接着する工法が用いられる。

iii）保護層

屋根面を歩行する仕様の場合、防水層が傷つかないように保護コンクリートを防水層の上に打設する。防水層の上に直接打設すると、コンクリート層の熱膨張などの挙動に伴って防水層が損傷することがあるため、伸縮目地・絶縁シートを設置後に、保護コンクリートを打設する。

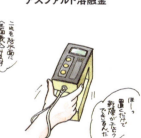

アスファルトプライマー / **アスファルト溶融釜**

アスファルトルーフィング類

水分計での計測

アスファルト防水 / **改質アスファルトシート防水（トーチ工法）**

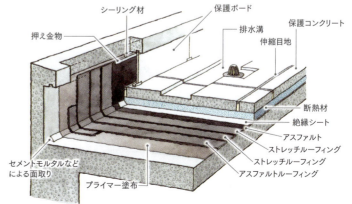

アスファルト防水層の納まり例（外断熱）

（2）合成高分子シート防水工事

シート防水とは、合成ゴム系・合成樹脂系のシートを接着剤で貼り付け、防水層を形成するものである。

①材料

- プライマー：下地と防水シートの接着性を向上させる塗料。
- 加硫ゴム系シート：耐久性に優れ、下地の伸縮に対応しやすいシート材料。
- 塩化ビニル樹脂系シート：塩化ビニル樹脂等を用いたシートで、屋外での日光による紫外線や熱への耐久性をもつ材料。

②施工

i）下地処理

アスファルト防水工事と同様である。ただし、水勾配は1/50以上が望ましい。

ii）防水層

加硫ゴム系シート防水、塩化ビニル樹脂系シート防水とも、接着工法と機械式固定工法がある。接着工法は、接着剤を用いて下地に接着する工法で、機械式固定工法は、固定金具を用いてシートを下地に固定する工法である。

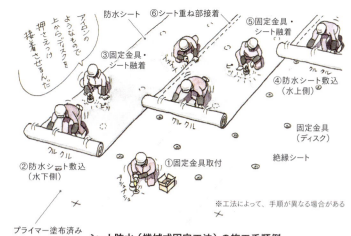

シート防水（機械式固定工法）の施工手順例

（3）塗膜防水工事

塗膜防水とは、ウレタンやアスファルト、FRP素材を原料とした防水材料を現場で塗布して防水層を形成するものである。

①材料

- ウレタンゴム系防水材：液体状のウレタンゴム系の防水材料。
- ゴムアスファルト系防水材：液体状のゴムアスファルト系の防水材料。

②施工

i）下地処理

プライマーを塗布後、出隅・入隅には補強布を張り、補強塗りを行っておく。

ii）防水層

液体状の防水材料をハケやヘラ、ローラーで下地へ均一に塗布する。

塗膜防水施工状況　シーリング防水工事施工状況

豆知識　水張り試験
防水工事完了後、ドレン部分を塞いで水を張り、水が漏れないか確認する。保護断熱防水の断熱材の施工は水張り試験後とする。

ドレン部の塞ぎ方

水張り試験状況

（4）シーリング防水工事

シーリングとは、水密性・気密性のために部材接合部の隙間や目地にシーリング材を充填するものである。ペースト状の材料を目地に充填後、硬化してゴム状になるものを不定形弾性シーリング材といい、合成ゴムをひも状に成形して目地にはめ込むガスケットのことを定形シーリング材という。

①材料

- プライマー：下地とシーリング材の接着性を向上させる役割がある。
- シーリング材（不定形弾性シーリング材）：一般的な種類として、変成シリコーン系、ポリサルファイド系、シリコーン系、ポリウレタン系がある。シーリング材が接着する面の下地により、シーリング材を使い分ける。

②施工

施工手順を次に示す。

    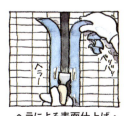

バックアップ材の設置　マスキングテープ張り　プライマーの塗布　シーリング材の充填　ヘラによる表面仕上げ・マスキングテープ除去

シーリング防水施工手順（不定形弾性シーリング）

7-2 カーテンウォール工事

カーテンウォール工事とは、躯体に工場で製作された外壁（構造的に建築物に作用する荷重を負担しない壁）を取り付ける工事である。部材は工場で製作する関係で、デザインの自由度が高いため、多種多様な形状がある。外観の意匠性に大きく影響すると共に、雨や風を防ぐ役割を担う。地震による揺れの影響で、上下の階に動きの差が生じても部材の脱落や破損が生じないよう納まりを考慮することも重要となる。

1 カーテンウォールの種類

（1）メタルカーテンウォール

アルミニウムやスチール、ステンレスなどの金属フレームとパネルで構成される工場で製作したカーテンウォールを、メタルカーテンウォールという。

工場でユニット化されたパネルを、室内側からの作業で取り付けるパネルタイプと、マリオン（方立て）を構造体に取り付け、パネルや無目、ガラスをはめ込むマリオンタイプ（方立てタイプ）がある。組立てを現場で行うことをノックダウン方式という。

（2）PCカーテンウォール

工場で製作したコンクリート製のカーテンウォールをPC（プレキャストコンクリート）カーテンウォールという。工場で外装仕上げ（タイルを打ち込むなど）を施すことで、建築物周囲に作業用足場を設置することなく、室内側からの作業で外装を仕上げることができる。

代表的な形状として、パネルタイプとスパンドレルパネルタイプがある。パネルタイプは、パネル内部に建具が納まった形状で、スパンドレルパネルタイプは、各階の梁・スラブに取り付けられ、各PCパネル間に建具や金属パネルをはめ込む形状となる。

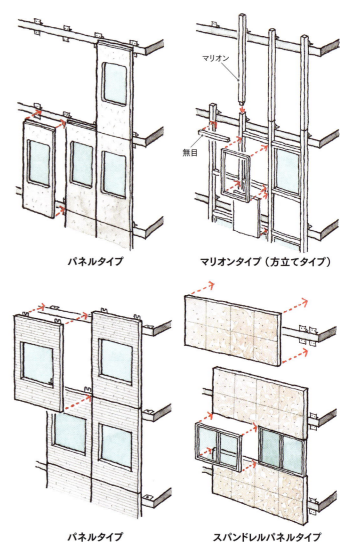

パネルタイプ　　　マリオンタイプ（方立てタイプ）

パネルタイプ　　　スパンドレルパネルタイプ

2 カーテンウォールの取付け部

カーテンウォールはファスナーと呼ばれる金物によって躯体に取り付けられる。躯体に近い方から1次、2次ファスナーと番号付けされて呼ばれる。カーテンウォールの形状、現場の取付け方法によって、様々なファスナー形状がある。

カーテンウォールファスナーに要求される機能は3つある。
- 自重や地震、風の力を建築物の構造体に伝達する。
- 水平や垂直方向の変形、パネルの伸縮変形を吸収する。
- 躯体、パネル、取付けの誤差を吸収する。

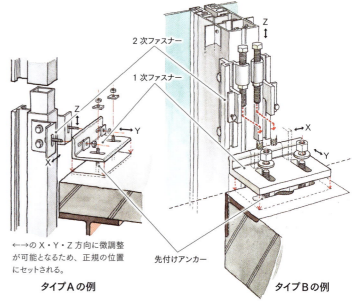

←→のX・Y・Z方向に微調整が可能となるため、正規の位置にセットされる。

タイプAの例　　　タイプBの例

様々なファスナー納まり例

3 カーテンウォールの支持方式

　建築物は、風や地震などの力を受けて変形する。上下の階で水平方向に生じる相対的な差を層間変位という。この層間変位が生じてもカーテンウォール自体が損傷しないよう追従させる支持方法として、スライド方式（スウェー方式）とロッキング方式がある。

（1）スライド方式（スウェー方式）
　上部または下部のファスナーをルーズホールにしてパネルをスライド（スウェー）させて層間変位に追従させる。主に、横長のパネル形状に適する。

（2）ロッキング方式
　パネルを回転（ロッキング）させて層間変位に追従させる。主に、縦長のパネル形状に適する。

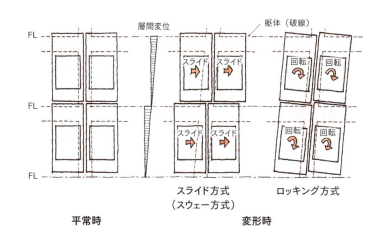

4 カーテンウォールの取付け

　大型のカーテンウォールパネルは、専用吊り治具を使用し建起しを行い、所定の位置まで吊り込み、通常、躯体側の1次ファスナーとカーテンウォール側の2次ファスナーを固定する。PCカーテンウォールはタワークレーンなどの大型揚重機で吊り込み、下部から上部に向かって順次、積み上げるように取り付けていくことが多い。メタルカーテンウォールは、タワークレーンや取付け階の上階に設置された小型クレーンなどで、各階に搬入したカーテンウォール部材を外部に吊り出しながら順に取り付けていくことが多い。

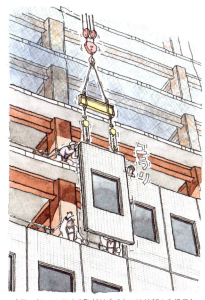

タワークレーンによる取付け（パネルは外部から揚重）
PCカーテンウォール取付け

 カーテンウォールの排水ルート
カーテンウォールのガラス内側において、結露などによって水が滞留する可能性がある。滞留した水を外部に排水するためのルートを確保することが、カーテンウォールや建具の図面をチェックする際に重要なポイントとなる。

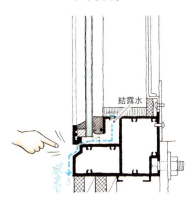

カーテンウォールの排水ルート例

外装モックアップの確認状況

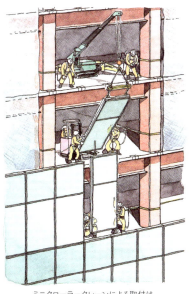

ミニクローラークレーンによる取付け
（ユニットパネルは仮設エレベーターで各階に搬入）
メタルカーテンウォールの取付け

7-3 石工事

石工事は、かつては組積造（石を積む構造）により施工されていたが、経済性・施工性などの追求により、薄く加工した石材を躯体に取り付ける方法が主流になっている。石材は天然材料であることから、同一種類の石材であっても、品質のばらつきが大きく、意匠上の要求を確認する必要がある。また、そのほとんどが外国産であり、必要量の確保・加工の難易度などあらかじめ確認してから工事に臨む必要がある。

1 石の種類と表面仕上げ

建築用石材には花崗岩や大理石など多くの種類があり、各々用途に適した性質をもっている。例えば、大理石や石灰石は酸性雨に弱く、屋外では使用できない。また、石材の表面仕上げも粗面仕上げや磨き仕上げなど多くの種類があり、石種によっては適さない仕上げもある。花崗岩はほとんどの仕上げが可能な石種である。

石材の種類と表面仕上げ

石材の種類	粗面仕上げ							磨き仕上げ		
	のみきり	びしゃん	小たたき	ジェットバーナー	割りはだ	ブラスト	ウォータージェット	粗磨き	水磨き	本磨き
花崗岩	○	○	○	◎	○	○	○	○	○	◎
大理石	△	△	△	-	-	○	-	○	○	◎
砂岩	-	-	-	◎	○	-	-	○	○	-

◎：最もよく用いられる　○：一般的に用いられる　△：条件付きで用いられる　-：用いない

2 外壁の主な石張り工法

（1）外壁湿式工法

石材を金物で躯体に取り付け、セメントモルタルで補強する工法である。石材と躯体との空隙のすべてをセメントモルタルで充填する総とろ工法と、金物の周囲だけをセメントモルタルで補強する空積工法がある。

湿式工法は、石裏に浸入した雨水によって、濡れ色、白華現象（エフロレッセンス）および表面劣化が生じ美観を損なうことがあり、地震時にひび割れや脱落が生じやすいなどの理由から、現在ではあまり採用されていない。一方、外部からの衝撃に強いといった利点から、1階の腰壁など物が当たって破損しやすい箇所に部分的に採用されることがある。

（2）外壁乾式工法

石材を取付け金物のファスナーで躯体に取り付ける工法である。

裏込めセメントモルタルがないため、白華のおそれやセメントモルタルの熱伸縮による石への影響がなく、また躯体との間に空隙があるので、地震時に躯体の変形の影響を受けづらい。石とファスナーで支持するため、石が受ける風圧力に対して石の曲げ強度やファスナー、ダボの強度に注意しなければならない。

（3）石先付けプレキャストコンクリート工法

石材にシアコネクターと呼ばれる金物を取り付け、あらかじめ工場でプレキャスト部材に先付けする工法である。主にカーテンウォールに用いられる。この工法は現場での石張付け作業がないので、外部足場を必要とせず、高層の建築物に多用される。

石割付寸法にあった歩留まり*の良い原石を選定する。また、色調が合っているか検査する。

*歩留まりとは、原料（素材）から期待される生産量に対して実際に得られた生産数（量）の比率

原石の選定

3 濡れ色などの不具合対策

（1）表面処理材

吸水性のある石の表面に浸透し、吸水防止層を形成する。それにより、濡れ色や白華現象、変色、シミなどを防止する。

（2）裏面処理材

石の裏面からくる湿気・セメントなどによる濡れ色、エフロレッセンスを防止する。小口にも、処理をしないと目地付近で色ムラが発生することがあるので、注意が必要である。

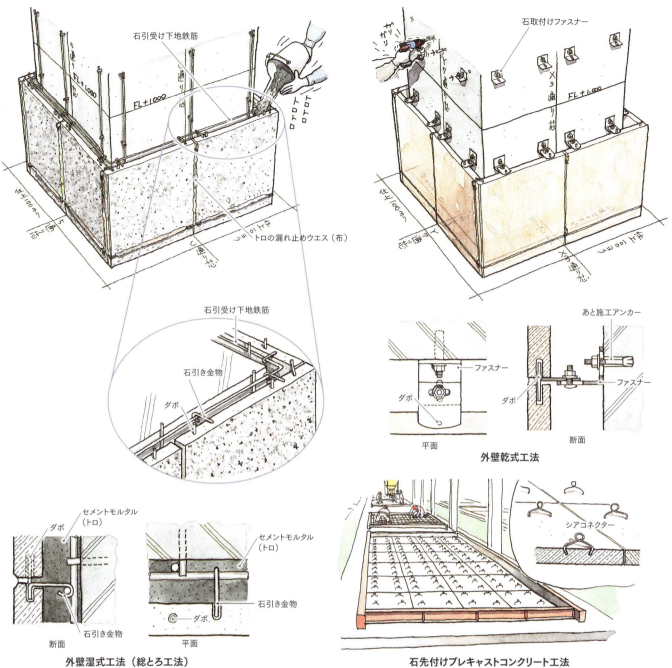

外壁乾式工法

外壁湿式工法（総とろ工法）

石先付けプレキャストコンクリート工法

豆知識	**白華現象**
	白華（エフロレッセンス）とは、コンクリートやセメントモルタルの表面部分に浮き出る炭酸カルシウムの白い生成物のことである。これが浮き上がる現象を白華現象という。白華が生じたとしても、コンクリート構造物の強度に問題はなく、生成物も無害であるが、外見上の問題となることがある。

 エピソード 匠クン、一級建築士を目指す！（ワークライフバランスが大切）

7-4 左官工事

左官工事とは、土、セメントモルタル、漆喰、プラスターなどを、建築物の外部・内部の壁や床に、鏝で塗り付ける工事である。左官工事には最終仕上げとして行うものと、タイル張りなどの下地づくりを行うものがある。ここでは、建築工事で一般的なセメントモルタル塗りによる下地づくりについて説明する。

1 セメントモルタル塗り

現場打ちコンクリート面にセメントモルタルを塗り付けることである。主に塗装仕上げ、壁装材（クロス）仕上げ、陶磁器質タイル張りの下地となる。

2 セメントモルタルの材料

普通ポルトランドセメント・細骨材（砂）・水を主原料とし、これに混和材料（混和材・混和剤）を加えてつくる。セメントモルタルの練混ぜは、均一に行うためにモルタルミキサーなどの機械を使用する。

（1）現場調合セメントモルタル

工事現場でセメント、細骨材、混和材料、水を調合し、混練したもの。用途によって調合割合を変える。セメントの割合が多いものを富調合、少ないものを貧調合という。

（2）既調合セメントモルタル

あらかじめ工場で調合・混合されたセメントモルタル材料。工事現場で水（混和剤を混入する場合もある）と混練して使用する。用途によって多くの種類がある。

3 施工手順

（1）下地の処理

型枠を脱型したままの状態で、コンクリート面にセメントモルタルを塗り付けると、コンクリートとセメントモルタルの界面で剥離するおそれがある。デッキブラシ掛けをし、表面の脆い部分を除去・清掃したり、超高圧洗浄（吐出圧150〜200MPa）により、表面に凹凸を付ける処理（目荒らし）をしたりする。

（2）吸水調整材塗布

セメントモルタルは、下地のコンクリートに水分を吸われたり、日光や風により乾燥したりすると、脆くなる（ドライアウトする）おそれがある。吸水調整材を下地コンクリート面に塗布することで、塗り付けたセメントモルタル中の水分が急激に下地に吸い込まれることを抑制する。また、セメントと反応して界面の接着性を向上させる。

左官小屋とコネ場

現場調合セメントモルタルの標準調合

下塗り	セメント：砂 1：2.5	富調合	強度大
中塗り 上塗り	1：3	貧調合	強度小

デッキブラシ掛けによる下地処理

超高圧洗浄による下地処理

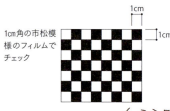

1cm角の市松模様のフィルムでチェック

下地処理の合否判定

吸水調整材塗布

（3）下塗り・中塗り・上塗り

塗り厚により、塗り回数が決まる。例えば3回塗りなら、下塗り→中塗り→上塗りの手順となる。躯体側（下塗り）は接着強度が要求されるため、セメント量の多い富調合セメントモルタルを用いる。中塗りや、仕上げ側（上塗り）では、セメント量の少ない貧調合セメントモルタルが用いられる。

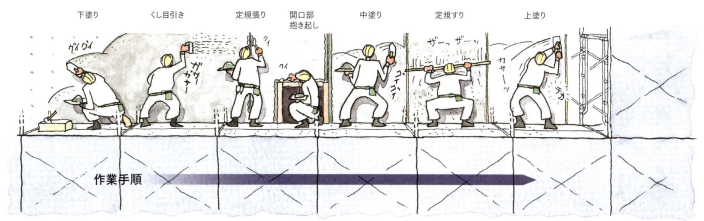

壁セメントモルタル塗り（3回塗りの場合）

 左官技能労働者の労働領域

現在、左官工事業はサブコンの中でも他職種と異なり、建築物の違いによって3つの労働領域（丁場）に区分されている。
町場・野丁場・半野丁場はおおよそ4：3：3の割合で構成され、それぞれの丁場で活躍している。

木造住宅や神社仏閣を手掛ける日本古来の左官の労働領域。戸建住宅の場合、外壁のセメントモルタル塗りや室内の和室の壁塗りが主な仕事である。近年は工期やコストの面からサイディングなどの外壁などに押されているが、内壁は自然素材である漆喰や、調湿作用もある珪藻土などがクロス壁に代わって再び注目されてきている。

町場（町丁場）

主にゼネコンの専門工事業者として行うマンション・ビル・商業施設などの左官工事を専門にした労働領域。関東大震災後、コンクリートの建築物に対応して誕生した。躯体のコンクリート打設後の表面のうす塗りセメントモルタルの施工やタイル張りの下地づくり、床・階段の仕上げのための下地づくりが主な仕事である。

野丁場

3～4階建てまでのS造・RC造の建築物や木造住宅等の左官工事を主とした労働領域。高度経済成長期に町場の左官の仕事が急激に減少し、少人数で構成する町場の左官技能労働者でも対応できる規模として誕生した。現在では主に商店建築の内装を手掛けている。住宅の玄関ポーチや商業施設の床ではセメントモルタル塗り仕上げ、洗出し仕上げなども手掛ける。

半野丁場

漆喰塗り

セメントモルタルのうす塗り

床セメントモルタル塗り

7-5 タイル工事

タイル工事とは、床や壁の仕上げにタイルを張る作業のことである。浴室やキッチンなど特定の部位にタイルを張る工事や、外装全面にタイルを張るような大規模な工事もある。用途も幅広く、施工部分に応じた種類が数多くある。特に外装タイルは剝落による第三者災害のおそれもあり、施工には十分に注意すべき工事である。

1 タイルの種類と形状

タイルは吸水率、大きさ、成形方法、うわぐすりの有無によって種類が区分される。裏面にはセメントモルタルとの付着を良くするため、裏足（凹凸）が付いている。接着剤張りの場合、裏足がない形状、もしくは凹凸が小さい形状となる。

外装タイルの剝離・剝落事故

2 目地の種類と役割

タイル同士の間に一定の間隔をあけて張り付ける。この間隔を目地という。タイルサイズによって、標準の目地幅が決められており、化粧目地用セメントモルタルを詰める。また、タイルは気象の変化に伴い膨張収縮を繰り返すため、タイルが剝離を起こす危険性がある。そのため、壁面3〜4m間隔に伸縮調整目地を設ける。伸縮調整目地は一般的に10mm以上の目地幅を確保し、セメントモルタルではなく、シーリング材を充填する。躯体にひび割れ誘発目地や打継ぎ目地がある場合、伸縮調整目地と位置を一致させる。

3 タイルの割付け

サッシなどの開口部や外壁の形状（出隅や入隅）、伸縮調整目地の位置によって、半端な寸法のタイルを張付けすることのないようにタイルの位置を決める行為を割付けという。割付けを正確に行うためには、コンクリート躯体図作成段階から、建具寸法や開口位置、コンクリート寸法、目地幅を検討しておく必要がある。

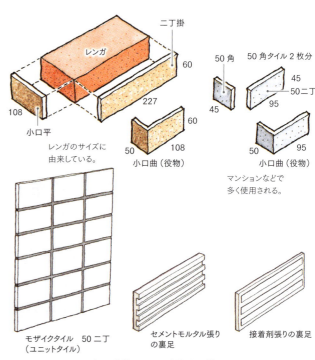

主な外装タイルの種類と形状

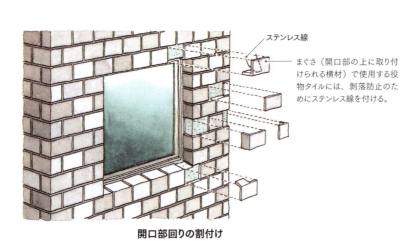

開口部回りの割付け

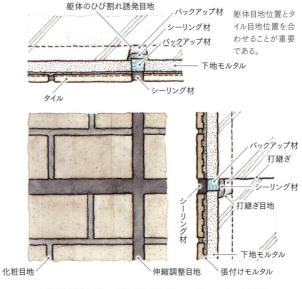

伸縮調整目地の詳細納まり（セメントモルタル下地）

4 タイルの張付け工法

(1) 後張り工法

後張り工法とは、壁・床の下地面が完成後、タイルを張る工法である。

①改良積上げ張り

精度を高めた下地に対して、張付けモルタルをタイル側に塗り付けてタイルを積み上げるように張る工法。小口平以上の、大型で質量の大きいタイルで採用されることがある。

②改良圧着張り

下地面とタイル裏面の両方に張付けモルタルを塗り付け、タイルを張り付ける工法。

③密着張り

下地に張付けモルタルを塗り、ヴィブラートと呼ばれる専用の器具で振動を加えながら1枚ずつ張る工法。1枚張りタイルで最も普及している工法。

④モザイクタイル張り

下地面に張付けモルタルを塗り、表紙張りしたユニットタイルをそのまま押し付け、叩き板などで打ち付けるようにして張り上げていく工法。

⑤マスク張り

マスク（タイルの形状に合わせて所定の厚さの張付けモルタルをタイルに塗り付けるための板）を用いて、表紙張りユニットタイルの裏面に張付けモルタルを塗り付け、下地面に叩き込んで張り付ける工法。

密着張り

モザイクタイル張り

豆知識　タイルのパターン
タイルには様々な張り方があり、壁の印象が大きく変わる。

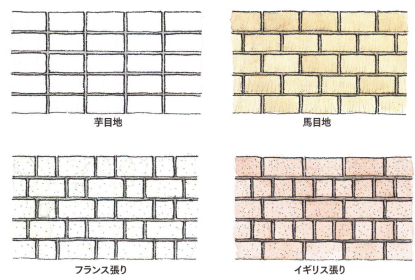

芋目地　馬目地　フランス張り　イギリス張り

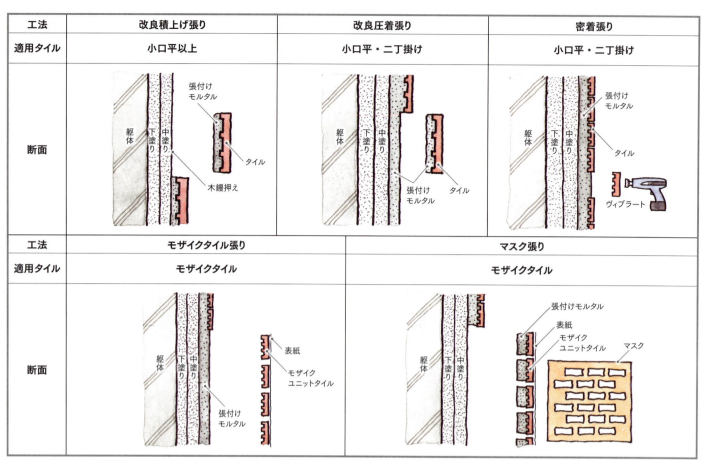

セメントモルタルによる張付け工法と断面

⑥有機系接着剤張り
接着剤を用いてタイルを張り付ける工法。セメントモルタル張りに比べて下地コンクリートの大きなひずみ（収縮）に追従できるため、タイルの剥離の危険性が少なく、近年、採用されることが多くなっている。

⑦乾式張り工法
下地にステンレス金物を組んで、裏面に溝を設けたタイルを物理的に固定する（引っ掛ける）工法。

有機系接着剤張り

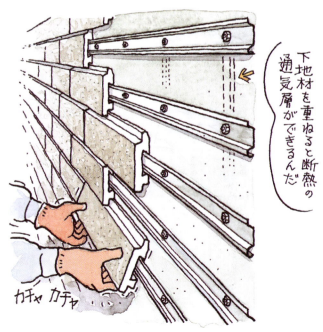

乾式張り工法

充填率の確認

（2）先付け工法

工場にてプレキャストコンクリート板製造の際に、型枠ベッド面または側型枠面にタイルを敷き並べてから、コンクリートを打ち込み、タイルが張り付けられたプレキャストコンクリート板をつくる工法。

基本は石先付けプレキャストコンクリート工法と同様である。（シアコネクターの代わりにタイルの裏足がある）

タイルシート張り作業

タイル単体法　　タイルシート法

タイルシート張り作業

5 施工管理・検査

（1）オープンタイムの管理

張付け材料（張付けモルタルや接着剤）は塗布してから、タイルを張るまでの間に一定以上の時間が経つと接着性が落ちてしまう。張付け材料や気温によってその一定の時間（オープンタイム）が決まっているので、オープンタイム内に張り終えるように時間管理が必要である。

（2）充填率の確認

張付けモルタルや接着剤が裏足にしっかり詰まっているか、タイル張りを始める際に確認する。

（3）打音検査

タイル用テストハンマーを用いてタイル壁面を転がしたり、叩いたりすることで、タイルの浮きやひび割れの有無を打音で検査する。

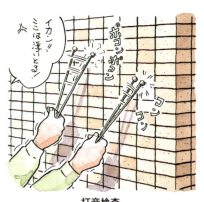

打音検査

（4）引張試験

タイルの張付け強度を確認するために、引張接着強度試験（工事現場でのセメントモルタル張りの場合は、0.4N/mm² 以上で合格）を行うこともある。

 タイル・サッシ型枠先付け工法

躯体施工時、外壁タイル・サッシを型枠に仮付けし、コンクリート打設により、タイル・サッシを躯体に一体化させる工法である。
タイル剥落防止を最大の目的とし、一時期盛んに実施されたが、コンクリートの豆板やコールドジョイント等の打設不良が確認できないことやコンクリート打設時のタイル剥離のリスクが多いことから、現在ではほとんど採用されなくなっている。

引張試験

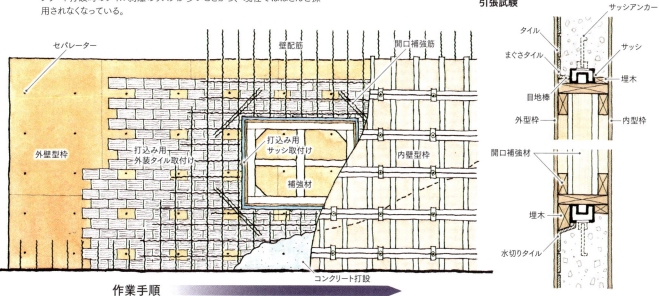

作業手順　　コンクリート打設

タイル・サッシ型枠先付け工法　　タイル・サッシ型枠先付け工法

08 内装仕上工事

躯体工事・外装仕上工事が進み、雨水の浸入がなくなると、いよいよ内装仕上工事が始まる。多くの仕上職種が入り、建築物内部の完成イメージが形になっていく。

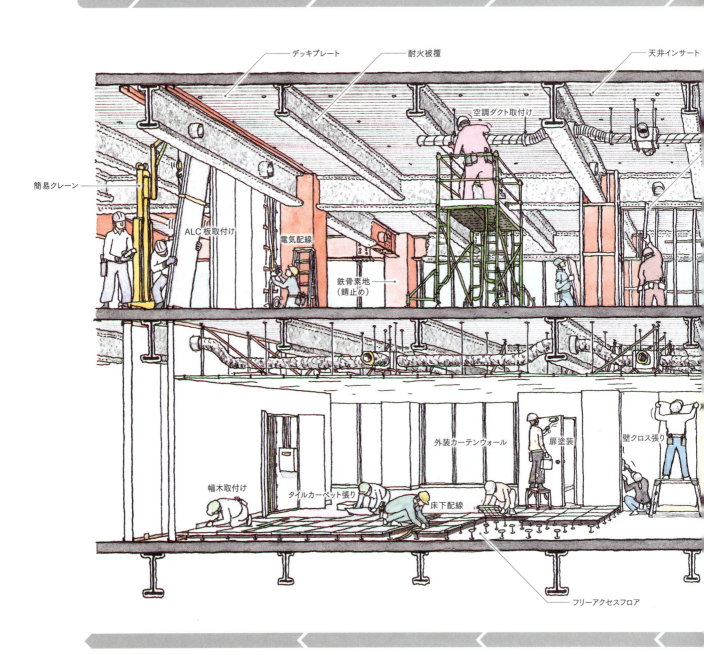

Part 2　着工から竣工まで

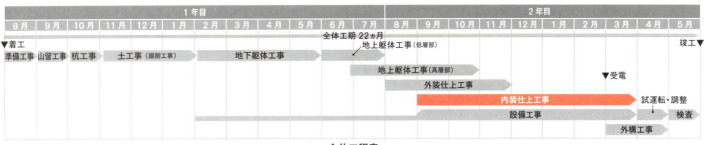

全体工程表

作業の流れ

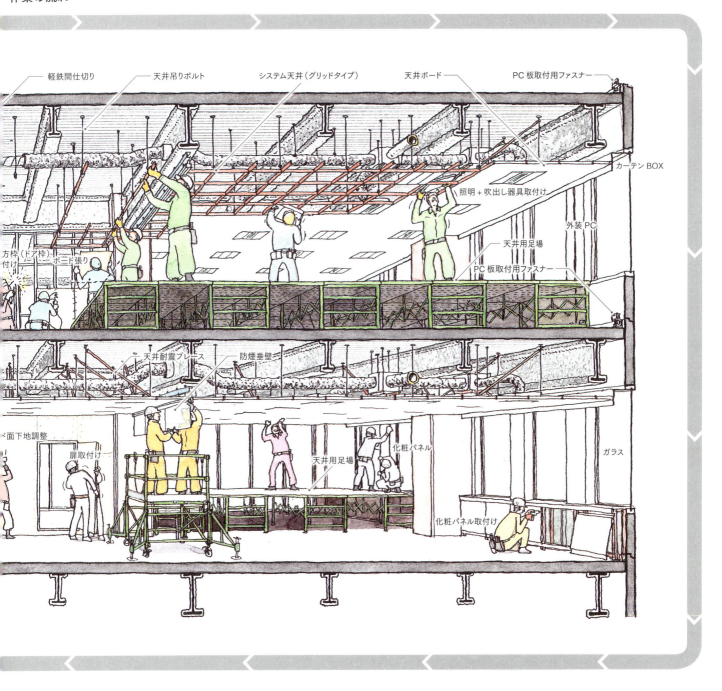

ALC工事などの区画壁から始まり、天井や壁に隠れてしまう設備工事配管（配線・機器取付けなど）を行っていく。その後、軽量鉄骨工事などのボード張りの下地を組み立てていき、順次、建具の取付け、ボード張り、塗装や壁クロス張りなどを行い、照明機器などを取り付け、最後に床工事を行って仕上げていく。

8-1 建具工事

建具工事とは、金属製または木製の建具を工場製作し、現場で取り付ける工事である。
建具は、建築物の開口部に設けられる開閉機能をもつ仕切りであり、主に壁（外壁や間仕切壁）の開口部に取り付けられて扉や窓として用いられる。用途は、出入口、通風口、採光、遮音、防犯など多岐にわたり、様々なタイプの建具が用いられている。

1 建具の種別

建具の種別として、機能、材質、開閉方法による分類がある。材質による種別は、アルミニウム製建具、鋼製建具、ステンレス製建具、木製建具、樹脂製建具に分けられる。

（1）アルミニウム製建具

主要な部材がアルミニウム製である。主に外部に面する窓に用いられる。

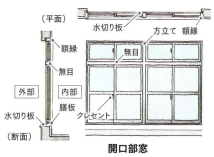

開口部窓

（2）鋼製建具

主要な部材が鋼製の建具である。主に扉に用いられることが多い。

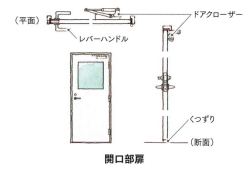

開口部扉

2 工場製作

建具製作図に基づき、工場で要求仕様を満たした建具を製作する。

（1）アルミニウム製建具

アルミニウム製建具は、軽量で、錆びにくい性質があり、ビルの外壁開口部にはアルミサッシとして広く用いられている。一方、耐アルカリ性、伸縮性、強度、防火性などに欠点があるので、取付け箇所の条件を確認する。

①押出し加工

アルミニウムの地金を主原料とするアルミビレットを押出し加工し、指定された形状のアルミ形材をつくる。

②表面処理

押出し加工されたアルミ形材は腐食に耐え、かつ美しさを保つために表面処理（アルマイト処理＋塗装）をする。

③加工・組立て

表面処理の済んだ形材は、用途に合わせて加工・組立てをする。生産ラインはコンピューターで管理している。

④検査・出荷

加工・組立てが完了した製品は、工場内で検査を受け、出荷される。

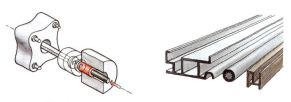

アルミ形材の押出し方法　　様々な形状に加工可能なアルミ形材

（2）鋼製建具

溶接加工は、熱による著しい変色、ゆがみ、溶接むらなどのないように注意して行う。

①加工・組立て

鋼板を切断、曲げ加工を行い、指定された形状のスチール材で組立てを行う。

②防錆塗装・焼付塗装

加工・組立て後、防錆処理として決められた化粧の塗装を行う。必要に応じて組立て前に塗装を行う。

③検査・出荷

加工・組立て・塗装が完了した製品は、工場内で検査を受け、出荷される。

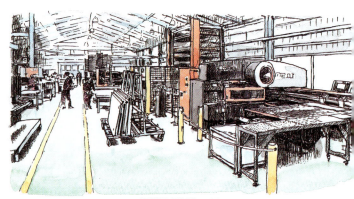

鋼製建具製作工場

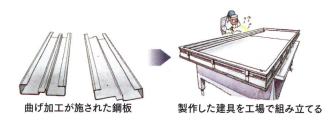

曲げ加工が施された鋼板　　製作した建具を工場で組み立てる

鋼製建具の工場製作手順

3 現場取付け

（1）アルミニウム製建具

窓の取付け手順を以下に示す。

①建具枠をくさびで仮止めする。

②図面寸法と墨を確認し、くさびの出入りを調整することで建具位置を固定する。

③躯体のサッシアンカーと建具を溶接で本取付けする。

④建具と躯体の隙間にセメントモルタル（防水剤入り）を充填する。

⑤保護養生を行う。

（工程の関係で、ガラスの取付けまでに時間をあける場合、他作業の影響で傷がつかないように、保護養生を行う）

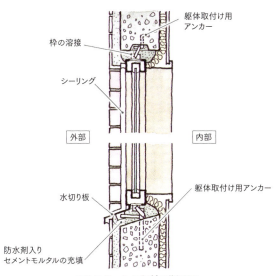

アルミサッシの取付け断面図

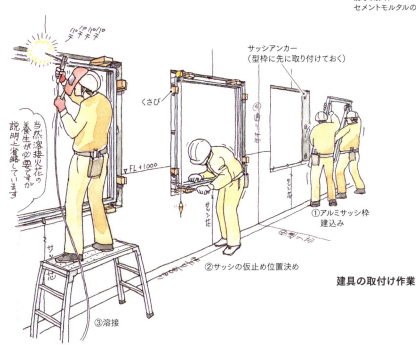

建具の取付け作業

（2）鋼製建具

基本的にはアルミニウム製建具と同様だが、扉の場合は、取付け前に下枠（くつずり）の裏面にセメントモルタルを詰める。取付け前にセメントモルタルを詰めておくことで、くつずり部の中が空洞となることを防ぎ、使用時に踏んだ際の音鳴りや過大な荷重が掛かることによる変形を防ぐ。

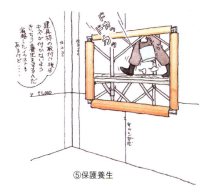

鋼製建具枠取付け　　建具の取付け作業　　くつずりセメントモルタル先行詰め

8-2 ガラス工事

ガラス工事とは、窓枠や構造躯体および仕上げ材に設けた溝に板ガラスをはめ込み、取り付けたり、カーテンウォールなどの外壁の一部として使用されるガラス成形品を取り付けたりする工事である。ガラス製品は、建築物のエネルギー効率改善やCO_2（二酸化炭素）排出削減に取り組む上で重要な役割を果たしている。それに加えて、高採光、省エネルギー、防火、防音、安全・防犯、プライバシー、装飾、セルフクリーニングシステムなどの最新の機能で、より快適で安全な空間づくりに貢献している。

1 種類

（1）板ガラス

平板状のガラスで、ビルや共同住宅などに幅広く使用されている。

最も一般的で平坦な透明ガラス。
フロート板ガラス

ガラスの片面に型模様をつけ、光を通し視線を遮るガラス。
型板ガラス

火炎で破損した場合でも、中に封入されている網により破片が飛散しにくい。防火地域・準防火地域の建物に用いられる。
網入り板ガラス

日射吸収を高めるため、ガラス原材料に金属を加え着色したガラス。日射エネルギーを30～40％程度吸収し、ガラスを透過する熱を抑え、冷房効果を高める。また、直射日光を適度に和らげ、まぶしさを抑える。
熱線吸収板ガラス

スパッタリング技術により、板ガラスの表面に極薄の金属膜をコーティングした、反射率の高い表面がミラー状のガラス。30％前後の遮光性能を備え、眩しさや日射による室温の上昇をコントロールする。
熱線反射ガラス

（2）加工ガラス

板ガラスを加工することで、機能性を高めたガラス。

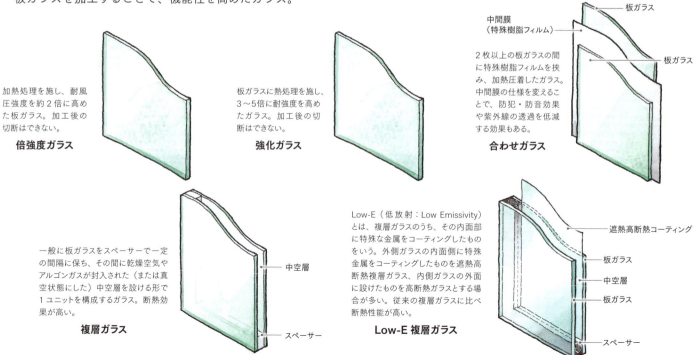

加熱処理を施し、耐風圧強度を約2倍に高めた板ガラス。加工後の切断はできない。
倍強度ガラス

板ガラスに熱処理を施し、3～5倍に耐強度を高めたガラス。加工後の切断はできない。
強化ガラス

2枚以上の板ガラスの間に特殊樹脂フィルムを挟み、加熱圧着したガラス。中間膜の仕様を変えることで、防犯・防音効果や紫外線の透過を低減する効果もある。
合わせガラス

一般に板ガラスをスペーサーで一定の間隔に保ち、その間に乾燥空気やアルゴンガスが封入された（または真空状態にした）中空層を設ける形で1ユニットを構成するガラス。断熱効果が高い。
複層ガラス

Low-E（低放射：Low Emissivity）とは、複層ガラスのうち、その内面部に特殊な金属をコーティングしたものをいう。外側ガラスの内面側に特殊金属をコーティングしたものを遮熱高断熱複層ガラス、内側ガラスの外面に設けたものを高断熱ガラスとする場合が多い。従来の複層ガラスに比べ断熱性能が高い。
Low-E複層ガラス

2 工場製作

ガラスは珪酸（SiO_2）が主成分の珪砂と呼ばれる砂が主原料となっており、これを溶かし、用途に応じた形に成型するとガラス製品になる。ただし、珪酸を溶かすのにはかなりの高温（1700℃以上）が必要なため、通常は炭酸ナトリウム（Na_2CO_3）を加えることで、溶ける温度を下げ（1550℃）、さらに水に溶けないガラスにするために石灰（CaO）が加えられる。つまり、珪酸と炭酸ナトリウムと生石灰がガラスの主成分である。ちなみにガラスの製造工程でできるガラス屑（カレット）についても、大切な原料の1つとして再処理・再利用されている。

3 現場取付け

工場で加工したガラスを現場ではめ込む。ガラスは、ガラス取付用の吸盤を使用して、人力または機械を用いて取付けを行う。

ガラス取付け用の吸盤

人の手で行われるガラスの取付け

4 ガラスの取付け方法

ガラスの建具枠へのかかりしろ（ガラスをはめ込んだとき、溝に埋まる部分の寸法）は、ガラスの種類・厚さにより異なるため、確認する。下枠部分の外部シールは勾配をつけてガラス側へ盛り上げる。ガラスのシーリング材は、シールの幅・深さ（付着長さ）とも4mm以上とし、形状係数（深さ÷幅）は2/3～1を基準とする。

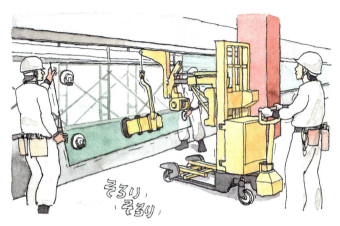

機械で行われるガラス取付け

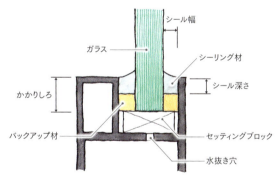

不定形シーリング材による取付け（断面）

豆知識　ガラスの種類による割れ方

強化ガラス・倍強度ガラスなどの熱処理ガラスは、ガラス内に残存する微小な異物（硫化ニッケル）が体積膨張した際に突然破損することがあり、自然破損と呼ばれる。高所では、落下防止対策を検討する。また、倍強度ガラスは表面圧縮強度が大きくなると、強化ガラスと同様の割れ方をするため、圧縮応力が一定の範囲に収まるように管理・検査を行うことが重要である。

	フロートガラス	倍強度ガラス	強化ガラス
対風圧・熱割強度比	1	約2	3～5
割れ方	始発点から亀裂が広がる。通常、破片はサッシ枠内に留まる。	フロートガラスと同様の割れ方。亀裂が蛇行する。	破片は細かな粒状となる。

8-3 塗装工事

塗装工事には、大きく分けて2つの目的がある。1つは塗料を使って下地の「美装」を行うこと、もう1つは下地の「保護」を行うことである。通常、コンクリート・鉄・木材などの素材の表面をむき出しのまま使用することは極めてまれで、美装・保護するための塗装が行われている。塗装により、下地のままの状態に比べ、腐蝕の進行や埃の付着などを防ぐことができる。

1 塗装工事の基本

建築工事で施工される塗装は、次に示すように大きく3つのケースに分けられている。これらを使い分けて効率良く作業を進めていく。

（1） 鉄骨やサッシなどの製作工場で塗装工程のすべてを完了し、完成品として納入する場合。常に同じ環境条件で施工できるため同一の品質を確保しやすい。ただし、仕上げ面の養生などが必要となる。

金属製建具の工場塗装

（2） 製作工場で塗装工程の一部が施工され、工事現場で取付け後、残りの工程が行われる場合。工場では、鉄骨柱などの大きな部材を寝かした状態で塗装作業が可能となるので、工事現場では塗装しにくい部材も作業しやすくなる。

鉄骨の工場塗装

（3） 工事現場で取り付けられた製品や壁などの下地を、現場にて塗装する場合。工事現場での作業となるため、ほかの技能労働者の出入りや気象・気候などの作業環境の調整や養生が重要となる。

壁の現場塗装

2 塗装材料の確認

（1） 塗料の構成

塗装工事で使用する塗料は大きく分けて、着色するための顔料、主成分の合成樹脂・油類、塗膜の改質を行う添加剤、樹脂類の希釈に用いる溶剤、という4つの成分で構成されている。

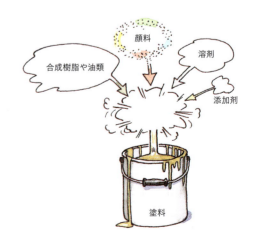

塗料の構成

①顔料
　塗料の色彩を決めるもので、ボリューム感や防錆性などの性質を与える。

②合成樹脂・油類
　顔料同士をつなぎ、塗膜を形づくる主体となり、つや、堅さなどの性質を与える。

③添加剤
　塗料中の顔料の沈殿防止、色分かれ防止、塗膜の柔軟性などの性質を与える。

④溶剤
　合成樹脂・油類を溶解し、流動性を与え、顔料と混ぜやすくする。

　顔料以外の3種類の成分を混ぜ合わせたものを透明塗料（ワニスまたはニス）といい、顔料を混ぜると、有色塗料（エナメル）と呼ばれるものになる。

（2）塗料の種類

　塗料は種類が多く、名称も長いものが多いことから、混乱を防ぐ意味で図面の記入や施工現場での取扱いには、記号が使用される場合がある。

塗装仕様と略号の一例

塗装仕様	略号
合成樹脂調合ペイント	SOP
合成樹脂エマルションペイント	EP
耐候性塗料	DP
クリヤラッカー	CL

（3）塗料と塗装する部位（素地）の関係

　塗料を構成する成分の中の樹脂は塗膜の主体となるが、この樹脂の種類によって、塗ることができる材料と、できない材料（素地と塗料の相性が悪い）があるので注意が必要である。合成樹脂調合ペイントは、アルカリ性に弱く、セメント系下地面には適さない。合成樹脂エマルションペイントは、鉄鋼面など金属系下地面には適さない。

塗装の種類による適用素地

	木部		鉄鋼・亜鉛めっき鋼面		セメントモルタル・プラスター面		コンクリート・ALCパネル・押出成形セメント板面		せっこうボード・その他ボード面	
	屋外	屋内	屋外	屋内	屋外	屋内	屋外	屋内	屋外	屋内
錆止め塗料			○	○						
合成樹脂調合ペイント（SOP）	○	○	○	○						
クリヤラッカー（CL）		○								
アクリル樹脂系非水分散形塗料（NAD）							○	○		
耐候性塗料（DP） 鋼構造物用耐候性塗料			○							
耐候性塗料（DP） 建築用耐候性上塗り塗料							○			
つや有合成樹脂エマルションペイント（EP-G）	○	○		○	○	○	○	○	○	○
合成樹脂エマルションペイント（EP）					○	○	○	○	○	○
合成樹脂エマルション模様塗料（EP-T）							○	○		○
ウレタン樹脂ワニス（UC）	○									
ラッカーエナメル（LE）	○									
オイルステイン（OS）	○									
木材保護塗料（WP）	○									

（注）○印：適用可

豆知識　スグレモノな塗料
塗装工事は、基本的に素材の美装と保護が主な目的だが、近年、耐火塗料、光触媒塗料、落書き防止塗料、高日射反射塗料といった新たな機能をもつ塗料が数多く開発されている。

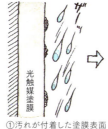 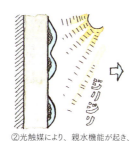 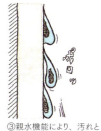

①汚れが付着した塗膜表面に水が付着。　②光触媒により、親水機能が起き、汚れを水が包み込む。　③親水機能により、汚れと水が流れ落ちる。

光触媒塗料

落書き防止塗料を施している場合、落書きされても……　　ちょっとした補修であっという間にキレイに！

落書き防止塗料

3 塗装工事の現場施工

（1）塗装工法

工事現場での塗装工法は大きく、はけ塗り、ローラーブラシ塗り、吹付け塗りの3つの工法に分けられる。

それぞれの長所・短所を考慮し、状況に合わせて最適な方法を選択していく。

①はけ塗り

はけに塗装材料を十分に含ませ塗装面に運び、その塗材を均一に塗り付ける工法。

②ローラーブラシ塗り

ローラーカバーに塗装材料を十分に含ませて、塗装面に運び、ローラーを転がしながら均一に塗り付ける工法。

③吹付け塗り

機械装置を使用し、塗装材料を霧状にして塗装面に吹き付ける工法で、エアスプレーガンやエアレススプレーガンを使用する方法。

毛の植込みが多く、塗料の含みが良い。
寸胴刷毛（ずんどうばけ）

広い面の作業に適している。
平刷毛（ひらばけ）

隅や内面部の作業に適している。
筋交い刷毛（すじかいばけ）

はけ塗り

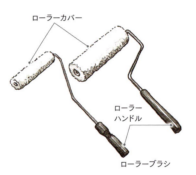
ローラーカバー
ローラーハンドル
ローラーブラシ

ローラーネット

ローラーブラシ塗り

エアースプレー

吹上式ガン

吹付け塗り

塗装工法（道具による分別）

（2）塗装作業の流れ

塗装作業の一般的な流れは、①素地ごしらえ→②下塗り→③中塗り→④上塗りという工程となるが、塗料の種類や下地材料の種類などによって、手順や工程数が変わる。

①素地ごしらえ

塗装工事における素地とは、塗装される素材面のことで、金属系、セメント・せっこうボード系、木質系などがある。素地には通常、油類や埃、ヤニなどの汚れが付着しており、これらは塗装の仕上がりを悪くし、塗膜の性能低下を招くとともに、塗膜の耐用年数に著しい悪影響を与える。塗装が十分にその機能を果たすためには、事前にこれらの付着物を除去する必要がある。素地を清掃し、塗装材料が適切に接着することのできる面にしておくことや素地面のくぼみや目違い部にパテをつけて平らにすること（パテかい）を素地ごしらえ（素地調整）という。

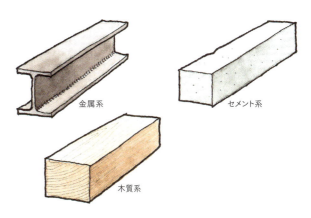

素地のいろいろ

②下塗り

下塗りは、素地に直接塗装する最初の工程になる。素地を目張りする（シール）意味からシーラーとも、最初の塗装工程で使う意味からプライマーともいうが、目的は同じで素地に対する主材の吸込み調整および付着性を高めることである。

③中塗り

中塗りは、上塗りの性能の補助や強化といった役割がある。上塗りと同じ塗料を使用するが、それぞれの色は変えておく。

④上塗り

上塗りは仕上げ面であるため、美装の機能を有する必要があると共に、耐候性能（耐水・耐久・耐薬品）の役割が必要になってくる。上塗り面が最終的な仕上げとなる。

作業手順

4 環境問題

塗料や建築資材の一部には化学物質が用いられており、場合によってはそれが人体に悪影響を及ぼす原因（シックハウス症候群など）となることがある。その影響を防ぐために、ゼネコンの施工管理技術者や専門工事業者は塗料・建築資材ごとに、細かな成分やその特徴を記したSDS（安全データシート）を確認し、設計図書どおりの材料を使用しているかを確認する必要がある。

SDSには、ホルムアルデヒド等級（F☆☆☆☆）など、VOC（揮発性有機化合物）などについて、記載されている。

塗料や建築材による化学的影響

8-4 軽量鉄骨下地・内装・ALC工事

躯体工事が完了すると、建築物内部では内装仕上げ工事が行われる。主に各部屋の天井・壁・床について下地から最終仕上げまで行い、仕上がった部分は傷をつけないようにしっかりと養生し、注意しながら残りの作業を進めていく。内装工事が進んでくるに従い、内部における建築物の完成イメージが実感できる。

1 墨出し

軽量鉄骨下地工事を開始する前に、コンクリートの壁面に墨を用い、高さ・水平の基準線の印をつける。

高さの基準墨（陸墨）は一般的に床仕上げから1,000mm上がった位置に出す。床面の墨出しは、通り芯から1,000mmの位置に逃げ墨を出す。部屋の壁位置・出入口位置などを施工図または設計図から読み取り、床面に墨を出していく。

また、高さの基準墨をもとに天井、床を仕上げていく。

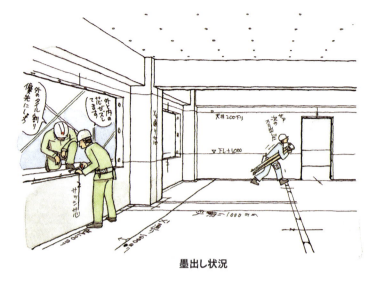

墨出し状況

2 壁下地

せっこうボードなど仕上げ材料を張るための下地を組み立てる。内装の壁下地は、一般に軽量鉄骨材（LGS：ライトゲージスチール）が使用される。軽量鉄骨下地はランナー、スタッド、補強材（スペーサー、振れ止め）などから構成される。

床に記された墨を基準にして設置する。

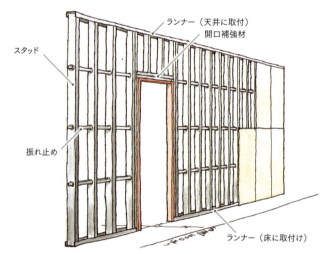

軽量鉄骨壁下地

3 天井下地

天井においても壁と同様にせっこうボードなどの仕上げ材料を張るための軽量鉄骨下地を組み立てる。

軽量鉄骨下地は一般的に吊りボルト、ハンガー、野縁受け、クリップ、野縁で構成される（巻末の「関連キーワード」参照）。コンクリート打設時にあらかじめ上階の床スラブ下面に天井インサート（めすネジ）を設置しておき、それを利用して吊りボルトを吊り下げ、下地を組み立てていく。

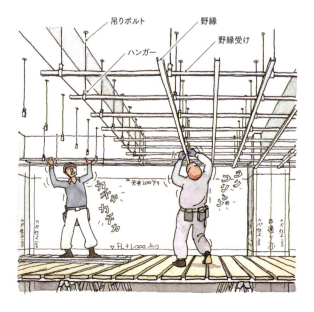

軽量鉄骨天井下地

耐震天井（天井の脱落防止）

　多くの天井は「吊り天井」の構造となっており、地震時には大きく揺れて壁に衝突し、端部が破損したり落下したりする危険がある。

　天井高6mを超え、かつ水平投影面積200㎡を超え、かつ構成材の質量2kg/㎡を超える天井は国土交通省告示で「特定天井」として定められ、次の脱落対策を講じることが義務付けられている。仕様ルート・計算ルート・大臣認定ルートのいずれかを適用し、検証する必要がある。

- 部材の強度を高める
- 天井端部と壁とのクリアランスを確保する
（2016年に隙間なし天井の仕様が追加された）
- 補強ブレースを設置する
- クリップを使用しない（新耐震吊り天井）

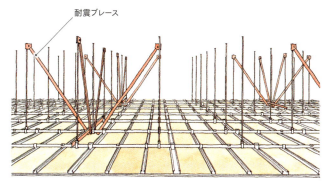

耐震天井

4 天井仕上げ

（1）在来工法

　軽量鉄骨天井下地にせっこうボード直張りを行った後、もう1枚仕上げ用のボードを張るか、ボードのジョイント部をパテ処理し平滑にし、その表面を部屋の用途に応じて仕上げる。

　主な表面仕上げの種類を以下に示す。

- 塗装・クロス張り・岩綿吸音板：表面に仕上げ模様がついており、下地せっこうボードの上に施工する。
- 化粧せっこうボード：せっこうボードの表面に仕上げ模様がついており軽量鉄骨下地に直接施工して仕上げとする。

（2）システム天井

　上階の躯体から吊り下げたTバーと呼ばれる金属製の枠を主に使用し、岩綿吸音板と設備機器のパネルを落とし込む工法である。

　主にオフィスビルの事務室天井に採用されることが多い。作業の効率化・設備機器の増設や移設が比較的容易にできるメリットがある。

　設備機器をライン状に配置するライン型と、格子状に組まれた枠内に設備機器を落とし込むグリッド型に大きく分けられる。また、Tバーと岩綿吸音板との取合い部の形状には、フラットタイプとテギュラータイプがある。

天井せっこうボード張り（下張り）状況

天井岩綿吸音板張り状況

ライン型システム天井

グリッド型システム天井

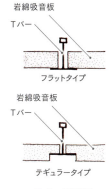

Tバー部詳細

5 壁仕上げ

天井と同様に軽量鉄骨下地にせっこうボードを張り付け、その表面を部屋の使用用途に応じて仕上げる。

主な壁仕上げの種類を以下に示す。
- 塗装
- クロス張り
- 化粧合板（表面仕上げの施されたもの）
- タイル張り
- 石張り

壁せっこうボード張り（下張り）

コンクリート面に直接ボードを張る場合（GL工法）

6 床仕上げ

コンクリートスラブ上にセメントモルタル塗りやセルフレベリング材といったセメント系の材料を施工することで平滑な下地をつくり、さらにその上に仕上げ材料を張って床を仕上げる。

下地は大きく以下の2種類に分けられる。

(1) 直床

床のコンクリートを金鏝押えし、そのまま下地に使用する方法や、セメントモルタル塗りやセルフレベリングを使用して平滑にする方法がある。

(2) フリーアクセスフロア

大量の配線・配管を行うために床を二重にし、その空間を有効利用した床仕上げ。コンクリートスラブに固定された支持脚で床パネルを支える形状が多く使用されている。

また、防振ゴムの設置による振動の低減・支持脚の補強による耐震性能の向上など求められる性能により、様々な工夫がされている。

以上の床下地を施工後、部屋の使用用途によりカーペット、ビニル床シート・ビニル床タイル、石、タイルなどを張る。

壁クロス張り

セルフレベリングの施工

 エピソード せっこうボードの合理的な工夫

フリーアクセスフロアの施工

7 その他

（1）断熱工事

外部の温度が建物内の生活環境に影響を与えないようにするため、熱伝導率が低く断熱効果の高い断熱材を外壁や屋根、1階床下に施工する。断熱材の種類としては主にウレタンフォームやポリスチレンフォームなどの発泡系の材料がある。

施工方法としては、以下があげられる。

① 現場発泡断熱材を柱・壁面に吹き付ける方法
　特に現場発泡断熱材は吹付厚さがばらつくため、必要厚さはピンを差して吹付厚さの管理を行うことが重要である。
② 断熱性能のある外壁材料（例：サンドイッチパネル）を使用する方法
③ 成形されたボード状の断熱材（ポリスチレンフォーム）をコンクリート打設前に型枠に設置してコンクリートと同時に打ち込む方法
④ 外断熱工法
　RC造の建築物で、壁などの内側に断熱材を設ける内断熱に対し、断熱効果が高く断熱材でコンクリート躯体を覆う工法。主に寒冷地で使用される。

現場発泡ウレタン吹付け
材料名：吹付け硬質ウレタンフォーム

コンクリート打設前のボード状の
断熱材（ポリスチレンフォーム）打込み

（2）ALC工事

ALC（Autoclaved Lightweight aerated Concrete）は、高温高圧蒸気養生した軽量気泡コンクリートのことである。ALCパネルを梁鉄骨やスラブに金物で取り付けて壁を形成する。ALCパネルは、軽量で断熱性・耐火性に優れており、主に鉄骨造の建築物の外壁や間仕切り壁に使用される。

ALCパネル取付け状況

（3）防火区画工事

大規模建築物では、建築基準法により火災を局部的にとどめて火災拡大を防止するため、防火区画の設置が義務付けられている。

一定の面積ごとに区画する（面積区画、高層区画）、また階段やエレベーターのように建築物の上下階を貫通している空間を区画する（竪穴区画）ものなどがある。

耐火壁を床から上階床下まで設置するため、天井工事に先立ち内装工事の初期の段階で防火区画工事が行われる。

区画を構成する壁の種類としては、ALC板、押出成形セメント板などの不燃材料やLGSとせっこうボードの組合せで耐火認定を取得したものなどがある。

防火区画をケーブル・配管などが貫通する場合は、モルタルで貫通部を塞ぐなどの法令で規定され、性能基準を満たしたものとして認定された方法で貫通部分の処理を行う。

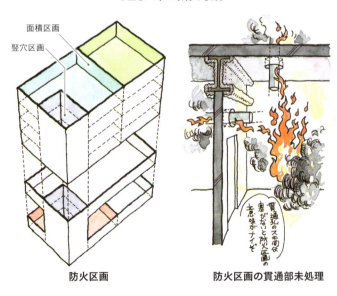

防火区画　　　　防火区画の貫通部未処理

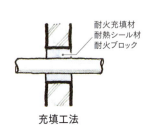

充填工法

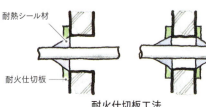

耐火仕切板工法

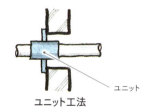

ユニット工法

防火区画の貫通部処理

09 設備工事

設備工事は、電気、空気調和、給排水衛生、昇降機、防災などの職種にわたる。建築工事と手順や納まりなどの調整を十分に行いながら、配管、配線、機器の据付けを行う。

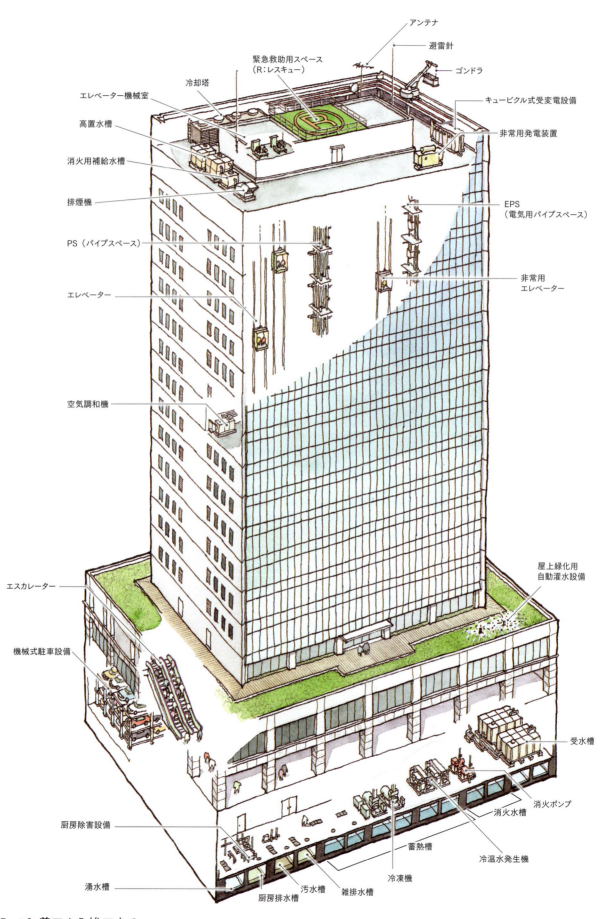

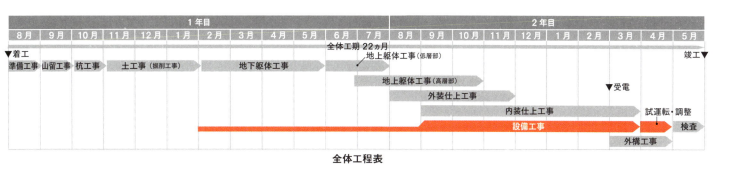

全体工程表

建物内部の設備工事

建築物を人の身体に例えると、躯体は骨や筋肉、仕上げは皮膚にあたり、設備は臓器や血管にあたる。設備は、仕上がってしまうと見えなくなってしまう部分（配管・配線・機器）が多いため、工事完了時点での入念な検査が重要となる。

設備工事は、躯体工事や仕上げ工事の進捗に合わせて施工することが重要である。躯体に埋め込んでおくべき設備配管を忘れたり、配管スリーブ（躯体を貫通する孔）を設置し忘れたり、サイズや位置を間違えたりすると、大きな問題につながる。

躯体工事の段階では、前述の躯体スリーブ設置に加え、天井インサートや壁内の電線管埋込みを確実に行うことが重要である。

仕上工事の段階では、天井内の機器の吊込み、配管・配線・ダクト工事、壁・床内の配線、水回り（トイレなど）の配管工事がある。

仕上工事に並行して、照明器具、空気調和設備、衛生器具などの取付けが行われる。

9-1 電気設備工事

電気設備工事とは、建築物の日常的使用において必要不可欠である電気を安定的に供給するための工事であり、建築工事の進捗に合わせてケーブルの配線作業および器具類の設置を行う。電気設備は、引込みから受変電・発電設備や電灯コンセントなどの強電（電力系）と電話・情報・放送・セキュリティーなどの弱電（通信・情報系）に大別される。

1 電気設備工事の概要

(1) 電力引込み・受変電設備・発電設備

建築物の電力は、電力会社の高圧配電路から受変電設備へ引き込み、建築物で使用する低圧電圧に降圧される。受変電設備はキュービクル式配電盤が用いられることが多く、電気室や建築物の屋上などに設置される。また、発電設備には停電時の予備電源として、防災設備用として法的に必要な非常用と一般設備に供給する保安用、省エネルギーを目的として設置されるコージェネレーション設備（エネルギー供給する方式の1つで、熱源より電力と熱を同時に供給するシステム）がある。

(2) 幹線設備

受変電設備にて高圧（22KV、6600Vなど）から低圧（400V、200V、100Vなど）に変電された電力を、建築物内の使用場所まで送電する設備である。大電流が流れるため、バスダクトや大口径のケーブルが使用され、EPS（電気設備用パイプスペース）に配置される電灯分電盤や動力制御盤へ配電する。バスダクトは金属管ダクトの内部に絶縁支持された裸導体または絶縁体を収納し、大電流を送電できるようにしたものである。

(3) 照明設備・電灯コンセント設備

電灯分電盤から照明器具やコンセントまでの配線と器具類の設置を行う。天井内部には照明、壁コンセント回路の配線、床、フリーアクセスフロア内にはコンセント回路を配線する。

(4) 中央監視設備

電気・空調・衛生・防災・エレベーターなどの設備機器を遠隔監視または制御する設備である。一般に大規模な建築物の場合は、中央監視室・防災センターを設け、一括管理を行う場合が多い。

(5) 通信・情報設備

弱電設備は、人体に感電のおそれの低い電圧を使ったものである。通信や情報伝達を行うもので、電話設備、情報設備、テレビ共聴設備、インターホン設備、放送設備などがある。

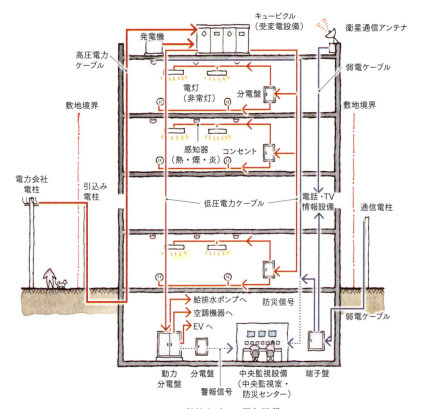

一般的なビルの電気設備

豆知識　電気室の位置

電気室は地上の建物内のスペース確保のために地下に設けられることが多いが、洪水などにより地下が浸水した場合は電力供給が中断する可能性があり、BCP（事業継続計画：Business Continuity Plan）の観点から地上階に設けることが多くなっている。

キュービクルの設置位置の目安

用途	延べ床面積	設置位置
事務所	30,000㎡未満	屋上
	30,000㎡以上	屋内
学校	10,000㎡未満	地上
	10,000㎡以上	屋内
医療施設	10,000㎡未満	屋上
	10000㎡以上	屋内
集合住宅	10,000㎡未満	地上
	10,000㎡以上	屋内
工場・倉庫	10,000㎡未満	地上
	10,000㎡以上	地上

2 電力および通信ケーブルの引込み

建築物へ電気・電話・通信などのケーブルを引込む方式としては、架空方式と地中方式がある。

（1）架空方式

電力会社の電柱から敷地内の引込み電柱を経由し、地下に埋設した高圧ケーブルから受変電設備まで電力の引込みを行う。

（2）地中方式

電力会社の地中埋設管路からハンドホール（ケーブルの接続工事および接続部保護のために地中に中継用として埋設する地中箱のこと）を経由し、受変電設備まで電力引込みを行う。特に都心部での事例が多い。また、上下水道、ガス配管といったほかの埋設物と干渉する場合もあり、引込み位置や高さに注意が必要である。

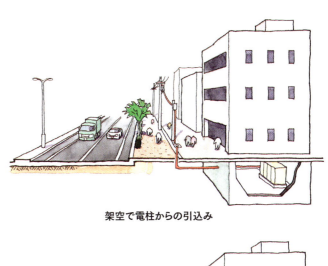

架空で電柱からの引込み

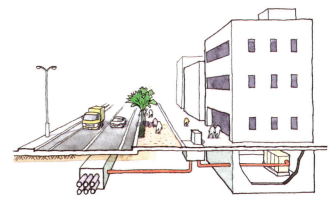

地中埋設からの引込み

通信・情報設備の種類

設備の名称	内容	イメージ
電話・情報（LAN）	電話機や交換機、ネットワーク用機器の設置や配線をする。	
テレビ共聴	ケーブルテレビ方式やアンテナ方式にてテレビ信号を受信し、各アウトレット（差込口）まで配線する。	
インターホン	建物内の連絡用に使用する通話設備で、親機と子機で構成される。一般家庭を含め、様々な建物の出入口などに使われている。	
放送	非常放送、業務放送、ローカル（AV・音響）放送などがある。	

9-2 空気調和設備工事

空気調和設備とは、建築物の温度・湿度・気流・清浄度などを目的に合った条件に適切に調整するための設備で、熱源機器、空調機器、換気設備、機器をつなぐ配管・ダクト設備、排煙設備などから構成される。

1 熱源方式

熱源方式は、中央熱源方式と個別分散方式に大別される。

（1）中央熱源方式

熱源機器を地下機械室や屋上に設置して、冷水、温水または蒸気などの熱媒を製造し搬送する方式である。例えば、冷房用に冷凍機で冷水、暖房用にボイラーで温水または蒸気を製造し熱媒を空調機へ搬送する。熱源機器を以下に示す。

①冷温熱源機器：冷温水発生機、ヒートポンプチラー
②冷熱源機器：圧縮式冷凍機、吸収式冷凍機、氷蓄熱ユニット
③温熱源機器：蒸気ボイラー、温水ボイラー、コージェネレーション（排熱利用）
④冷却塔：水を熱媒体とし、大気と直接または間接的に接触させて、蒸発熱により冷却する熱交換器をいう。冷凍機、冷温水発生機とセットの設備である。
⑤蓄熱槽：熱源機器で製造された空調に利用する冷水や温水などを貯蔵する。冷暖房の負荷が大きい時間帯に利用することで効率の良い運転ができる。水蓄熱方式や氷蓄熱方式がある。

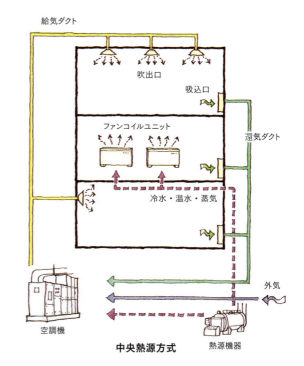
中央熱源方式

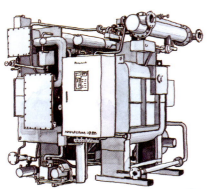
冷温水発生機

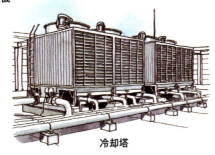
冷却塔

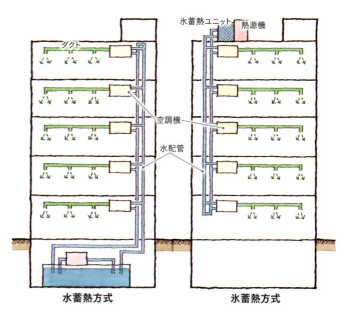
水蓄熱方式　氷蓄熱方式

（2）個別分散方式

各階または各ゾーンに熱源機を分散設置する方式である。例えば、ビル用マルチパッケージ型空調機（電気主体）があり、1台の室外機と複数の室内機を接続しているシステムで、室内単位ごとに個別の運転が可能である。通称ビルマルといい、テナントビルなどを中心に多種多様な建築物で使われている。

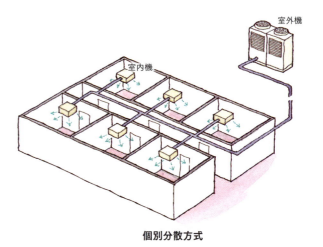
個別分散方式

2 空調方式

（1）単一ダクト方式

中央熱源方式に用いられる空調方式。空調機から1本のダクトにより各室に空調空気を送風する方式。空調条件や空調機の起動、停止などは各ゾーン単位となる。単一ダクト方式には2種類あり、給気風量が一定のものを定風量（CAV）方式、風量を調整できるものを変風量（VAV）方式という。

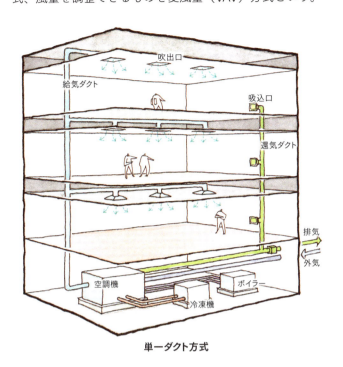

単一ダクト方式

（2）床吹出空調方式

主にインテリア空調に適用される床を二重床（OAフロアなど）にし、床に吹出口、天井に吸込口を設ける方式である。

床吹出口の増設・移設が比較的容易なのでパーソナル性に優れている。

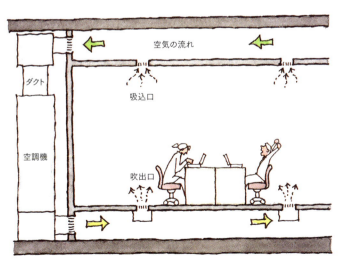

床吹出空調方式

（3）ファンコイルユニット方式

中央熱源方式、個別分散方式どちらにも用いられる空調方式。インテリア空調およびペリメータ（窓際）空調に適用されるファンコイルユニットを設置して、冷温水により冷暖房を行う水方式である。

ユニットごとに制御可能なので、個別制御性に優れている。

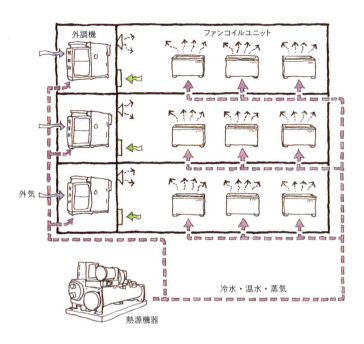

ファンコイルユニット方式

 最近の空調方式のトレンド
きめ細かな運転による省エネや運転管理の容易さから、個別分散方式（ビル用マルチエアコン。通称ビルマル）が多く採用されてきている。

空調方式

建物用途	規模	空調方式	熱源・室外機設置位置
事務所	30,000㎡未満	個別分散方式	屋上
	30,000㎡以上	中央熱源方式	地下・屋上
学校	—	個別分散方式	屋上・屋外
医療施設	10,000㎡未満	個別分散方式	屋上
	10,000㎡以上	中央熱源方式＋個別分散方式併用	屋内・屋上
集合住宅	—	個別方式	ベランダ

3 換気方式

(1) 換気設備

建築基準法や建築物衛生法等で定められた換気を行うための設備である。換気方式には、自然換気方式と機械換気方式があり、機械換気方式は以下の3つに分類される。

① 第一種機械換気
給排気ともファンで行う。最も確実な給気。排気ができ、機械室、駐車場などに適用される。

② 第二種機械換気
給気をファンで行う。周囲の部屋よりも圧力を高くし、汚れた空気の進入を防ぐクリーンルームなどに適用される。

③ 第三種機械換気
排気をファンで行う。周囲の部屋よりも圧力を低くし、臭気や水蒸気などを他室に流出しない便所、浴室などに適用される。

第一種換気

第二種換気

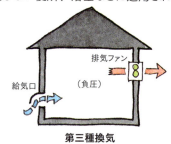
第三種換気

(2) 換気設備機器

主な機器として、換気扇、送風機および全熱交換器がある。

換気扇

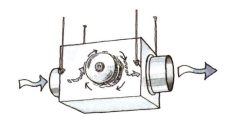
送風機（シロッコファン）

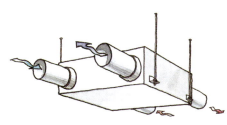
全熱交換器

(3) ダクト

ダクトとは、空気の送気・換気および排気の管路として区画したものである。

主なものとして、角ダクト、スパイラルダクト、グラスウールダクトおよびフレキシブルダクトがある。

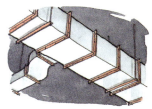
角ダクト

スパイラルダクト

フレキシブルダクト

グラスウールダクト

トピック

ペリメータ空調
ペリメータゾーン（窓際ゾーン）は、外気温や日射などの影響を受けやすいため、以下のようなペリメータ空調を導入するケースがある。

エアフローウィンドウ
二重化された窓開口部内に循環空気を通し、熱負荷を除去する方式である。

ダブルスキン
エアフローウィンドウと同様に循環空気を通すほか、外気導入による自然換気などの機能バリエーションを付加した方式である。

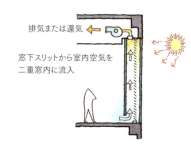
エアフローウィンドウ

ダブルスキン

9-3 給排水衛生設備工事

給排水衛生設備とは、水や湯などを供給し、建築物を衛生的に保つための設備である。トイレや給湯室への衛生器具の設置と、器具に水・湯を供給する配管、使用後の排水を流す配管の接続を行う。

1 衛生器具設備

（1）大便器（洗浄方式）

排水するためには、圧力が必要となる。主な形式として、2つの方式がある。
①ロータンク方式（連続使用に不向き、低い水圧でよい）
②フラッシュバルブ方式（連続使用に適する、高い水圧が必要）
※大便器の洗浄方式ごとに、作動させるための必要な水圧が異なっているため、計画時から注意が必要である。

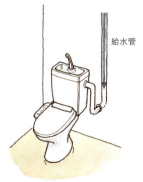
ロータンク方式
（必要水圧 30 ～ 40kPa）

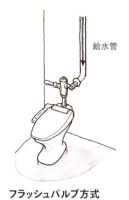
フラッシュバルブ方式
（必要水圧 70kPa）
※ 70kPa は、約 7m の水頭圧に相当

（2）排水トラップ

排水管の途中に水を溜められるようにすることで、下水管からの臭気や虫などが室内に侵入するのを防ぐ。溜められた水のことを封水といい、封水深さは50mm以上100mm以下とする。

洗面器設置状況

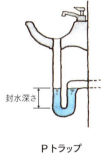
Pトラップ

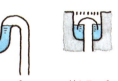
Sトラップ

椀トラップ 衛生機器トラップ

トラップ各種

（3）配管

配管材料は、流体によって材質を選ぶ必要がある。
給水管は、一般的に硬質塩化ビニルライニング鋼管、ステンレス鋼鋼管が一般的に使われる。
排水管としては、硬質塩化ビニル管や排水用硬質塩化ビニルライニング鋼管が一般的に使われている。

硬質塩化ビニルライニング鋼管

排水用硬質塩化ビニルライニング鋼管

ステンレス鋼鋼管

硬質塩化ビニル管

配管のいろいろ

トピック：塩化ビニル管の接合部からの漏水

安価で耐久性・耐食性の高い塩化ビニル管は、すっぽ抜けによる漏水が発生しやすい。
理由として、以下の2点があげられる。
①接着剤を塗り忘れ、差し込んだだけで、初めのうちは漏れないため。
②簡単に接続することができるので、製造者の施工手順どおりに適切な施工がされていないため。

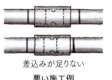
差込みが足りない
悪い施工例

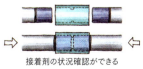
接着剤の状況確認ができる
透明継手の使用例

硬質ポリ塩化ビニル管のソケット継手

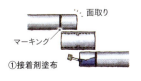
①接着剤塗布

②管挿入

③保持・養生

施工手順

2 給水設備（給水方式）

給水方式には大きく4つの方式がある。

①水道直結直圧方式（戸建て住宅などの小規模建築物）

水道本管の水圧によって建物内の必要箇所に給水する方式である。戸建て住宅など2階建程度の建築物で使用する。動力が不要のためコストも安く、メンテナンスも容易である。

②水道直結増圧方式（中規模建築物）

水道引込管に増圧ポンプを接続して、10階程度の中層建築物に給水できるようにした方式で、水道直結給水の供給範囲拡大を目的として開発された。

③高置水槽方式（中～大規模建築物）

水道本管から引き込み、受水槽に一度貯水した水を、揚水ポンプによって屋上の高置水槽へ揚水し、以降重力によって建物内の必要箇所に給水する方式である。最上階の衛生器具の給水圧力を確保できるよう高置水槽の高さを設定する。

④ポンプ直送方式（中～大規模建築物）

受水槽に一度貯水した水を直送ポンプユニットで建物内の必要箇所に給水する方式である。供給する水の量に応じてポンプの台数制御やインバータによる回転数制御により可変させて送水する。

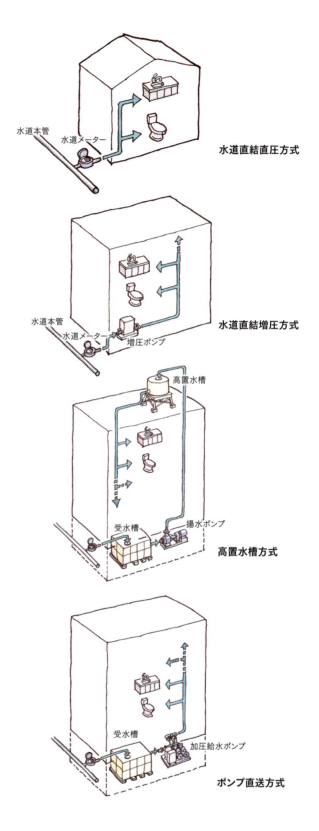

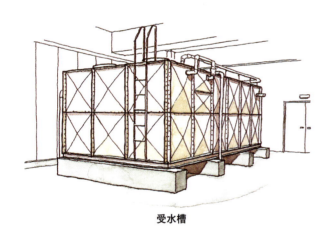

受水槽

 エピソード　上水と中水のクロスコネクション防止

3 給湯設備（給湯供給方式）

給湯供給方式は、湯の使用箇所ごとに加熱装置を設けて給湯する局所給湯方式と、機械室などに加熱装置を設けて給湯配管によって供給する中央給湯方式とに大別できる。温水の使用箇所の多いホテルや病院においては中央給湯方式が採用されているが、集合住宅においては、住戸内局所方式が主流である。

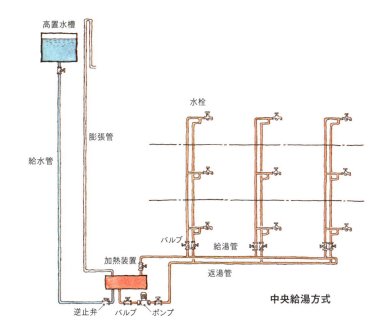

中央給湯方式

4 排水・通気設備

（1）排水方式

大きく2つの方式がある。

①自然排水（重力式排水）

配管に勾配をつけ、重力による自然流下で排水する。

②強制排水（機械式排水）

排水ポンプによって加圧し強制的に排水する。最終放流先より建物内の配管が低い時や、適切な勾配を確保できない（自然排水ができない）時に採用する。排水した水は、排水桝を経由して、下水道本管に流し込む。

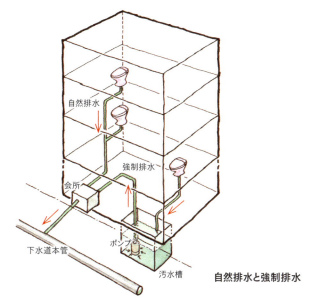

自然排水と強制排水

（2）通気方式

トラップの破封防止や円滑な排水を行うために必要な配管で、以下の方式がある。

①ループ通気方式
②各個通気方式
③伸頂通気方式　など

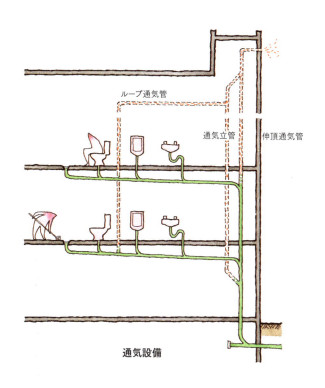

通気設備

9-4 昇降機設備工事・機械式駐車設備工事

昇降機設備工事とは、建築物内の人・物（荷）を効率的に運搬するための設備を設ける工事である。建築基準法施行令では「エレベーター」「エスカレーター」「小荷物専用昇降機」の3種類に分けられている。
機械式駐車設備工事とは、駐車スペースを有効利用するために自動化された移動装置を用いて自動車を運搬する設備を設ける工事である。

1 エレベーター

エレベーターは「人」または「人および物（荷）」をガイドレールに沿って搬器に乗せて、動力を用いて運搬する昇降機ならびに物を運搬するための昇降機である。高層建築物や低層建築物それぞれの建物形状、設置場所に対応してロープ式または油圧式が採用される。ロープ式ではトラクション式と巻胴式がある。トラクション式の機械室のあるタイプは用いられることが多く、かごと釣合い錘とのバランスを考慮し、搬器上部の巻上機で駆動し、効率が良い。一方、機械室のないタイプは、建築物の上部に機械室を設置する必要はない。一般エレベーターに広く使用されている。また、一部の条件を除き、高さ31mを超える建築物には非常用エレベーターの設置が義務付けられている。定格速度60m/分以上とし、予備電源・中央管理室と連絡する電話装置・呼戻し装置を設置するなどの規定がある。

2011年3月に発生した東日本大震災においてエレベーターの釣合い錘の落下が発生したことから建築基準法施行令の一部が改正され、地震その他の振動によってエレベーターの釣合い錘が脱落するおそれがない構造方法が規定された。

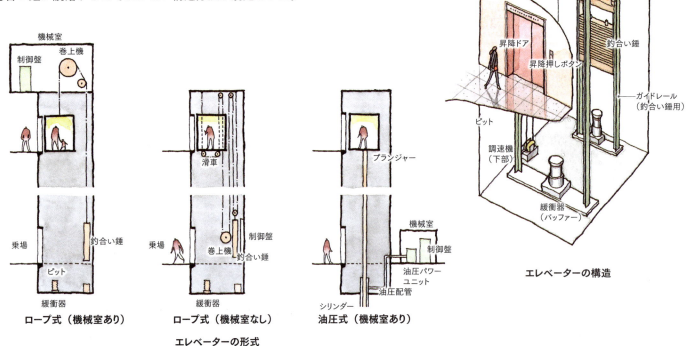

エレベーターの構造

エレベーターの形式（ロープ式（機械室あり）／ロープ式（機械室なし）／油圧式（機械室あり））

エレベーターの速度
一般的な建築物の場合は速度は45～105m/分程度である。ビルの高層化に伴い、高速で昇降するエレベーターのニーズは高まっており、超高層の建築物に設置するエレベーターとして1,000m/分を超えるものも開発されている。

2 エスカレーター

エスカレーターは、自動階段ともいわれ、上下階を結び斜めに走行する昇降機であり、一定の方向へ移動する人の流れに対して運搬力が大きいものである。エスカレーター設置の際における勾配は、30°以下とする。また、踏段の両側に手すりを設けて手すりの上端部が踏段と同一方向に同一速度で連動するように調整しなければならない。

東日本大震災においてエスカレーターの脱落が発生したことから建築基準法施行令の一部が改正され、支持部との十分なかかりしろの確保が定められている。原則、昇降高さの1/40以上とする。もしくは、昇降高さの1/100以上かつ、脱落防止措置（バックアップ措置）を講じる。

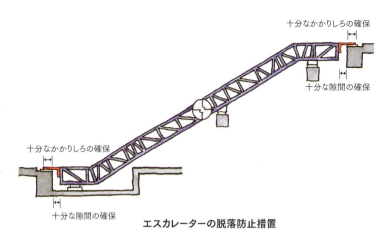

エスカレーターの脱落防止措置

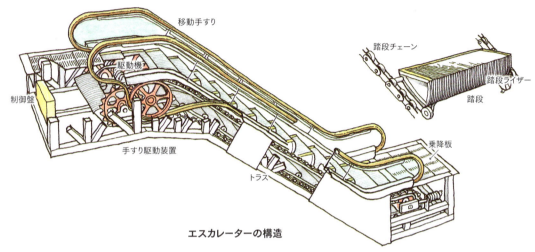

エスカレーターの構造

3 機械式駐車設備

機械式駐車設備は、平面に駐車する場合と比較して多くの台数を駐車することが可能である。垂直循環方式、多層循環方式、二段方式、平面スライド方式などがある。

垂直循環方式は、自動車を駐車するパレットを機械式駐車設備内の左右の縦方向に配置し循環させる。

二段方式・多段方式は、駐車している車両の上下にほかの車を駐車させて利用効率を高める。

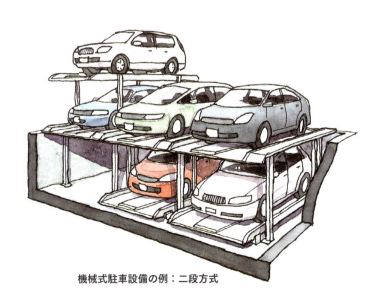

機械式駐車設備の例：二段方式

機械式駐車設備の例：垂直循環方式

9-5 防災設備工事

防災設備工事とは、火災の予防、災害時の避難、消火などの目的で設けられる設備工事の総称である。一般的には、火災を対象として設ける消防用設備を指すことが多い。建築物使用者の安全を守るために、用途・規模に応じて消防法や建築基準法などで様々な仕様が義務付けられている。

1 消防法に基づく消防用設備

消防法に基づく消防用設備には、(1) 屋内消火栓設備やスプリンクラー設備の消火設備、(2) 自動火災報知設備の警報設備、(3) 避難はしごなどの避難設備、(4) 防火水槽、貯水池などの消防用水、(5) 排煙設備、連結散水設備、連結送水管の消火活動上必要な施設がある。

(1) 消火設備

消火設備には、火災の初期に用いる消火器、屋外・屋内の消火栓、消火器で消火できなくなった火災に用いるスプリンクラー設備、このほか危険物などの特殊可燃物の消火に用いられる水噴霧消火器や泡消火器などがある。

①屋内消火栓設備

建築物の居住者が使用する消火設備で、各階階段付近の人目につきやすい廊下に設置される。バルブやホースが格納されており、消火活動を行うことが可能である。屋内消火栓には2人で操作する1号消火栓と1人で操作可能な2号消火栓（および易操作性1号消火栓）がある。

②スプリンクラー設備

天井面に取り付けられた散水口から散水し、その冷却作用により消火する。火災を感知して自動で散水を行うものと弁を開放することにより散水を行うものがある。

(2) 警報設備

警報設備は、主として火災、その他災害、突発的な事故を消防署、防災管理者、もしくは近隣に周知させることのできる設備。

①自動火災報知設備

煙または熱により火災を感知し、報知する設備、または消防機関へ自動で通報する設備。

②非常警報設備

非常ベル、放送設備など災害の発生を速やかに建物内および近隣に知らせるための設備。

(3) 避難設備

火災発生の際に避難するための設備である。すべり台や避難はしごの避難器具、誘導灯および誘導標識などがあげられる。

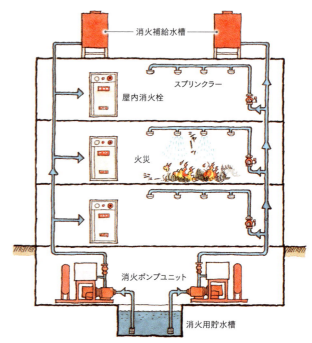

屋内消火栓設備・スプリンクラー

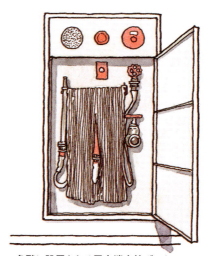

各階に設置される屋内消火栓ボックス

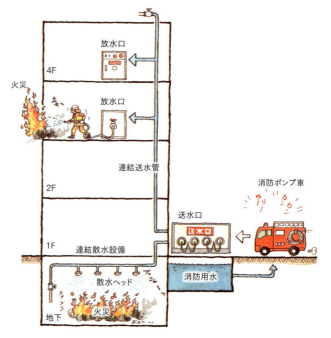

連結散水設備・連結送水管

（4）消防用水

防火水槽・プールなどに蓄えられている水で、火災が発生した際、消防ポンプ自動車で水を吸い上げて放水する。水量は建築物の規模・区分により定められている。

（5）消火活動上必要な施設

排煙設備、連結散水設備、連結送水管、非常コンセント設備、無線通信補助設備などがあり、主なもの3つを示す。

①排煙設備

火災時の煙による被害を防ぎ、煙を排出するために設けられる。自然排煙・機械排煙・押出排煙の方式がある（建築基準法にも規定がある）。

②連結散水設備

地下階の消火活動のために設置され、あらかじめ地下階の天井に散水ヘッドを設け、送水口から水を送ることにより煙が充満して立ち入れない場所を消火する。

③連結送水管

高層階や大規模な地下街の消火活動のために設置される。外部の送水口から各階の放水口まであらかじめ配管しておき、消防隊が放水口にホースを接続して消火活動を行う。

2 建築基準法に基づく防災設備

（1）防火設備

建築物の外壁や内部の防火区画などの開口部に設ける戸や窓を指す。

（2）排煙設備

消防法によるものと同様に煙を排出するための設備（消防法とは基準が異なる部分があり注意が必要である）。

（3）非常用の照明装置

停電した場合に自動的に点灯し、避難するまで一定の照度を確保する。

加圧排煙設備

機械排煙設備は排煙機による吸引排煙が一般的であるが、吸引ではなく室内を加圧して煙の侵入を防止する加圧排煙方式の方が効果的であるという考えもあり、採用事例も増えてきている。ただし、加圧排煙方式とする場合は建物別に大臣認定が必要となる。
また、非常用エレベーターホールおよび特別避難階段の附室には、排煙設備のほかに給気ダクトと給気口が必要となる。

防災設備の種類

関係法令	消防用設備の種類	
消防法	消火設備	屋内消火栓設備 スプリンクラー設備 粉末消火設備　ほか
	警報設備	自動火災報知設備 ガス漏れ火災警報設備 火災報知設備　ほか
	避難設備	すべり台、避難はしご 救助袋、緩降機　ほか
	消防用水	防火水槽、貯水池　ほか
	消火活動上必要な施設	排煙設備 連結散水設備 連結送水管　ほか
建築基準法	防火設備　排煙設備 非常用の照明装置	防火戸、防火ダンパー 防火・防炎シャッター 防煙壁　ほか

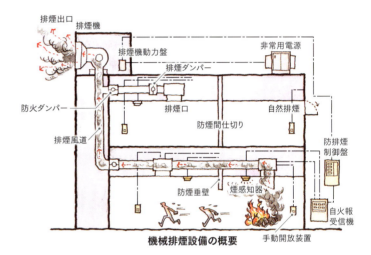

機械排煙設備の概要

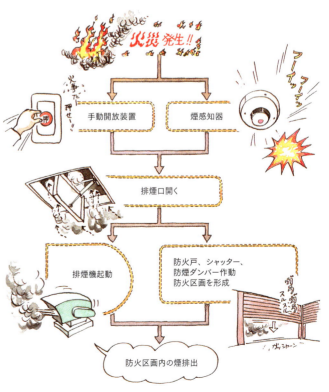

機械排煙設備の動作フロー

9-6 建築と設備のかかわり

設備工事は、天井内での機器の吊込み、躯体の内部や壁・天井内に配管や配線を敷設（ふせつ）するなど、建築物の表面から隠れる作業が多い。作業のタイミングを逃すと後戻りしての施工となり、竣工までの工程に影響を及ぼすので、事前に作業調整会議で決定された工程表どおりに建築工事との連絡を密にしながら進めることが大切である。

1 計画時：建築と設備の整合性の検証

建築工事と設備工事の調整を行うにあたっては、建築の平面詳細図をベースに各設備の内容を盛り込んだ総合図を作成し、情報共有を図るのが一般的である。近年ではBIM（ビルディング・インフォメーション・モデリング）の導入が進められており、設計段階から設計者とゼネコン、設備サブコン、鉄骨ファブリケーターなどによって一元管理された3次元BIMモデルを用いたデータの共有が図られ、より円滑に工事を進める努力がなされている。

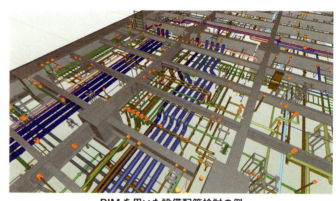

BIMを用いた設備配管検討の例

2 躯体工事時：配管・配線ルートの確保

事前に作成された各設備の施工図に基づき、電気の幹線・配線・給排水設備・衛生設備・消火設備などの配管、空気調和設備工事の配管やダクトを通すルートを確保する。そのために、型枠および鉄筋の施工時に梁やスラブに配管や配線をするためのスリーブや箱抜きおよび躯体打込みの電線管、ボックスの取付けやインサートを施工する。なお、梁や壁を貫通させる場合は、鉄筋や鉄骨の補強（開口補強）が必要である。

基礎躯体工事を開始する時点で、漏電による感電防止や火災防止のため接地工事を行う。電気設備や避雷設備を接地（アース線）で地中に埋めた銅板などと接続し電気を逃がす。

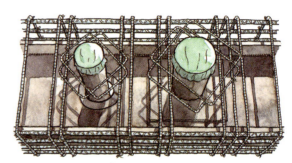

梁貫通スリーブを鉄骨製作時に鉄骨工場で取り付け、鉄筋組立て時に補強筋を設置する。

梁貫通スリーブ（SRC造の場合）

梁に設ける貫通スリーブの径や設置する位置には規定があり、その条件を守り施工する。

梁貫通スリーブ（RC造の場合）

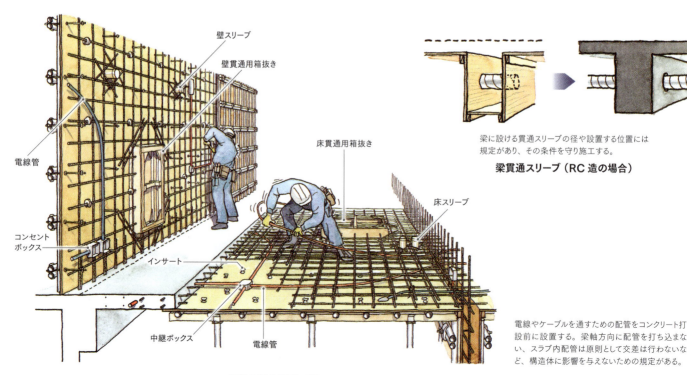

電線やケーブルを通すための配管をコンクリート打設前に設置する。梁軸方向に配管を打ち込まない、スラブ内配管は原則として交差は行わないなど、構造体に影響を与えないための規定がある。

躯体打込み配管工事

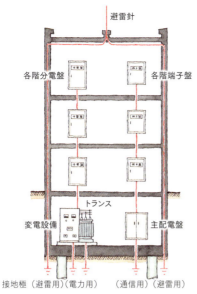

接地（アース）システム

接地極銅板の埋設

3 内装仕上工事前：配管・配線、機器の設置

内装仕上工事が始まる前に、天井や壁の内部の下地に各設備工事に必要なダクトや配管、ケーブル配線工事を行う。また、建物内の機械室や電気室、屋上の機械設置スペースでは受水槽・熱源機器・空調機器・キュービクルなどの機器を設置し、電気・給排水・ガスを外部から引き込んで建物全体に送る準備を整える。

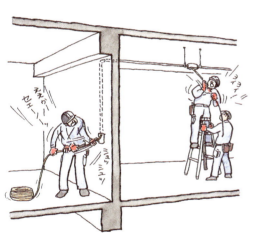

躯体工事時にあらかじめ打ち込んだ
配管の中に電気ケーブルを通す
電気ケーブルの配線

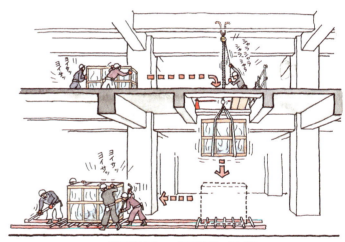

クレーンによる屋上の設備機器の揚重

地下機械室への重量機器の運び込み

天井内配線

天井下地施工前の天井内の配管

4 内装仕上工事と並行：機器・器具の設置、試運転調整

　工事工程に合わせ、電気・電話・給水・排水・ガスなどの引込みを行う。

　室内では照明・コンセントなどの器具類を設置する。器具取付けは天井仕上げ材の目地などに合わせて行う。

　工事完了にあたっては各設備機器が目的の動作や性能を発揮するための試運転調整と性能試験を行う。

　電気の絶縁試験、給排水管の通水試験、ガス配管の気密試験、空調機の風量・温度測定など様々な試験・調整が行われる。

　※配管の継手部分、外壁を貫通している部分の処理の不備による漏水のトラブルが建築物の使用開始後に発生する場合があり、施工完了時の試験・検査が重要である。

外部からの電気・水道などの引込み

空調機の取付け

照明器具の取付け

衛生器具の取付け

5 生産性向上への取組み

　工場でのユニット化・設備配管の先行取付けにより、工期短縮・現場の省力化を図り、生産性向上を図る。

工場で加工・組立てを行い、鉄骨工事に合わせて2～3層分を揚重する。

配管ライザーユニット工法

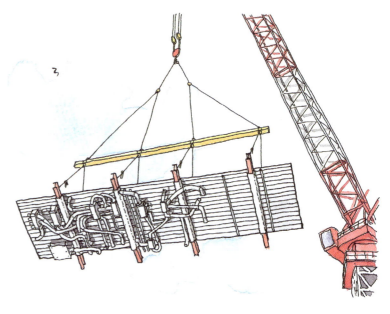

フロアパネルに設備配管・天井内設備を先行取付けし、ユニット化して揚重する。

設備複合フロアパネル工法

免震建築への対応

免震建築は、免震層で集中的に地震力を吸収させ、建築物への揺れを低減する。そのため地震時には免震層の上部と下部で大きな変位が生じる。そこで免震層をまたぐ設備配管には、柔軟性のある可とう性継手を採用する。配線については変位以上の余長をとる対策を行い、配管・配線の破損を防ぐ。

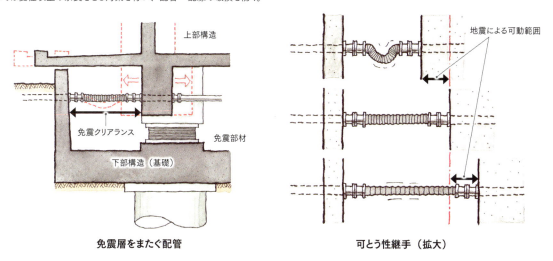

免震層をまたぐ配管　　　　**可とう性継手（拡大）**

ZEBの普及

政府は、建築物におけるエネルギーコスト削減に向け、省エネルギー性能の高い建築物の普及を促進している。2014年4月に閣議決定されたエネルギー基本計画では「建築物については、2020年までに新築公共建築物等で、2030年までに新築建築物の平均でZEBを実現することを目指す」とする政策目標が設定されている。
ZEB（ゼブ：Net Zero Energy Building）とは、快適な室内環境を保ちながら、エネルギー負荷の抑制、再生可能エネルギーの利用、高効率設備による省エネルギー化により、年間の1次エネルギー消費量が正味ゼロまたはマイナスとなる建築物である。

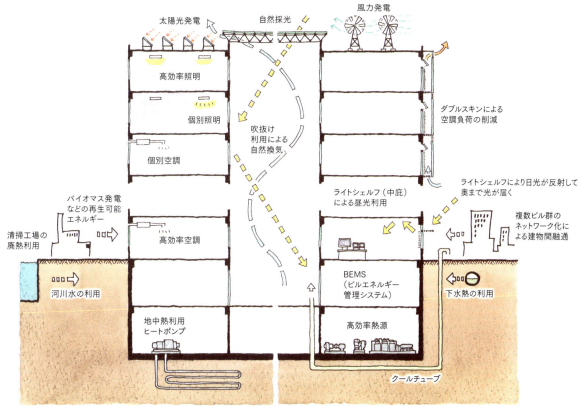

ZEBの概要

再生可能エネルギー

再生可能エネルギーとは、いずれ枯渇する石油やガスとは違い、エネルギー源として永続的に利用することができるものを指し、太陽光、風力、水力、地熱、バイオマスなどがこれにあたる。現在日本の総発電電力量に占める再生可能エネルギーの割合は約12％に留まっており、政府は2030年までに20％超を目指している。

10 外構・その他工事

外部足場を解体すると、建築物の全体像が現れる。工事の最後に行われる舗装工事や、植栽工事を行い、周辺道路との連続性が生まれる。外構工事が終わった時点で、工事はほぼ完了する。

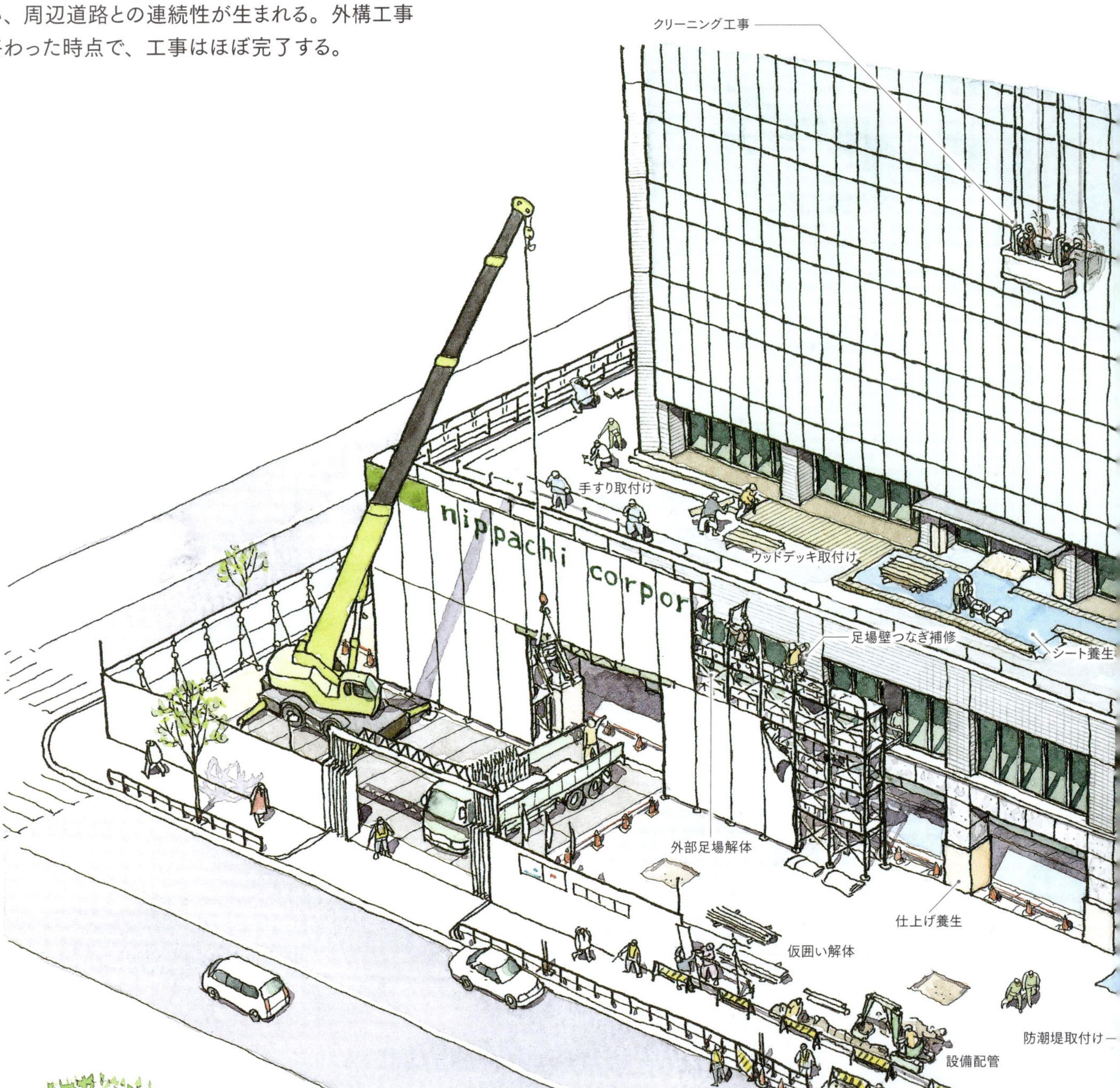

- クリーニング工事
- 手すり取付け
- ウッドデッキ取付け
- 足場壁つなぎ補修
- シート養生
- 外部足場解体
- 仕上げ養生
- 仮囲い解体
- 防潮堤取付け
- 設備配管

あの枝ぶりいいねぇこれだなぁ

樹木の選定

Part 2 着工から竣工まで

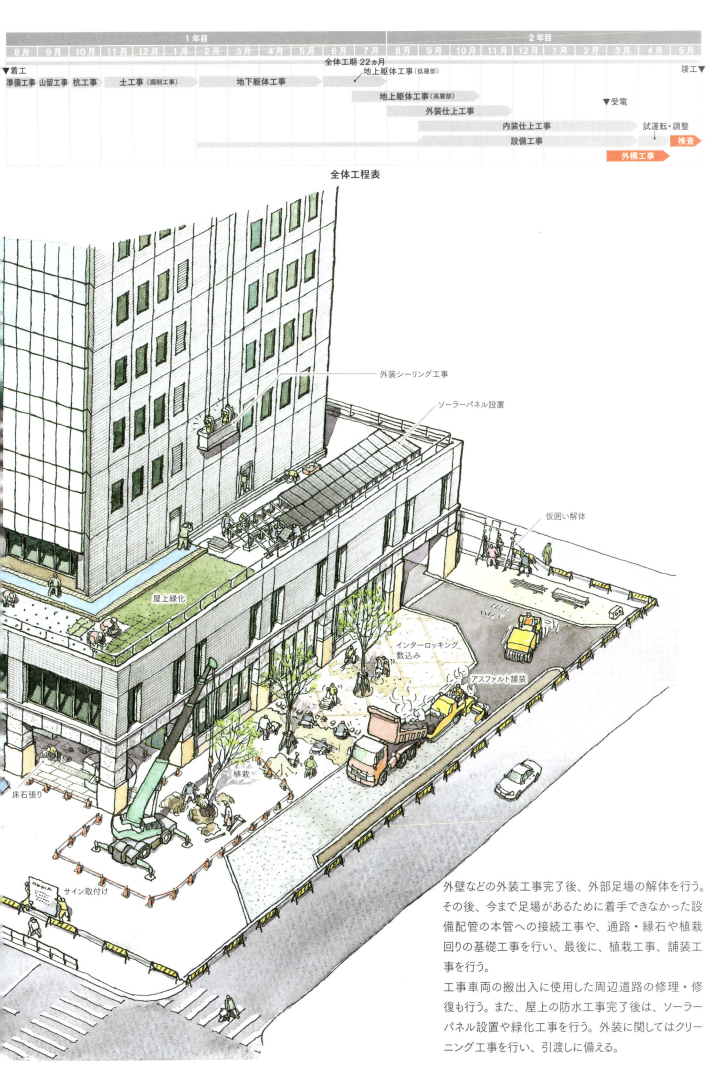

外壁などの外装工事完了後、外部足場の解体を行う。その後、今まで足場があるために着手できなかった設備配管の本管への接続工事や、通路・縁石や植栽回りの基礎工事を行い、最後に、植栽工事、舗装工事を行う。

工事車両の搬出入に使用した周辺道路の修理・修復も行う。また、屋上の防水工事完了後は、ソーラーパネル設置や緑化工事を行う。外装に関してはクリーニング工事を行い、引渡しに備える。

10-1 外構・その他工事

外構工事は、建築物本体以外の屋外で行われる工事である。配管のつなぎ込み、道路の舗装工事、植栽工事、屋上緑化工事、屋外工作物工事などがある。竣工前に行われる最後の工事となる。

1 屋外排水設備工事

一般に屋外排水工事には、直接下水道本管に接続し放流する場合と、浄化槽などを設置し、一定の排水基準を満たしたのちに下水道本管や下水路に放流する場合がある。排水管は放流の流量、流速により管径、材質が決定される。これらの放流経路と管径、埋設深度は着工時の段階から十分に検討して配管の位置、仮設物(仮囲い、外部足場、公共配管類)との取合い調整を行う。

また、雨水は貯水タンクに溜め、植樹散水、水洗トイレ用水、融雪用水などに再利用している。

埋設配管の施工

排水の種別と処理方法

種別	概要	処理方法
雨水排水	雨水、湧水等の自然水	下水道、下水路、浸透
汚水排水	トイレ排水	下水道、浄化槽
雑排水	上記以外の一般排水	下水道、合併式浄化槽

2 道路・舗装工事

道路・舗装工事は、アスファルト、コンクリート、インターロッキングなどで路面を構築する。縁石や側溝の構造や舗装の構成、前面道路と接続する場合の高さに留意することが重要である。

下記の項目に留意し、施工計画を行う。
①ガス、上下水道、電気など関連工事
②路盤および路床などの構成
③縁石、側溝の仕様
④道路高さ(建物入口、周囲の公共道路との高さ関係の把握)

道路工事の施工

豆知識 道路の構成
舗装工事は、道路の下地となる路体、路床、路盤の上にアスファルト基層、アスファルト表層がつくられる。

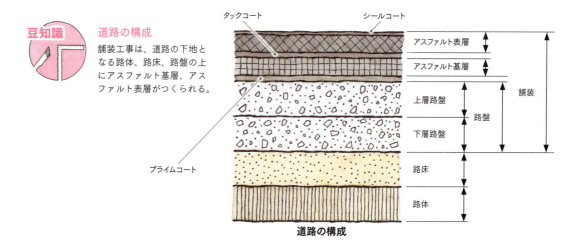

道路の構成

3 植栽工事

　植栽工事では、樹木の植樹、それに伴う土の搬入を行う。外構工事の中でも最後に行われる舗装工事や上下水道の本設との接続工事と調整を取り、進めていくことが重要である。

　樹木の種類によっては、根をしっかり定着させるために植樹時期が限定される、竣工までに成長させる必要がある、竣工後の「枯れ保証」を考慮する、などの場合がある。

植栽工事の施工

4 屋上緑化工事

　屋上緑化工事では、建築物の屋上に植物を配置する工事を行う。植物による日射の遮蔽効果や土壌の断熱効果によって、省エネルギーにもつながる。

　屋上緑化工事は、次の対策を考慮した施工計画を行う。

（1）漏水対策
①根張りによる防水層の損傷（漏水）が発生しない樹種の選定。
②落葉による排水経路の詰まりのないドレーンの選定。
（※使用時の定期的な清掃は必要）

（2）載荷制限対策
土壌、植物の積載荷重を構造計算へ反映させる。

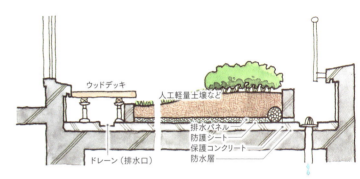

屋上緑化

5 屋外工作物工事

　屋外工作物には、本体工事に付随する門、塀、車庫、受水槽、浄化槽、自転車置場、擁壁などがある。ほかの外構工事同様、着工時から設置高さ、位置などの寸法計画を十分に検討しておく。

　敷地外周に沿って設置される屋外工作物は、敷地境界線の位置を確認して設置し、越境することがないように注意しなければならない。

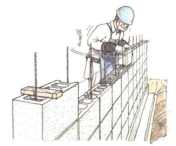
コンクリートブロック壁の施工

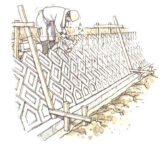
丁張りによる擁壁設置位置の確認

 トピック　屋上緑化とビオトープ

都市化に伴い、緑地面積が減少している。そのためヒートアイランド現象や大気汚染が問題視されている。屋上緑化とビオトープ（生物の生息空間）づくりは、これらの解決策として注目されている。屋上緑化率が向上することにより、生態系の保存や再生にも貢献できる。

ビオトープ施工

10-2 検査・引渡し

建築物に要求される機能を満たすため、引渡しまでには様々な検査が行われる。
一般には、ゼネコン社内検査、工事監理者検査、消防検査、完了検査、建築主検査の順で行われる。それぞれの指摘事項について手直しと確認がなされ、すべてに合格し、検査済証が発行されたら、引渡しとなる。

1 竣工検査

（1）ゼネコン社内検査
ゼネコンの管理部門が、建築物の内部、外部共に仕上げの見栄えを含めて機能を細かくチェックし、修正が必要な部位は以後の諸検査に合格するように是正する。

（2）工事監理者検査
工事監理者が、設計図どおりに建築物ができているかどうかを確認する検査。

（3）消防検査
所轄の消防署職員が、消防法に則って、消防用設備が正常に動作するかどうかを確認する検査。

（4）完了検査
建築主事または指定確認検査機関が、建築基準法に則った建築物として確認申請の図面どおりに完成しているかどうか、施工中の記録をはじめ各部の仕様や防火・防災設備、昇降・機械式駐車設備を確認する。完了検査に合格することで確認検査済証が発行されると、建築物の使用が認められる。

施工記録書類確認

（5）建築主検査
建築主が、設計に対して自ら要求していたことが建築物にきちんと反映されているかを現地で確認する。

設備作動部の事前検査

火災報知器と防火戸連動試験

消防車による非常用進入口の確認

 豆知識　マンションの内覧会
分譲マンションでは、建築主の検査後にエンドユーザーである購入者へお披露目を行い、入居する前に満足できるものであるかを確認するといった最終チェックが行われる。

建築主検査

2 建築物の引渡し

（1）取扱い説明会
建築主や建築物の管理者および実際に使う人に対して、設備や装置の操作・保守の方法、注意点を実演を行いながら説明する。

（2）鍵合わせ
建築物の引渡しに間に合うように各戸の扉の鍵に適合しているかどうかを確認し、セキュリティ上問題がないようにする。マスターキー、グランドマスターキーの確認もしておく。

（3）竣工引渡し
建築主に対して建築物の施工に関する情報をまとめた書類（建築物の維持保全の手引きなど）と鍵を引き渡し、書面の取り交わしを行う。これで新築した建築物が正式に建築主の所有となり、保全と管理が開始される。

3 竣工式

竣工式では、建築主、設計者、工事監理者、ゼネコンや工事関係者が集まり、建築物が無事完成したことを関係者に披露する。協力いただいた方々に感謝の気持ちを表すと共に、建築物の堅牢と末永い繁栄を祈願するものである。

鍵合わせ

竣工書類引渡し

竣工式

エピソード　竣工後、工事事務所のメンバーとの別れ

11 竣工

各種の検査に合格し、ついに、竣工。
22ヵ月の月日を経て、何もない更地から高層ビルが誕生した。
工事に携わったすべての人は、万感の思いでその日を迎え、
建築主に引き渡す。
人々の役に立つ今後に、ものづくりの誇りと期待を込める。

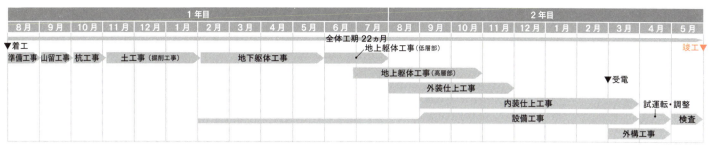

全体工程表

関係者一同が集まって建築物の完成を祝っている。

休日に恋人を連れて竣工した建築物を紹介。

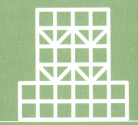

Part 3
維持・保全・改修工事

点検・保守
修理・修繕・更新
改修工事

維持・保全・改修工事

完成した建築物は、使用の頻度や時間の経過によって劣化による品質低下や故障が発生する可能性がある。ながく建築物を良好な状態に保つためには、維持保全計画書を作成し、定期的な点検や修繕を行うことが重要である。

外装
- 外壁清掃
- シーリングの打替え
- 外装デザイン変更
- 防水改修

内装
- バリアフリー対応
- コンバージョン
- アスベスト含有建材の処理工事
- 事務所レイアウト変更

設備
- 照明器具LED化
- 空調機器更新
- 給排水配管更新
- 衛生器具更新

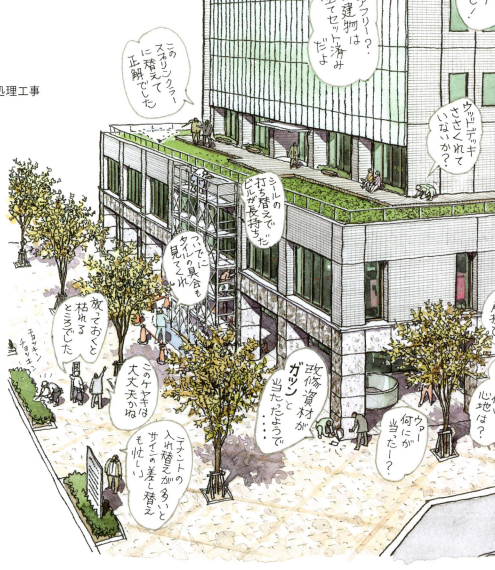

豆知識　アスベスト含有建材

大気汚染防止法施行規則第16条の5では、2006年9月1日以降に新築工事に着工した建築物などを解体もしくは改修工事を行う場合、あるいは2006年9月1日以降に着工した改造や改修工事を行った部分を解体もしくは改修工事を行う場合は、石綿含有建材の有無の事前調査は必要ないとされている。これは、2006年9月1日より、石綿および石綿をその重量の0.1%を超えて含有するすべての物の製造、輸入、譲渡、提供、使用が禁止されたことを受けている。

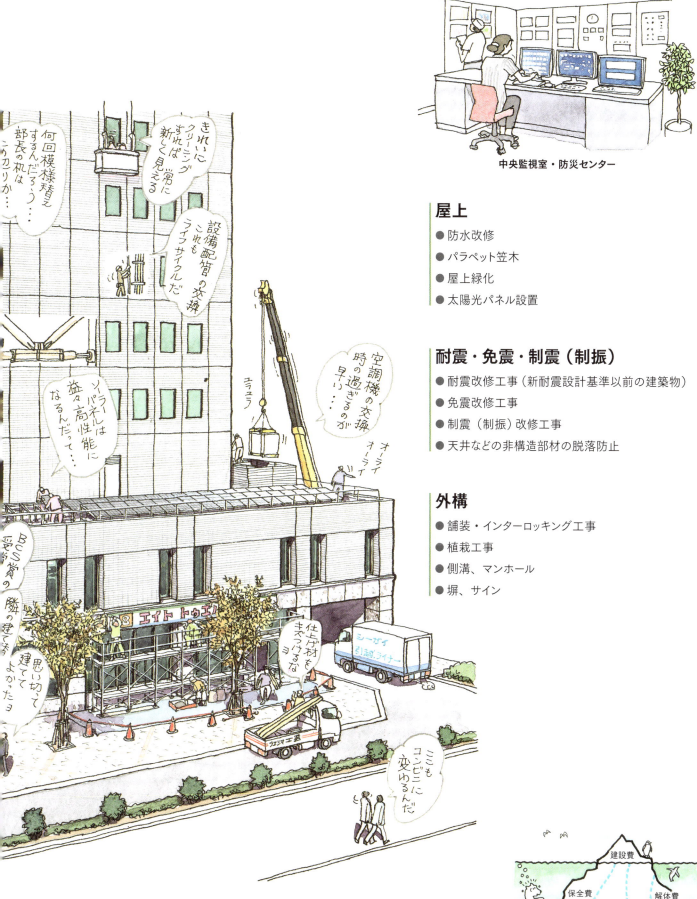

中央監視室・防災センター

屋上
- 防水改修
- パラペット笠木
- 屋上緑化
- 太陽光パネル設置

耐震・免震・制震（制振）
- 耐震改修工事（新耐震設計基準以前の建築物）
- 免震改修工事
- 制震（制振）改修工事
- 天井などの非構造部材の脱落防止

外構
- 舗装・インターロッキング工事
- 植栽工事
- 側溝、マンホール
- 塀、サイン

 豆知識 ライフサイクルコスト（LCC）
建物の初期投資と維持管理費を加えたトータルの費用を、建物のライフサイクルコストという。維持管理費が初期投資の数倍になることも珍しくない。

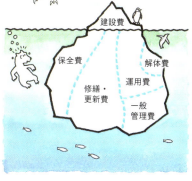

01 点検・保守

1 点検・保守

　点検とは、建物の機能および劣化の状態を検査することを指し、建築物の機能に異常や劣化が見つかった場合は、必要に応じて対処しなければならない。

　保守とは、機器の機能を正常な状態で維持できるように手を入れることである。これらの手入れには、消耗品や材料の取替え、注油、汚れなどの除去、部品の調整といった一般的な作業も含まれている。

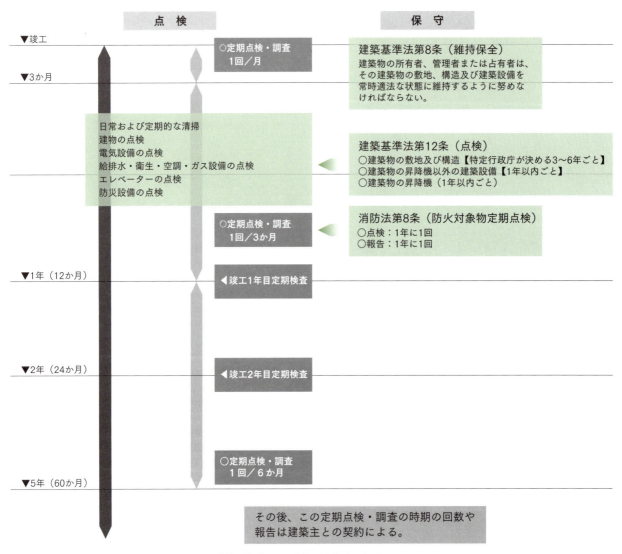

点検・保守による定期的な検査スケジュール

2 建物診断・耐震診断

（1）建物診断

　建物診断とは、建築物の調査を行い、不具合の是正方法の検討や評価、耐震補強工法の技術性能の評価を行うことである。

　建築物は、十分な保全を行ったとしても時間の経過と共に劣化する。劣化は、単なる汚れ・傷から設備機械の機能低下まで建物に様々な形で生じる。例えば、ある日突然受電設備が機能しなくなることもあるため、定期的な建物診断が必要となる。いわば人の健康診断と同じであり、定期的に診断することで劣化状況の把握ができ、予防保全が可能となる。

（2）耐震診断

　既存の建築物の構造強度を調べ、想定される地震に対する安全性（耐震性）、ひび割れや変形による損傷や障害を受ける被害の程度を判断する。この診断に基づき、必要に応じて耐震補強工事を行う。

建物診断　　　耐震診断イメージ

02 修理・修繕・更新

建物機能維持・向上

　建築物は、時間が経過するにつれて機能が低下してくるため、定期的に修理・修繕を行いながら機能を維持する。ただし、15～20年程度経過してくると、修理・修繕では対応できない不具合が発生してくることが多いため、機器自体を新しいものに入れ換えて更新する。時間が経過するうちに、自然に色褪せたり、特に衝撃を加えなくても一部機能が不能になったりで、物理的・構造的な変化により製品の品質・性能が低下する。こういった劣化した部品・機器の修繕、設備機器の性能・機能の点検・補修を定期的に行い、適切な状態にすることが建物をながく使うために必要となる。

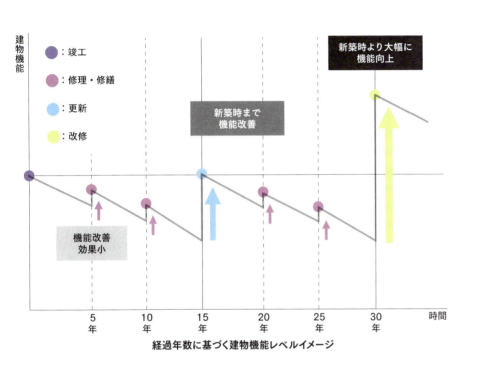

● 修理
機器、建物の壊れたところや傷んだところを直すこと。

● 修繕
劣化した部位を初期の状態、または実用上支障のない状態まで回復させること。

● 更新
建築物や機器などで古くなって使用に支障をきたすものを廃棄し、代わりに新しいものを設置すること。

● 改修
劣化、陳腐化した建築物またはその部分の性能や機能を初期の水準かそれ以上の要求される水準まで改善すること。

経過年数に基づく建物機能レベルイメージ

修理・修繕・更新・改修のイメージ例

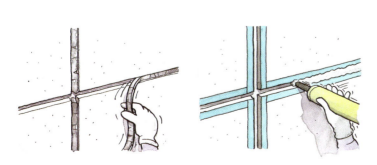

屋上伸縮目地の劣化（硬化・縁切れ）に伴うシーリング打替え工事

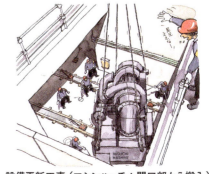

設備更新工事（マシンハッチ：開口部から搬入）

様々な修理・修繕・更新工事の例

03 改修工事

改修工事とは、建築物の経年や故障などにより生じた機能の陳腐化、劣化、性能低下に対し、初期の水準まで原状回復あるいは、それ以上に要求された水準まで改善するために行われる工事である。

工事は、居住者・利用者が建物を使用している最中に行われる（居ながらの工事）ことが多い。また、長期休暇（連休）中の短期間に工事を完了しなければいけない場合もある。ここで取り上げるのは、主に耐震改修・防水改修・外壁改修・設備改修およびこれらの改修に伴う仮設工事である。

1 耐震改修工事

（1）目的

原則として、1981年施行の新耐震設計基準以前に建てられた建築物で、耐震性能の見直しを行っていく必要があると判断された場合は、耐震改修促進法に基づく耐震診断により、必要な耐震補強工事を行わなければならない。耐震改修後の建築物を調和のとれた状態とするには、外観デザインや室内プランへの影響の検討が必要になる。また、歴史的に価値の高い建築物に対しては、貴重な内外装を変えることなく耐震性能を上げることを求められる場合が多い（保存工事）。

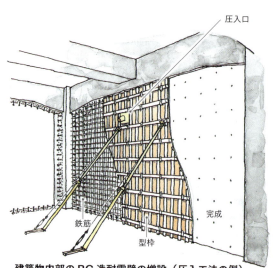

建築物内部のRC造耐震壁の増設（圧入工法の例）

（2）構造体の耐震改修

①耐力を上げる（強くする）方法：壁を増やしたり、フレームやブレースで補強したりする。

ⅰ）RC造耐震壁の増設

耐震補強壁を増設する工法。RC造の壁が付加されることにより建築物プランの自由度が制約される。コンクリートの打込みには流し込み工法と圧入工法がある。

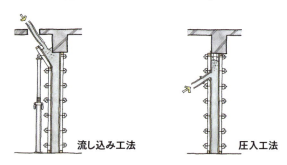

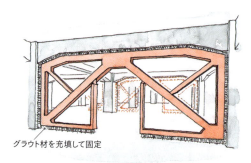

内部のブレース増設

ⅱ）ブレース増設

壁を増やすことで空間が遮られてしまうことを回避できる鉄骨ブレースを用いた補強工法。内部の柱・梁に枠付き鉄骨ブレースを取り付ける方法と、建物フレームの外側に取り付ける方法がある。

外部のブレース増設

 意匠性に優れた耐震壁の例
孔あき鋼製ブロックを構成材とする耐震壁工法。通風・採光が確保され、美観を損なうことなく、耐震補強が可能である。

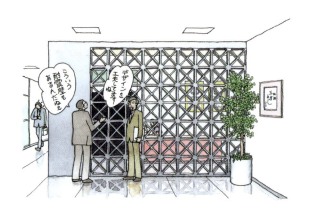

②靭性を上げる（ねばり強くする）方法：柱・梁を補強する。

ⅰ）シート工法（炭素繊維巻付け工法）

　炭素繊維シートをエポキシ樹脂を含浸させながら柱の周囲に巻き付けることにより、柱のせん断耐力を増大させる補強工法。

ⅱ）鋼板巻立て工法

　いくつかに分割した角形鋼板を巻く工法。鋼板相互を溶接接合し、部材と鋼板の隙間に無収縮モルタルを圧入、もしくは流し込んで一体化する。

ⅲ）RC巻立て工法

　鉄筋コンクリートで柱を巻き立てる工法。鉄筋を用いる工法と溶接金網を用いる工法とがある。コンクリートの打込み高さ1m程度ごとに十分な締固めを行う。

③地震力を逃がす方法：免震装置を躯体に組み込む（免震レトロフィット）

　既存建築物の基礎や中間階に免震装置を設置し、建築物の外観や内観を損なうことなく免震建築にする方法。上部構造を大幅に耐震改修することなく、居ながらの工事が可能である。

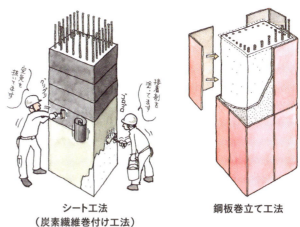

シート工法（炭素繊維巻付け工法）　　鋼板巻立て工法

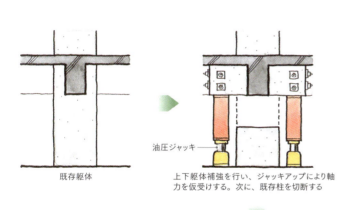

免震レトロフィット工事の進め方

RC巻立て工法

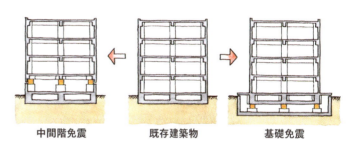

中間階免震　　既存建築物　　基礎免震

（3）天井の耐震改修（特定天井）

　2014年に、体育館やホールなどの大規模な吊り天井（高さ6m超、面積200㎡超・質量2kg/㎡超の特定天井）に対して、天井脱落対策にかかわる法律が定められ、対象となる天井では基準に沿って耐震ブレースの設置や壁とのクリアランス（空間）の確保など、決められた耐震構造を取らなければならない（国土交通省告示第771号）。

※2016年に隙間なし天井の仕様が追加された。

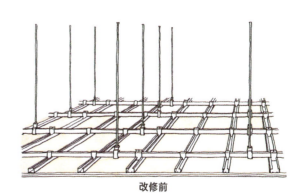

改修前

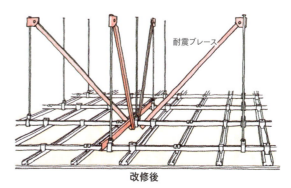

改修後

天井の耐震改修

2 防水改修工事

建築物の屋上やバルコニーの防水層は、強い日差しや雨風を受け、劣化していく。劣化の程度により改修方法を選択する。劣化が比較的軽い場合には、既存の防水層に新たな防水層をかぶせる方法を選択できる。このかぶせ工法は、既存の防水層を撤去する必要がないので、居住者への騒音・振動の影響が少ない。

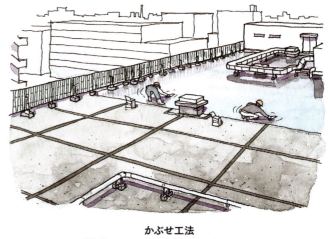

かぶせ工法
（保護アスファルト防水の上に塗膜防水）

3 外壁改修工事

外壁の改修工事は、既存外壁仕上げや劣化現象の種類（ひび割れ、欠損、浮きなど）、その度合いによって、改修の工法が選択される。外壁の種類に応じた改修工法を次に示す。

（1）コンクリート打放し仕上げ・セメントモルタル塗仕上げ

ひび割れ幅に応じて改修方法を選択する。ひび割れ幅はクラックスケールなどを用いて計測する。また、鉄筋やアンカー筋が錆びて露出している場合は、健全部が露出するまでコンクリートを除去し、錆の除去・鉄筋への防錆剤の塗布を行った後に補修材を用いて仕上げる。

クラックスケール

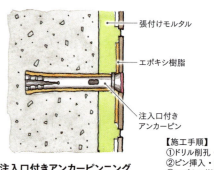

注入口付きアンカーピンニング
エポキシ樹脂注入固定工法

【施工手順】
①ドリル削孔・孔清掃
②ピン挿入・打込み
③エポキシ樹脂注入
④注入口パテ処理

シール工法
適用ひび割れ幅
0.2mm未満の場合

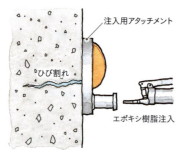

エポキシ樹脂注入工法
適用ひび割れ幅
0.2～1.0mmの場合

Uカットシール材充填工法
適用ひび割れ幅
1.0mmを超えるもの、
0.2～1.0mmの挙動するものの場合

ひび割れの補修工法

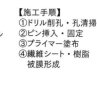

ピンネット工法

【施工手順】
①ドリル削孔・孔清掃
②ピン挿入・固定
③プライマー塗布
④繊維シート・樹脂被膜形成

（2）タイル張り仕上げ

タイルの浮きは、注入口付きアンカーピンニングエポキシ樹脂注入タイル固定工法により補修可能である。

また、接着力が不十分になった外壁タイルが広範囲にわたっている場合には、タイル面全体を覆う繊維ネットとアンカーピンを併用したピンネット工法が適用される。

タイルの浮きは打診法、あるいは赤外線装置法により診断することができる。打診法は、テストハンマーによる打撃音の違いから浮きを診断する方法、赤外線装置法は、健全部と浮き部分の熱伝導率の違いから、浮きの位置を探索する方法である。

（3）塗装仕上げ

塗装下地セメントモルタルが浮いている場合、上記のアンカーピンニング工法や、ピンネット工法により処置を行う。塗膜の劣化に対しては、程度により以下から選択する。

①**水洗い工法**：既存塗膜の除去が不要な場合に、表面の水洗いにより粉化物などを除去し、上塗りのみ塗り替える工法。

②**サンダー工法**：水洗い後、壁全体に塗り仕上げを行う場合の工法で、電動工具や手工具によって劣化部分のみを除去する。

③**高圧水洗工法**：高圧水洗機を使い、既存塗膜表面の洗浄を兼ねて劣化塗膜を除去する工法。壁全体を塗り替えるときに適する。

④**塗膜剥離剤工法**：塗膜剥離剤により、塗膜を化学的に軟化・膨潤させ、高圧水洗機で塗膜全体を除去する工法。

4 設備改修工事

個々の設備機器の取替えは容易に行われるが、各階へ接続するための立て配管の交換は、至難であり大がかりな改修作業になる。また、建築物を使用しながら改修する場合には、立て配管を新しく設置した後、既存の立て配管を撤去する手順になる。このとき、パイプシャフト内はスペースが狭いため、新しい立て配管が外部に設けられることが多い。

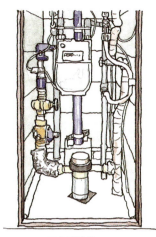

既存建築物のパイプシャフト

外壁に設けられた新設立て配管

5 改修に伴う仮設工事

新築工事時の仮設工事と異なり、改修工事は利用者が使いながらの作業になることが多く、第三者の安全や利便性の確保などを十分に配慮した仮設計画を整える必要がある。そのため、新築工事に比べて養生や仮設足場などの仮設工事に占めるコストが大きい。

居住者への採光や通風を確保するため、メインバルコニー面の養生シートは、風の通り抜けが良い黒メッシュシートを使用することがある。

外部足場と養生シート

建築物全体が囲われる外部足場による工法と異なり、ゴンドラのみのため、日照・風通し・眺望が確保される。屋上に、常設されたものや仮設ゴンドラがある。

ゴンドラ足場

工事エリア　　パブリックエリア

仮設間仕切りによる工事エリアの分離

コンバージョン

既存のオフィスビルや商業施設、倉庫などを用途変更する手法。海外では宮殿から美術館へ、工場・倉庫から集合住宅へコンバージョンした例がある。日本では、建築物の構造の耐用年数などからスクラップ＆ビルドが行われており、既存建築物のストックの用途変更を行う発想や事例が少なかった。

セレクシーズ書店 聖ドミニカ教会店（オランダ）教会を書店にコンバージョンした例

Part 4
解体工事

解体工事

建築物は、維持保全・改修などを繰り返し、やがて建替えの時期がやってくる。特に都市部では、再開発に伴い、既存建築物を解体する場合も多い。

解体工事は、騒音や振動、飛散・落下物など周辺環境への影響や危険を伴う工事であるが、近年では技術開発が進んでおり、環境への配慮や作業性が向上した工法も開発されている。

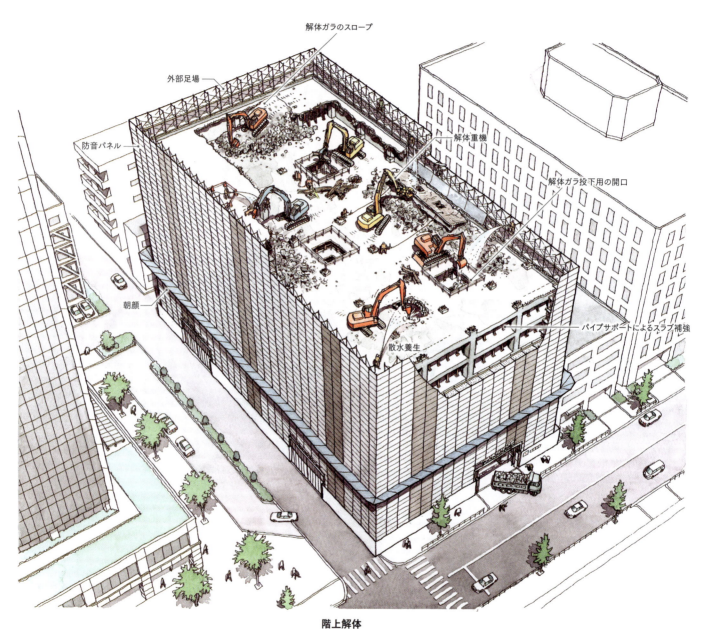

階上解体

解体工事ではまず、有害物質の除去、設備材料の撤去、内装仕上げ材料の撤去と並行して、外部足場を組み立てる。

躯体の解体は都市部などの敷地に余裕がない場所では、階上解体が行われる。階上解体とは、屋上に吊り上げた小・中型重機によって、屋上から順に解体していく工法である。躯体には重機や解体した廃材（解体ガラという）の重量などの荷重が作用するため、必要に応じてパイプサポートなどで梁やスラブの補強を行う。解体ガラはスラブにあけた開口から投下するか、クレーンなどで吊り下ろして搬出する。また、解体ガラを積み重ねてスロープ状にし、重機を下階に移動して解体作業を進めていく。

一方、敷地に余裕があり、比較的低い建築物は地上解体が行われる。地上解体とは、地上に設置した重機からブームを伸ばして解体を行う工法である。近年のロングブームでは、高さ60m程度の建築物の解体が可能なものもあるが、周囲に空地が必要である。

解体作業では、騒音・振動を伴うため、外部足場には、防音パネルや防音シートが用いられる。また、粉塵対策として、解体作業中は散水養生を行っている。

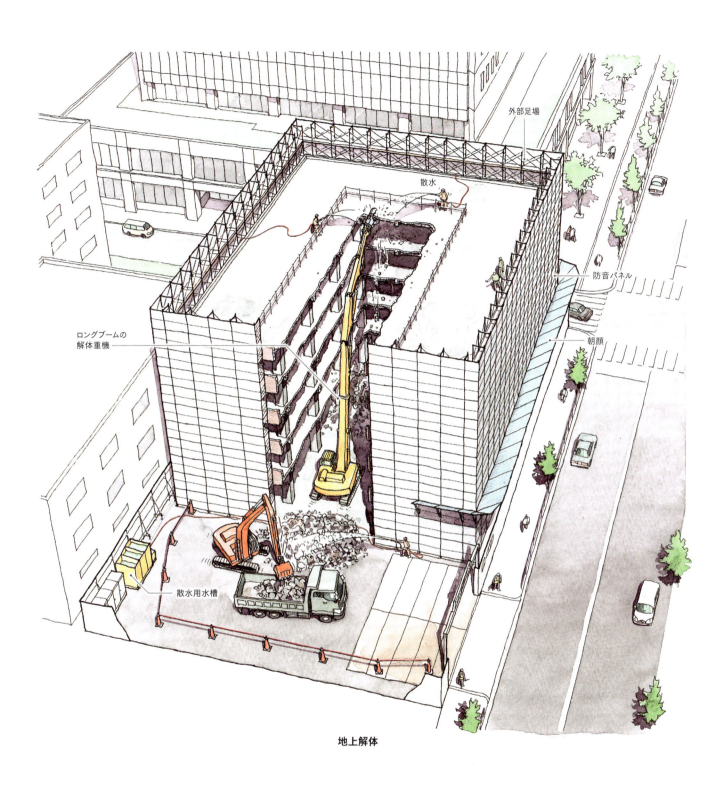

地上解体

解体作業の流れ

有害物質の除去（アスベスト含有建材など） ▶ 設備材料・内装仕上げ材料撤去 ▶ 地上躯体解体 ▶ 地下躯体解体

解体工事

解体工事とは、建築物の建替え、または土地の売却をするときに、これまでの建築物を取り壊して更地にすることなどを目的とした工事である。解体工事では、騒音・振動など周辺環境への影響に配慮することが求められる。また、危険な作業も多いため、事故防止対策に関する検討など安全への配慮も重要である。

1 事前調査

古い建築物では、当初の設計図や施工図がないことが多く、構造や躯体の強度が不明な場合がある。また、アスベストなどの有害物質が建材に含まれていることもある。

解体された廃材は、分別し適切な処分をすることが義務付けられており、建設副産物対策に関する計画が必要である。また、近隣周辺の環境状況によっても工事の制限を受けることがある。このようなことから、安全で環境に配慮した解体工事を行うため、事前にしっかり調査を行うことが必要である。

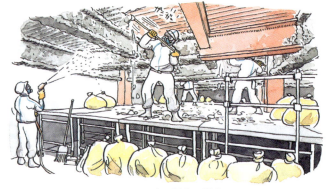

アスベストの調査・撤去

2 設備・仕上げ材料の解体

設備・仕上げ材料の解体では、建築設備、内装材料、外装材料、屋根葺き材料の撤去を行う。これは、一般に手作業により行われる。外装材料の解体は、躯体解体と同時に重機により行われることもある。解体時の発生材は材料・種類ごとに分別し、混合廃棄物をできるかぎり減らす。

内装解体

3 躯体の解体

躯体の解体工事は、一般には重機を使用して行われる。また、作業スペースなどの制約条件がある場合は、手作業での解体作業も行われる。木造や鉄骨造の場合、材料や構造形式が比較的単純なため、解体に使用される機械の種類は少ない。一方、鉄筋コンクリート造や鉄骨鉄筋コンクリート造は様々な機械が使用される。

(1) 鉄骨造の解体

鉄骨切断機のアタッチメントを装着した重機による解体が行われることが多い。また、ガス溶断器による手作業で解体も行う。鉄骨切断機には、切断部分をプレスして薄く延ばしてから切断するプレスアンドカット方式と、切断部分をそのまま切断するノープレス方式がある。

鉄骨切断機

(2) 鉄骨鉄筋コンクリート造の解体

一般に、鉄骨回りの鉄筋コンクリートを圧砕機で破砕したのち、鉄骨切断機により鉄骨を解体する。

(3) 鉄筋コンクリート造の解体

RC造の建築物は圧砕機による解体が一般的である。作業条件に応じてブレーカー工法やワイヤーソー工法なども併用する。

ガス溶断器

①圧砕工法（油圧圧砕機）

　重機に装着した圧砕機により、鉄筋コンクリートを砕いて解体する工法。作業効率が良く、一般的な工法で騒音も比較的少ない。しかし、稼働できるスペースが制限される地下構造部や、圧砕機で挟み込めない大型断面の構造物の解体では、ほかの解体工法との併用が必要である。持ち運びのできるハンドクラッシャーもある。

油圧圧砕機　　　　　　ハンドクラッシャー

②ブレーカー工法

　重機に装着した油圧ブレーカー（ジャイアントブレーカー）で打撃破砕して解体する工法。基礎躯体などの大断面部材の解体に適する。また、持ち運びが可能なハンドブレーカーもある。騒音・振動が特に大きいため、市街地での工事には制限がある。

ジャイアントブレーカー　　　　ハンドブレーカー

③カッター工法

　ダイヤモンドを埋め込んだ円盤状のブレードを高速回転させて鉄筋コンクリートを切断する工法。騒音・振動が小さく、建築物の開口を設ける場合などにも用いられる。床版用のコンクリートカッターや壁用のウォールソーなどがある。

  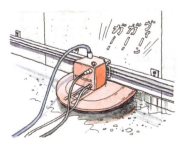

コンクリートカッター　　　　ウォールソー

④ワイヤーソー工法

　ダイヤモンドを埋め込んだワイヤーを被切断面に環状に巻き付け、高速回転させることにより切断する工法。大断面の切断ができ、大型の地下構造物の解体に適しており、騒音・振動は小さい。冷却水を使用する湿式工法が一般的である。

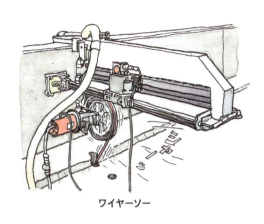

ワイヤーソー

⑤転倒工法

　RC造の床・内部の柱・梁を圧砕工法やブレーカー工法で解体した後、外壁およびそれと一体となっている梁・柱部分にワイヤーロープを掛けて引き倒す工法。引倒しの前に柱の根元や壁の一部を切断して転倒させる範囲を定めて行う。経済性と工期短縮効果が大きい。複数の重機作業における各作業の連携など熟練を要する作業が多く、倒壊・崩壊事故にならないように注意を払う必要がある。

転倒工法

（4）地下構造物の解体

地下構造物の解体は、深度や地盤状況に応じて、山留めが必要になる場合がある。

都市部の建築物の建替えでは既存躯体の解体工事から始まることが多いため、解体用の山留めを新築工事の際にも利用することがある。

①既存地下躯体の利用

既存地下外壁躯体を、新築工事の際の山留め壁として利用する場合は、既存部分の構造体強度の評価や、建物上部解体による地下躯体の浮き上がりの有無の検討が必要であり、設計段階から計画を行うことが重要である。

②地中障害撤去工法

超硬ビット付きのケーシングチューブを押し込みながら、ケーシングチューブ内の地中障害や鉄筋コンクリート塊を撤去する工法。新設杭や新築工事用の山留め壁に干渉する土中にある既存躯体の解体を行う。

（5）杭の引抜き

地中に既存杭がある場合は、既存杭の引抜き工事が行われる。既存杭の外周をケーシングで削孔して杭周面の摩擦抵抗を解放し、ケーシングを引き上げた後に、地中の既存杭にワイヤーロープを取り付け、クローラークレーンまたは本体重機で引き抜く。

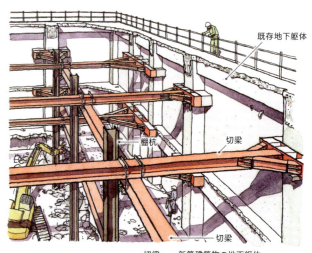

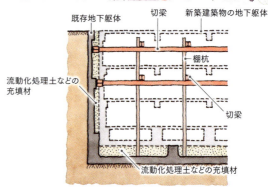

既存地下躯体の山留め利用の例

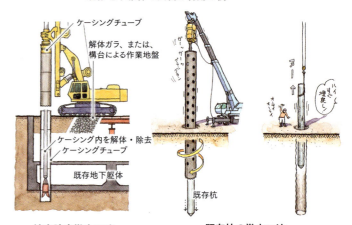

地中障害撤去工法 ／ **既存杭の撤去工法**

トピック　超高層建築物の解体工法

最近では100mを超える超高層建築物の建替えも増えており、周辺への環境に配慮しつつ安全に解体できる工法が開発されている。

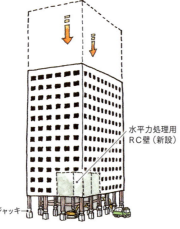

建物本体と基礎を切り離してジャッキを設置し、1階部分から上階に向けて順番にだるま落としの要領で解体していく工法。

**下階から進める
だるま落とし解体工法**

建物上部に昇降機能をもつ閉鎖型の作業空間を設置し、天井クレーンを利用して大ブロックの解体材を吊り下ろして解体していく工法。

**昇降・揚重機能をもつ
上部閉鎖空間による解体工法**

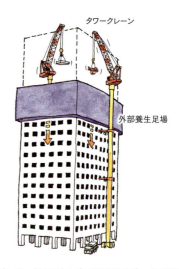

床、梁、柱を圧砕せずに各部材を大ブロックで切断してタワークレーンで地上に下ろし、地上で分別処理する工法。

**タワークレーンを使用した
切断・吊下ろし解体工法**

4 解体材の分別

　解体工事によって発生した建設副産物は分別することが求められており、特に発生量の多いコンクリートや木材など、右図の4つは建設リサイクル法により特定建設資材廃棄物に指定され、再資源化が義務付けられている。また、特定建設資材以外に発生した産業廃棄物については、廃棄物処理法に基づき、適切な処理を行う必要がある。

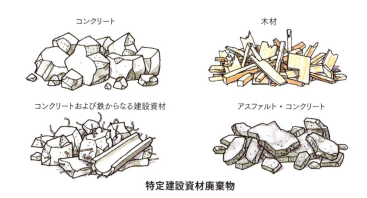

特定建設資材廃棄物

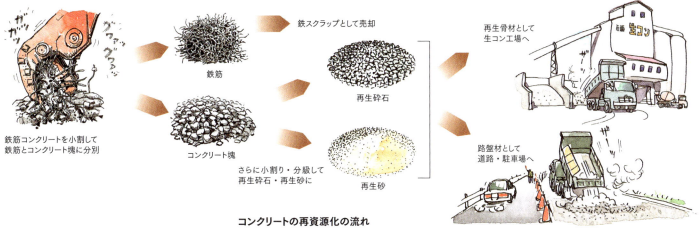

コンクリートの再資源化の流れ

5 周辺環境への配慮と仮設備

　解体工事では新築工事と同様に、騒音や振動、粉塵、飛散物に注意しなければならない。

（1）養生足場

　外部足場に防音パネルや防音シートを張ることで、騒音や外部へのコンクリート片の飛散の防止をしている。また、最上部より2段以上足場をせり上げることでより騒音防止などの効果を高めることができる。建築物外周の躯体を解体する際は、外部足場をつなぎとめている壁つなぎの位置や取外しのタイミングの検討も重要である（広範囲で取り外すと足場が不安定になり、倒壊の恐れがある）。

（2）散水設備

　散水、水噴霧により湿潤化することで粉塵の飛散防止をする。

（3）騒音規制法および振動規制法

　ブレーカー作業など著しい騒音・振動が発生する作業は特定建設作業として定められている。これらの作業は、あらかじめ届出が必要で、敷地境界線上で騒音は85dB以下、振動は75dB以下にしなければならない。

　低騒音・低振動型の重機の使用や防音設備の検討を行う。

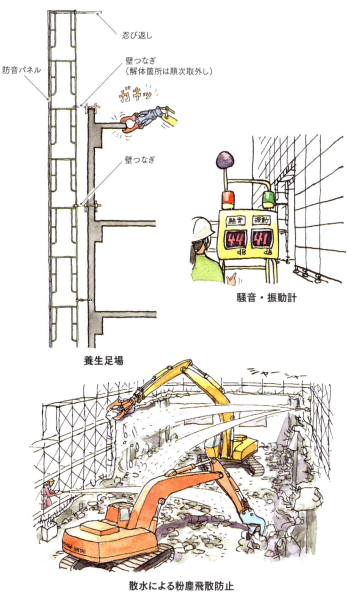

養生足場

散水による粉塵飛散防止

巻末
関連キーワード

建築生産のしくみ

新しいサブコンの技能労働者「登録基幹技能者」

登録基幹技能者の教育を行う国土交通大臣の登録を受けた主な機関（抜粋）

登録番号	登録基幹技能者の種類	登録を受けた主な機関
1	登録電気工事基幹技能者	（一社）日本電設工業協会
3	登録造園基幹技能者	（一社）日本造園建設業協会、 （一社）日本造園組合連合会
4	登録コンクリート圧送基幹技能者	（一社）全国コンクリート圧送事業団体連合会
5	登録防水基幹技能者	（一社）全国防水工事業協会
7	登録建設塗装基幹技能者	（一社）日本塗装工業会
8	登録左官基幹技能者	（一社）日本左官業組合連合会
9	登録機械土工基幹技能者	（一社）日本機械土工協会
11	登録プレストレスト・コンクリート工事基幹技能者	プレストレスト・コンクリート工事業協会
12	登録鉄筋基幹技能者	（公社）全国鉄筋工事業協会
13	登録圧接基幹技能者	全国圧接業協同組合連合会
14	登録型枠基幹技能者	（一社）日本型枠工事業協会
15	登録配管基幹技能者	（一社）日本空調衛生工事業協会、 （一社）日本配管工事業団体連合会、 全国管工事業協同組合連合会
16	登録鳶・土工基幹技能者	（一社）日本建設躯体工事業団体連合会、 （一社）日本鳶工業連合会
18	登録内装仕上工事基幹技能者	（一社）全国建設室内工事業協会、 日本建設インテリア事業協同組合連合会、 日本室内装飾事業協同組合連合会
19	登録サッシ・カーテンウォール基幹技能者	（一社）日本サッシ協会、 （一社）カーテンウォール・防火開口部協会
20	登録エクステリア基幹技能者	（公社）日本エクステリア建設業協会
21	登録建築板金基幹技能者	（一社）日本建築板金協会
22	登録外壁仕上基幹技能者	日本外壁仕上業協同組合連合会
23	登録ダクト基幹技能者	（一社）日本空調衛生工事業協会、 （一社）全国ダクト工業団体連合会
24	登録保温保冷基幹技能者	（一社）日本保温保冷工業協会
25	登録グラウト基幹技能者	（一社）日本グラウト協会
26	登録冷凍空調基幹技能者	（一社）日本冷凍空調設備工業連合会
29	登録タイル張り基幹技能者	（一社）日本タイル煉瓦工事工業会
31	登録消火設備基幹技能者	消防施設工事協会
32	登録建築大工基幹技能者	（一社）全国中小建築工事業団体連合会
33	登録硝子工事基幹技能者	全国板硝子工事協同組合連合会、 全国板硝子商工協同組合連合会

（一財）建設業振興基金の WEB サイト「ヨイケンセツドットコム」に登録基幹技能者に関する行政等の新着情報、各職種の紹介、講習実施団体、有資格者を検索できるデータベースを掲載している。

現場代理人
工事を請け負う経営者の代理人であり、現場に常駐し、現場運営、取締りおよび契約関係の実務を処理する。なお、監理技術者との兼務は可能とされている。

監理技術者
建築工事における、技術上の管理をつかさどる者。工事施工に従事する者の技術上の指導監督を行い、設計図書通どおりに適正に施工されているかを確認する。監理技術者の配置にあたっては、建築主（発注者）から直接建設工事を請け負った元請工事業者は、その工事を施工するために締結した下請負代金の総額が税込で4,000万円（建築一式工事で6,000万円）以上となる場合は、主任技術者に代えて監理技術者を置かなければならない。なお、下請負代金の総額が税込で3,500万円（建築一式工事で7,000万円）以上の場合、監理技術者は専任でなければならない。

主任技術者
工事現場ごとに配置される、施工の技術上の管理をつかさどる者のことで、請け負った範囲の施工計画の作成、工程管理、品質管理を行うとともに、作業員の配置等法令遵守の確認や現場作業に係る実地の技術指導を行う。

建設業の許可を受けた建設業者が請け負った工事を施工する場合、請負金額の大小や元請・下請にかかわらず、現場ごとに必ず配置されなければならない。

ただし、軽微な建設工事（建築一式工事以外の建設工事では、工事1件の請負代金の額が500万円未満の工事）のみを請け負って営業する場合には、必ずしも建設業の許可を受けなくてもよいこととされており、その場合は主任技術者の配置も不要となる。

ストックマネジメント
既存の建築物（ストック）を有効に活用し、長寿命化を図る体系的な手法のことをストックマネジメントという。多様化する現在の需要に対して、既存建築物の計画的な保全、保全実施結果の評価、保全関連技術の体系化などが求められており、ただ単純に、古くなったという理由から施設を解体して新築（改築）を繰り返す、いわゆる「スクラップ＆ビルド」とは違う考え方である。

リニューアル
① もとのものに手を入れて一新すること。
② 建物などを改装・改修すること。

請負契約
建築主（発注者）は、設計図書が完成すると、施工者（受注者）を選定し、相互に契約を結ぶ。これを工事請負契約という。

安全施工サイクル
工事現場において、安全管理活動を的確に実施するため、毎日、毎週、毎月における基本的な実施事項を定型化し継続的に実施する活動で、建設業労働災害防止協会がその実施を運動として提唱しているもの。毎日の実施事項は安全朝礼、安全ミーティング、作業開始前点検、作業所長巡視、作業中の指導・監督、安全工程打合せ、持ち場後片付け、終業時の確認となっている。毎週、毎月のサイクルも同じように実施事項が定められている。

危険予知活動（KYK）
作業開始前の打合せやミーティングにおいて、作業の危険予測を行って、作業改善や安全を検討し合い、労働災害をなくそうという活動。

工事出来高
建築物のある時点までの完成工事高に使われ、予定金額に対する支払金額または比率をいう。建築物の出来形を金額に換算したもので、中間払いの対象となり、その時の検査を出来高検査、中間検査という。

職長
工事現場において、サブコンの各職種技能労働者たちを指揮監督する者の呼び名。職長教育修了者が、職長としての資格をもつ。

新規入場者教育
施工管理技術者が、現場に新しく入場してきたサブコンの技能労働者に対して、体調や健康状態の確認を行うと共に、その作業所のルールなどをしっかりと伝達すること。

ネットワーク工程表

矢線と丸印によって組み立てられた網状の図をいい、この網状図によって、作業の順序を正確に分かりやすく表現できるものである。アロー型は、各矢線が作業を表し、丸印は作業の開始または終了を表す。各作業の相互関連、余裕時間、全体工期への影響などを明確に把握できるので、管理の実施段階で計画や条件の変更があっても即応が可能で、問題が複雑化しても簡単に分析ができる。

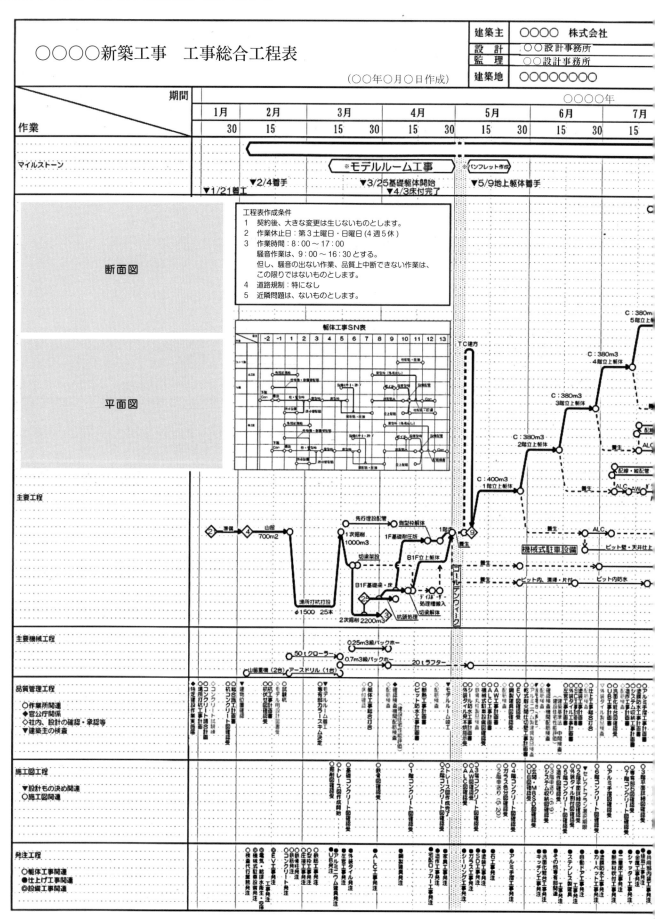

工事総合工程表の例

■工事総合工程表の作成

構成：主要工程、マイルストーン、主要仮設、主要設備、品質管理工程、主要施工図、発注工程を記載する。

作成ポイント：作業条件、平面図・断面図、マイルストーン（着工・床付け完了・地下工事完了・鉄骨建方完了・躯体工事完了・仕上工事完了・受電・竣工検査など）が記入されているか。
　　　　　　　　クリティカルパスが太線で表示されているか。設備工程・設備主要機器搬入日程が記入および反映されているか。
　　　　　　　　工程を大きく左右する主要工事の数量が記載されているか。休日（GW・盆休み・正月休み）が表示されているか。

※集合住宅の場合の記載事項

構造	鉄筋コンクリート造	階数	B1.F7.P-	○○設計事務所	○○建設
建面積	830.28㎡	着工	○○年○月○日	印 印 印 印	印 印 印
延面積	6,189.61㎡	竣工	○○年○月○日		

クリティカルパス

ネットワーク工程表の中で、すべての経路のうち最も長い日数を要する経路のことで、開始から完成までの日数を左右する一連の作業経路である。このクリティカルパスを重点的に管理することが工程管理において重要であり、その経路の作業が遅れると、何らかの対策を立てなければ竣工が遅れてしまう。

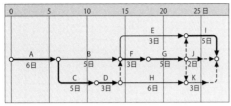

矢線の下の数字が作業に必要な日数で、最も所要日数が長くなる A→C→D→F→G→I がクリティカルパス（太線）となっている。

ネットワーク工程表

バーチャート工程表

横線工程表ともいわれ、工事ごとの工事期間を時間単位長さに合わせて横棒で示し、工事の後先を表示する工程表である。

仕様書

工事に対する設計者の指示のうち、図面では表すことができない点を文章や数値などで表現するもので、品質、成分、性能、精度、製造や施工の方法、部品や材料のメーカー、施工業者などを指定するもの。略して仕様ともいう。

総合図

建築（意匠・構造）、設備その他設計図書に分散して盛り込まれている設計情報や関連情報を一元化して検討する関係者全体が合意形成するためのツール。各種建築・設備機器などの取付け位置と寸法を入れて表記した図面。

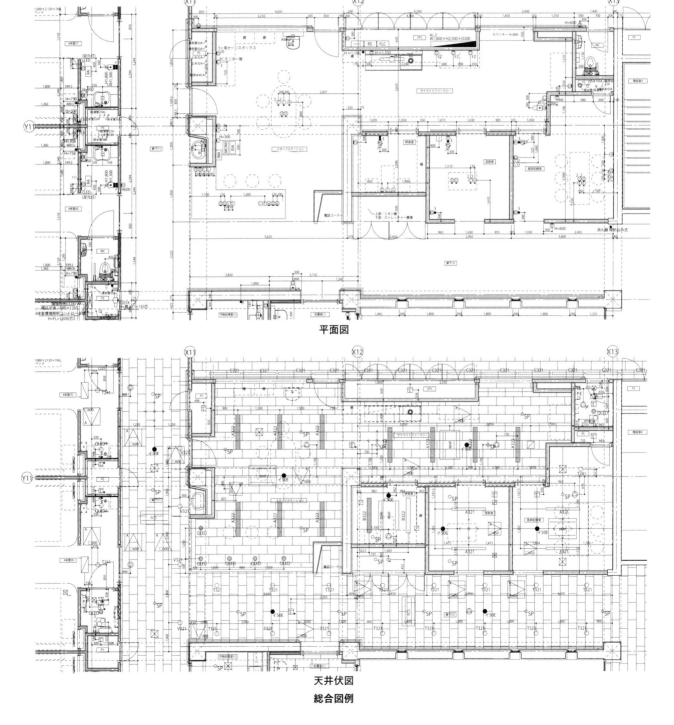

平面図

天井伏図

総合図例

準備工事

地盤調査

工事現場で直接地盤の性質について試験・調査すること。ビルなどの規模の比較的大きな建築物の調査に用いられる標準貫入試験や、戸建て住宅など軽量の建築物の調査に用いられるスウェーデン式サウンディング試験などがある。

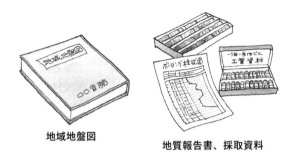

地域地盤図　　　地質報告書、採取資料

標準貫入試験

ボーリングによって孔を掘削し、1mごとに地盤の硬さを測定する調査。通常は、土のサンプル採取も同時に行う。標準貫入試験によって得られるデータをN値と呼び、地盤の堅さを表す。63.5kgの錘を76.1cmの高さから自由落下させ、標準貫入試験用サンプラーを土中に30cm貫入させるのに要する打撃回数を測定する試験で、このときの打撃回数がN値である。N値で、一般に50以上の値があればその地盤を支持地盤とする。

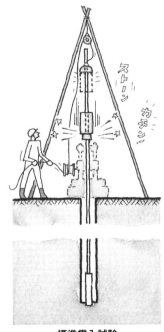

標準貫入試験

スウェーデン式サウンディング試験

スウェーデン発祥の地盤調査で、1976年にはJIS規格に制定、現在では、戸建て住宅向けの地盤調査のほとんどで実施されている。ロッドに付けたスクリューポイントを地盤中に貫入、回転させ、その貫入量から原位置における土の軟弱、締まり具合または土層構造を判定する。

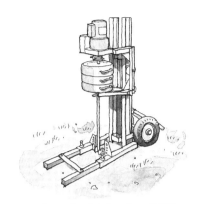

スウェーデン式サウンディング試験

平板載荷試験

直接基礎の建築物で掘削底において掘削し、載荷板（直径30cmの円形の鋼板）を設置し、建築物と同じ重量に見合う垂直荷重をかけて沈下量（変位）を計測し、地盤の支持特性や変位特性を調べる試験である。

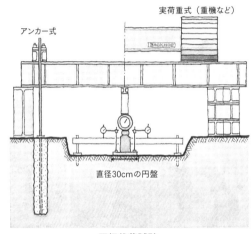

平板載荷試験

土質（礫、砂、シルト、粘土）

土粒子の大きさによって、礫、砂、シルト、粘土に分類される。
- 直径が2mm以上の粒子を礫と呼ぶ。
- 直径2mm～0.075mmの粒子を砂と呼ぶ。
- 直径75μm（0.075mm）～5μmのものをシルトと呼ぶ。
- 直径5μm以下の粒子を粘土と呼ぶ。

砂の特性は、透水性が高く、地下水位の高い緩い砂地盤では、地震の揺れで地盤が液体状になり、支持力を失い液状化を起こすことがある。粘土の特性は、透水性が低く、軟弱な粘土地盤では圧力がかかると水分が抜けることにより沈下（圧密沈下）を起こすことがある。

土の分類

粒径による分類	礫			砂		シルト	粘土
	粗礫	中礫	細礫	粗砂	細砂		
粒子の直径（mm）	75～20	20～5.0	5.0～2.0	2.0～0.42	0.42～0.075	0.075～0.005	0.005以下

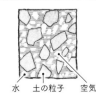
水　土の粒子　空気

砂

シルト

粘土

土の構成

洪積層と沖積層

洪積層：約200万年前～1万年前の堆積物によって構成される地層で、強固で良好な地盤が多く建築物を支持するのに適している。

沖積層：1～2万年前以降に堆積した比較的新しい時代の地層で、軟弱な地盤である。

埋設物

木杭（松杭）：近年、中規模以上の建築構造物ではコンクリートや鋼製の杭が一般的である。それ以前の建築物では木杭が基礎として使われることが多かったため、地下の解体工事を行うと、木杭（松杭）が出る場合がある。その場合は、木杭を引き抜く必要がある。

不発弾処理：建築工事において、掘削工事中に戦時中の不発弾が見つかることがある。警察への通報の後、自衛隊において撤去処理が行われる。

建設工事計画届

高さが31mを超える建築物の建設、改造、解体や掘削深さが10m以上の掘削を行う場合、事前にその計画内容を所轄労働基準監督署長に届け出ることが労働安全衛生法第88条第4項で義務付けられている。この届出を建設工事計画届という。また、型枠支保工や仮設通路、足場の組立てにおいても同様に組立て前の届出（機械等設置届という）が労働安全衛生法第88条第2項で義務付けられており、建設工事計画届と合わせて、一般に「88条申請」と呼ばれている。

仮設工事

総合仮設計画図

工事を行う際に必要となる敷地内の仮囲い・仮設建築物・足場などの安全設備や作業動線、揚重機の配置などを図面に記載し、建築物全体と仮設物の関係を示したもの。

共通仮設工事

工事着工から完成までの間に共通で使われる仮設工事で、直接仮設工事以外のもののことである。

仮囲い、仮設工事事務所、仮設電気、仮設水道、工事用道路などがそれにあたる。

直接仮設工事

各工事を行うために直接使われる仮設工事のことである。作業用足場（昇降設備、構台など）が主なもので、測量、墨出しも含まれる。

工事用看板

関係法令で定められている項目を工事現場の見やすい場所に設置する。通常はメインの工事用ゲート付近の仮囲いに掲示する。建設業許可証、建築基準法による確認済、労災保険関係成立票、工事週間予定などが主なものである。

工事用看板の例

道路占用

道路上に一定の施設を設置し、継続して道路を使用すること。作業スペース確保のため、やむを得ず仮囲いや足場などを敷地境界よりはみ出して設置する場合が該当する。道路を管理している行政（国・県・市など）に許可を受ける必要がある。

縄張り

工事開始にあたり建築物の位置を確認するために建築物の外周位置を敷地内に表示したもの。ロープを張る、または石灰で線を引く。

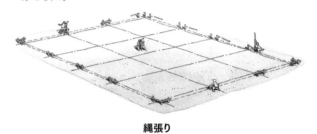

縄張り

遣方

建築工事の着手に先立って、柱芯などの基準となる水平位置を示すために設ける仮設物。遣方杭、水貫、水糸を使用する。

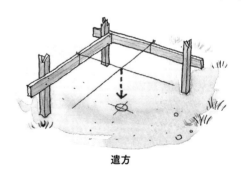

遣方

ベンチマーク

建築物の高さや位置の基準となるもの。木杭を地面に打ち込んで動かないよう養生したものや電柱など移動のおそれのない既存の工作物に基準点を記すのが一般的である。2ヵ所以上設け、相互にチェックを行う。

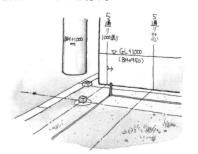 

ベンチマーク（電柱を利用した例）　　ベンチマーク

仮設工事事務所

施工管理技術者のための工事事務所、工事監理者のための監理事務所、技能労働者のための休憩所などのことである。工事を円滑に進めるために設ける建築物で、軽量鉄骨と薄型パネルにより現場で組み立てるものと、ユニット部材を連結して組み立てるものがある。機能性をもつと共に撤去が容易であることが求められる。

仮囲い

工事現場と外部を仕切る仮設の囲い。関係者以外の立入禁止、盗難防止、周囲への資材や粉塵の飛散防止が主な目的である。骨組は単管パイプとクランプを用いて組み立てる。表面材は市街地など第三者の通行が多い場所では万能鋼板を用いる。人通りの少ない所ではメッシュシートを使用する場合もある。

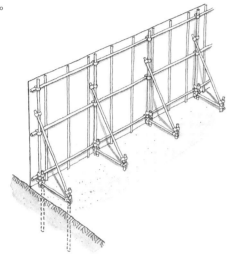

仮囲い（万能鋼板）

万能鋼板

仮囲いに使用する鋼製の材料。耐久性に優れている。高さは2mまたは3mが一般的である。幅は500mmで凹凸を組み合わせて使用する。表面が平らなフラットパネルと呼ばれるものもある。

朝顔

足場からはね出すように設置し、万一の落下物に備えて歩行者の安全を確保するもの。鋼製でユニット化されている。上向きに傾斜している形が朝顔に似ていることからそう呼ばれる。

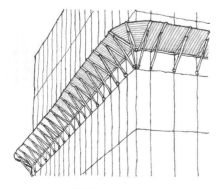

朝顔

防護構台

歩道の上部に設置し、工事現場からの万一の落下物に備えて歩行者の安全を確保するもの。

防護構台

仮設道路

工事車両、関係者が現場内を安全に通行するために設ける道路で、墜落防止、飛来落下防止の措置を行う。車両が通行する部分は車両重量を考慮し、鉄板を敷設する、または地盤を改良して固めるといった措置を行う。

工事用ゲート

工事車両が入退場するために設置するゲート。パネルゲートはジャバラ状になっており車両の入退場に応じて折り畳んで開放することができる。通行人の安全や交通の妨げにならないよう配慮する。必要に応じて誘導員の配置・車両入退場時のブザー、標示を設置する。

工事用電気設備

工事に必要なタワークレーン、電気機械工具、作業用照明などに電力を供給する設備で、電力会社の高圧架空配電線から高圧線で工事現場内に設置した受変電設備（キュービクル）に引き込んで使用するのが一般的である。工事の規模、使用予定の電気機器の容量から必要な電力を想定し、受電容量を決定する。

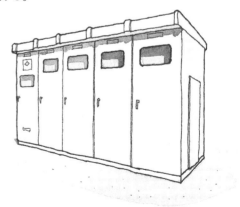

受変電設備（キュービクル）

工事用給排水設備

給水：周辺道路に埋設されている上水道より引込みを行う。工事規模・工事内容により必要な給水量を想定し、接続管の口径を決定する。特に杭工事時の必要水量は大量となるので注意を要する。

排水：地下水や雨水の排水、生活用水や水洗便所の汚水など、それぞれに適した排水設備を設け、公共の下水道に排水する。近くに下水道がなく、浄化槽により処理する場合もある。

山留め工事

山留め壁の掘削残土（泥土）処理

セメント系懸濁液を使用するソイルセメント柱列壁の造成時に発生する泥土は、場外搬出に際して適正な処理が求められる。発生直後は含水が高いため、硬化するまで天日乾燥して搬出することが多い。

天日乾燥

ボイリング

掘削工事時のトラブルとなる掘削底面の破壊現象の1つ。地下水位の高い砂質地盤を掘削する際、掘削面との水位の差から、砂の中を上向きに流れる地下水の浸透流により、砂粒子が掘削底面に沸き上がってくる現象。防止するためには、山留め壁の根入れ（地中への埋込み）を深くするか、山留め壁背面の地下水位を下げる必要がある。

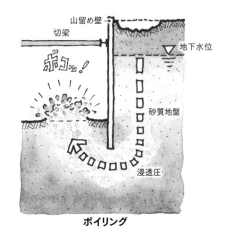

ボイリング

ヒービング

掘削工事時のトラブルとなる掘削底面の破壊現象の1つ。軟弱な粘性土地盤を掘削する際、山留め壁の背面地盤土の回込みにより、掘削底面がふくれ上がる現象。山留め壁が大きく移動したり、山留め壁の背面地盤が沈下したりする。防止するためには、山留め壁の根入れを深くするなどの対策が必要。

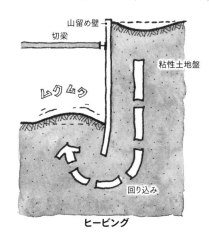

ヒービング

盤ぶくれ

掘削工事時のトラブルとなる掘削底面の破壊現象の1つ。地盤を掘削する際、根切り底面下にある透水性の低い粘性土地盤下の被圧地下水の上向き圧力により、掘削底面が持ち上げられる（ふくれ上がる）現象。対策としては、上向き圧力を下げるべく、被圧地下水の揚水が一般的である。

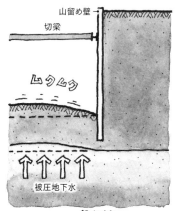

盤ぶくれ

被圧地下水

地層において、上下を透水性の低い粘性土に挟まれた砂質地盤に存在する圧力を受けている地下水。

側圧

山留め壁に作用する水平方向の圧力で、土圧と水圧の合力。掘削時、この側圧により山留め壁が倒れないよう、掘削底以深への山留め壁の根入れ深さの確保や切梁などの支保工が必要となる。

山留めに作用する側圧のイメージ

遮水工法と揚水工法

掘削深さより地下水位が高い場合は、止水性のある山留め壁で囲い、かつ、掘削底から地下水が入ってこないように、山留め壁を不透水層である粘土層まで根入れして、側面および根切り底面の止水を行う遮水工法を採用するのが一般的である。ただし、不透水層となる粘土層がない場合や深い場合は地下水を井戸などで揚水して処理をする揚水工法を採用することもある。

ケーソン工法って？
地上で構築して設置したケーソン（構造躯体）の下部を掘削しながら徐々にケーソンを沈下させ、支持層まで到達した後にケーソン本体を基礎構造物とする工法である。現在、建築工事ではほとんど見られない。土木工事では海洋建築などで見られる。潜函工法ともいう。

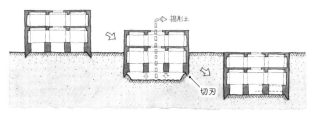

杭工事

オールケーシング工法（ベノト工法）

場所打ちコンクリート杭の施工方法の1つ。アースドリル工法と異なり、杭全長にケーシングを使用することで、孔壁の崩壊がなく、確実な杭断面形状を確保しやすい。

深礎（しんそ）工法

建築物の重量を地中の支持層に伝達する役目を担う、杭を地中深く施工する杭工法の1つ。現在、施工されている場所打ちコンクリート杭の中では最も歴史が古く、掘削は人力または機械により行いつつ、鋼製波板とリング枠（主にライナープレート）で土留めを行う。孔内で鉄筋を組み立て、土留め材を取り外しながらコンクリートを打設し杭を築造する。第一生命ビルや松屋銀座（いずれも東京）の工事を施工した木田保造の発案によるといわれている。人力掘削なので、狭い敷地や傾斜地または根切り面からの施工が可能である。土留めを除去した際に孔壁の崩壊や肌落ちが生じる場合には埋め殺す（そのまま埋めること）。一般的にライナープレートの土留めはすべて埋め殺しとなる。

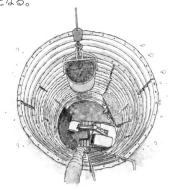

深礎工法

孔壁測定

直接目視確認ができない孔壁を超音波で測定し、杭径、孔の鉛直度、拡底部の直径を確認する。

孔壁測定

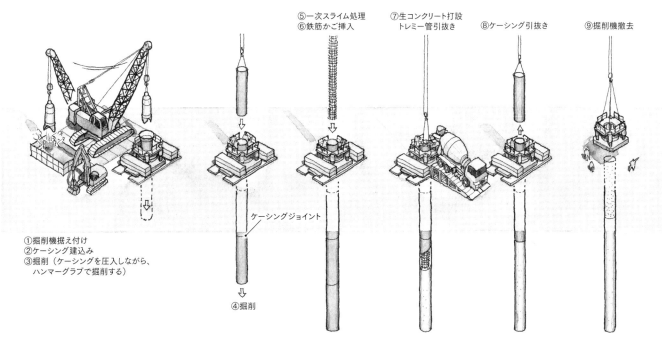

⑤一次スライム処理
⑥鉄筋かご挿入
⑦生コンクリート打設 トレミー管引抜き
⑧ケーシング引抜き
⑨掘削機撤去

①掘削機据え付け
②ケーシング建込み
③掘削（ケーシングを圧入しながら、ハンマーグラブで掘削する）
④掘削
ケーシングジョイント

オールケーシング工法（ベノト工法）

試験杭

本杭施工に先立って杭長、支持地盤の確認や管理基準値などを定めるために行う。本杭とは別に計画し、位置や本数は設計図書に従う。ただし、試験杭の杭体の強度に十分余裕があると予想される場合には、試験杭を本杭とすることができる。

中掘り工法

既製杭の埋込み工法の1つ。スパイラルオーガーを既製杭の中空部に通し、杭先端地盤をオーガーで掘削しながら所定の深さまで圧入あるいは打撃（軽打）により貫入させた後、所定の支持力が得られるように油圧ハンマーで打ち込むか、支持地盤中にセメントミルクを注入して杭と一体化する工法である。

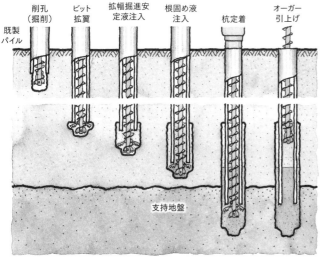

中掘り工法

既製杭の杭材受入れ検査

杭材は、製作工場で検査合格の後に出荷される。現場搬入時には、①種類、②径、③長さ、④ひび割れの有無、⑤工場製作日時、を確認する。

受入れ検査

豆知識　静的破砕工法

場所打ち杭コンクリートの杭頭処理工法の1つ。斫り作業での杭頭処理が一般的であるが、周辺の騒音を低減するために採用することがある。

鉄筋かごにあらかじめ破砕目的に応じたせっこう系の静的破砕剤をセットし、コンクリートを打設する。打設後、破砕剤は杭孔内の安定溶液中の水分やコンクリート中の余剰水と反応し、緩やかに膨張圧が発現する。この膨張圧によって硬化後の余盛りコンクリートに所定のクラックを発生させる。根切り完了後にはクレーンなどの重機を使用して、余盛り部分のコンクリートを撤去する。

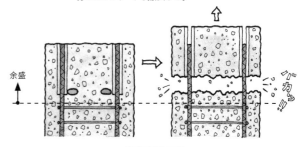

静的破砕工法

杭基礎の構成

建築物の荷重や地震力は、柱や基礎梁からフーチングを経由して杭に伝わる。杭はその荷重を支持地盤や周辺地盤に伝達させて、建築物を支えることができる。

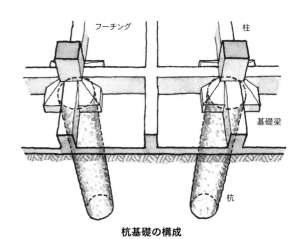

杭基礎の構成

トピック　GPS杭芯確認システム

観測したい位置にGPSアンテナを設置すると、瞬時にその地点の座標値を算出し、車載モニターに表示するもの。

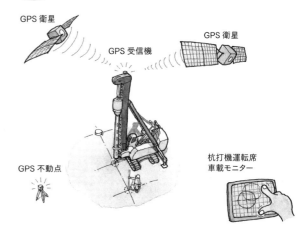

土工事

土の過積載

過積載とは、規定の積載重量を超えて土を積んで走る法律違反行為（道路交通法）。道路面や道路構造に損傷を与えたり、車体バランスを崩して車両が転倒し、事故を起こしたりする可能性がある。

積載のチェック
ダンプトラックの最大積載重量は超えないように注意する。
ダンプトラックの積載土量算定式をここに示す。
$V = W / γ$
ここで、V：ダンプトラック1台当たりのの積載土量（m³）
W：ダンプトラックの積載重量（t）
γ：掘削土の単位体積重量（t/m³）

掘削土の単位体積重量の目安（t/m³）

土質名	単位体積重量
粘土	1.5
砂	1.8
ローム	1.3
シルト	1.6

切土・盛土

切土とは、原地盤から掘削を行い、地盤を低くすること。または工事で切り取った土砂のこと。

盛土とは、土を原地盤に盛り、地盤を高くすること。盛土による地盤は、一度乱された土で地盤をつくるので、一般的に切土による地盤に比べ地盤強度が低い。

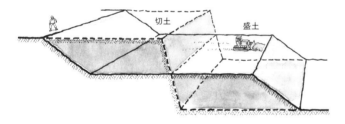

ウェルポイント工法

排水工法の1つで、ウェルポイントと呼ばれる長さ70cm程度の吸水管にライザーパイプを取り付けて、0.7～2m程度の間隔で地中に設置し、真空ポンプによって排水する。比較的浅い掘削で用いられる。

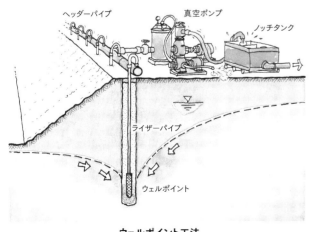

ウェルポイント工法

リチャージ工法

土工事において、汲み上げた地下水の放流先確保や下水道への排水削減のため、ディープウェルなどによって揚水した地下水を再び地中に戻す工法。
揚水により低下した周辺の地下水位を回復させる効果もある。

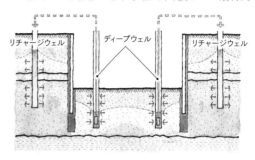

リチャージ工法

埋戻し・転圧

オープンカット工法などで掘削した際、地下躯体が完成した後、建築物周囲を土で埋め戻すことが必要となる。埋戻しを行う際、工事中や竣工後の地盤の沈下を防ぐため、約30cmごとに水締めやランマなどの機械による転圧を行い、土を締め固める。流動化処理土（残土に水・セメントを混ぜてつくる埋戻し材）を用いる場合もある。

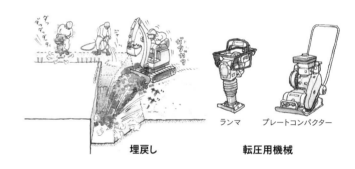

埋戻し　　　転圧用機械

型枠工事

せき板

流し込まれたコンクリートを直に受ける型枠。材料は型枠用合板（コンクリートパネル）が多い。

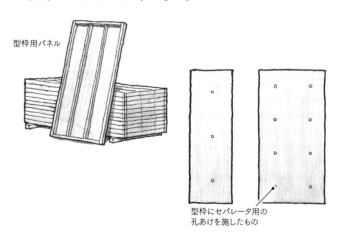

型枠用パネル

型枠にセパレータ用の孔あけを施したもの

型枠支保工

工事途中において、型枠を支持・固定するための支柱であり、コンクリートや鉄筋の荷重を支える仮設部材のこと。一般的にパイプサポートが使われる。パイプサポートは原則として3本以上継いで使用してはならない。

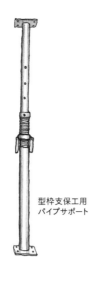

型枠支保工用パイプサポート

締付け金物

型枠を両側から締め付ける金物で、コンクリート打設時に梁や壁の幅を正確に保持するための金物。関東方面では丸パイプとフォームタイと呼ばれる金物が用いられ、関西方面では、角パイプとくさび金物が用いられている。足場に丸パイプが使用されており、入手が容易なことから型枠にも使用されていたが、角パイプは型枠の組立て時に転がらないことや、角パイプのくさび式の方が作業が早いことなどが関西の型枠大工からは好まれ、角パイプのくさび式が広まったともいわれている。

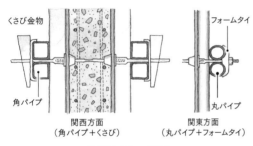

締付け金物の種類

セパレーター

セパともいう。梁や壁のように向かい合う2枚のせき板で構成される型枠の間隔を正確に保持し、側圧に耐える部材。コンクリート面の仕上げに応じて、様々な種類がある。

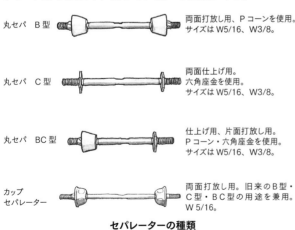

セパレーターの種類

端太材（端太角）

杉、松、桧などの約100mm角程度の角材のこと。バタ、バタ材ともいう。

大引き

梁、スラブ型枠において根太を受けるため900mmほどの間隔で並べられる部材。端太角や60cm角の鋼製角パイプを用いることが多い。規格化されたアルミ製の大引き材もある。

根太

型枠構成材のうち、床（スラブ）型枠のせき板を受ける横架材。一般には単管パイプや角パイプを300mmピッチ程度程度で配置し、大引きで受ける。

敷板

足場や型枠支保工が地盤と接する際、不同沈下で足場や支保工が変形しないように木製の厚い板を敷く。また、型枠支保工（パイプサポート）の下部に敷き、支保工と敷板を釘打ちして足元のズレ止めを施す。

水平つなぎ

中間の高さでパイプサポートを緊結する部材。支保工の高さが3.5mを超える場合、高さ2mごとに2方向に設けなければならない。

建入れ直しチェーン

型枠・軸組などを所定位置に設置するために使用し、その際垂直・水平の正確さを確認して堅固に固定するためや、ゆがみ・倒れを修正するために使う金物。

型枠加工図

躯体図（コンクリート寸法図）に基づいて作成される、型枠を加工する際に用いられる図面。型枠加工図は型枠大工が作図することが多く、加工図では材料の転用性や作業性を考慮して、できるだけ定尺物が使えるように計画する。また、取外しが容易にできるように組立て方も考慮して計画する。

通り芯

建築物の柱列や壁の軸線を通して設定する基準線もしくは中心線のこと。

地墨

捨てコンクリートや基礎・スラブ面などに、柱や間仕切り壁の立つ位置などを示す基準となる、芯墨や逃げ墨の総称。地盤の上には墨が打てないので、遣方を設けて柱や壁などの位置関係を示す。その後、遣方の墨に従って、地盤の上に捨てコンクリートを打って、垂直に立つ部材を配置していく。

セオドライト

測量機器の1つ。水平角と鉛直角を精密に測定する道具。自由に回転する望遠鏡と水準器とを組み合わせて用いる。トランシットともいう。

型枠支保工の組立て等作業主任者

労働安全衛生法に定められた作業主任者（国家資格）の1つであり、型枠支保工の組立て等作業主任者技能講習を修了した者の中から事業者により選任される。

設計基準強度

構造物の設計時における基準となるコンクリートの強度。一般には材齢28日の圧縮強度を設計の基準とする。18、21、24、27、30、33、36N/mm²の7種類を標準とする。設計基準強度と耐久設計基準強度のうち、大きい方の値を品質基準強度とする。

塗装合板

コンクリートの型枠合板、せき板で合板表面に塗装またはオーバーレイを施したものを塗装合板といい、仕上工事できれいなコンクリート表面が要求される場合、複数回のせき板の転用をする場合に使用されることが多い。

PC工法

基準階で柱部材や梁部材がほぼ同じ形状になる場合など、それらのコンクリート部材を工場で製作し、工事現場に搬入して設置する工法のこと。また工場ではなく工事敷地内で、製造することもある。接合部以外のすべてを工場で製作するフルPC工法や、スラブやバルコニーの一部分だけを工場で製作し、取り付けた後、残りのコンクリートを工事現場で打設するハーフPC工法がある。

型枠に作用する側圧

コンクリートの打込みによって、柱や壁の型枠にかかる圧力をいい、打込みの速度や高さ、コンシステンシー（流動性の程度）、気温、断面寸法などによって決まる。
ポンプ工法によって軟練りのコンクリートを急速に打設する場合は、コンクリートが硬化せず、軟らかいうちに連続して打ち込まれる。したがって最大側圧は、常にコンクリート打込み高さの最下部となるため注意が必要。

デッキプレート

薄肉鋼板を凹凸形状にしたり、リブ付けをして強度を増し、コンクリートスラブの型枠に使用される広幅帯鋼のこと。床鋼板ともいう。一般的なベニヤ合板に対して、解体が不要、南洋材の使用削減につながるなどのメリットがある。デッキプレートには型枠用デッキプレートと合成スラブ用デッキプレートがある。型枠用デッキプレートはスラブ配筋が必要になるが、合成スラブ用デッキプレートはコンクリート硬化後、コンクリートと一体になって引張鉄筋の働きをするため、スラブ配筋の一部が省略できる。

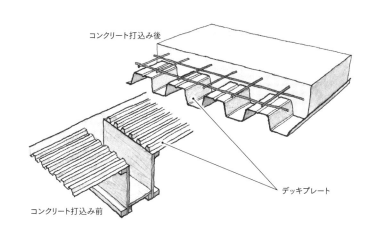

鉄筋付きデッキプレート型枠

スラブ型枠と鉄筋を一体化したデッキプレートで工事現場で敷き込むことにより、型枠工事と鉄筋工事が同時にでき、作業が省人化できる工法。

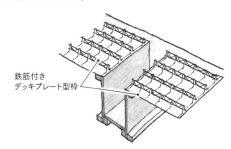

ラス型枠

メッシュ状に加工された金属板を型枠として使用し、コンクリートの打設後に型枠解体の必要がない工法。基礎梁（地中梁）などで用いられる。

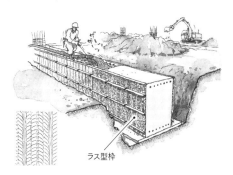

アルミ型枠

型枠構成材料にアルミニウム合金を使用し、軽量化かつ高耐久性を備えたもの。型枠技能労働者による組立て・解体および運搬における作業負担を軽減することができる。ピン連結で簡素化・精度確保ができるため、型枠大工だけでなく、鳶・未熟練工などの混成チームでの施工も可能である。

システム型枠

鉄筋コンクリートの躯体を施工する際に、使用する型枠を大型化、ユニット化すると共に、部材の改良などによって、作業の効率化や標準化を行う型枠工法。高さ・サイズ共、自在に設計が可能で、転用できることから、柱型枠のほか壁型枠、スラブ型枠など様々な部位に対応できる。

コンクリートの型枠（FORM）をジャッキで押し上げ、滑らせて（SLIP）上昇させながら、連続的にコンクリートを打設し躯体を構築していく工法で、煙突やタワー、石炭サイロなどのRC塔状構造物の施工に適用される。高さ、平面形状、壁厚などを自由に変更でき、コンクリート構造物を短期間にローコストで精度高く施工できる。

スリップフォーム工法

大型の移動式スラブ型枠で、せき板、根太、大引き、支保工を一体としたユニット化により、省力化を図ることができる。

フライングショア工法

自昇式の足場付き型枠による工法。油圧シリンダーを使用して、次の工程へ作業床を上昇させるシステムを使い、安全な作業床を確保しながら、高層建築物を構築することができる。

セルフクライミング工法

システム型枠の例

 コンクリートの壁に木目の模様が!?

建物の壁や塀の壁で、「木目の模様がきれいなので、これって何でできているのかなぁと近付いて見てみると、コンクリートの壁だった」ということはないだろうか？
実はこれは、杉板などを用いた型枠にコンクリートを打設し、杉の木目をコンクリートに転写させたもので、「本実型枠コンクリート」というもの。

鉄筋工事

鉄筋の種類（鋼種）

建築工事で使用される鉄筋には、一般にSD 295 A（またはSD 295 B）、SD 345、SD 390、SD 490の材料記号で表される4種類の強度の鋼種がある。材料記号の数字は、降伏点を示しており、数字が大きいほど強度の高い鉄筋となっている。

鉄筋の継手

鉄筋コンクリート造における鉄筋の継手とは、限られた定尺（長さ）の鉄筋を現場において連続した鉄筋とするための鉄筋の接合、あるいは太さの異なる鉄筋相互の接合である。鉄筋継手は、周辺コンクリートとの付着に期待して鉄筋の応力を伝達するものと、鉄筋の応力を直接伝達するものに大別することができる。前者が重ね継手であり、後者がガス圧接継手、機械式継手および溶接継手である。

重ね継手

スラブや壁筋を主に対象としており、D35以上の異形鉄筋には、原則として重ね継手は用いない。JASS 5（日本建築学会『建築工事標準仕様書・同解説　JASS 5　鉄筋コンクリート工事』）に記載の柱、梁の主筋以外の鉄筋を対象とした継手の長さ L_1 を次に示す。

異形鉄筋の重ね継手の長さ
直線重ね継手の長さ L_1

コンクリートの設計基準強度 Fc（N/mm²）	SD 295 A SD 295 B	SD 345	SD 390	SD 490
18	45d	50d	-	-
21	40d	45d	50d	-
24～27	35d	40d	45d	55d
30～36	35d	35d	40d	50d
39～45	30d	35d	40d	45d
48～60	30d	30d	35d	40d

直線重ね継手の長さ L_1

フック付き重ね継手の長さ L_{1h}

コンクリートの設計基準強度 Fc（N/mm²）	SD 295 A SD 295 B	SD 345	SD 390	SD 490
18	35d	35d	-	-
21	30d	30d	35d	-
24～27	25d	30d	35d	40d
30～36	25d	25d	30d	35d
39～45	20d	25d	30d	35d
48～60	20d	20d	25d	30d

［注］（1）表中のdは、異形鉄筋の呼び名の数値を表す。
　　　（2）直径の異なる鉄筋相互の重ね継手の長さは、細い方のdによる。

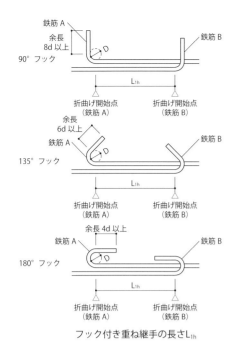

フック付き重ね継手の長さL_{1h}

ガス圧接継手

接合対象とする2本の鉄筋の端面を突き合わせ、酸素とアセチレンなどのガス炎で接合部を加熱しながら、鉄筋の材軸方向に加圧して接合する鉄筋の継手工法である。ガス圧接継手の良否は、圧接技量資格者の技量に左右されることが多いので、圧接に関する十分な知識と経験のある圧接工を選定し、鉄筋の種類および径に応じて、その種別の技量試験に合格している圧接技量資格者によって施工が行われなければならない。

機械式継手

スリーブまたはカプラーと呼ばれる鋼管と異形鉄筋の節の噛み合いを利用して接合する継手工法で、ねじ節鉄筋継手やモルタル充填継手、端部ねじ加工継手などがある。ねじ節鉄筋継手は、鉄筋表面の節がねじ状に形成された異形鉄筋を、内部にねじ加工された鋼管（カプラー）によって接合する工法で、鉄筋とカプラーの隙間にグラウト材を注入して固定する継手工法である。

鉄筋の定着

梁の鉄筋は部材同士を結合するために、柱筋は基礎の中に、梁の鉄筋は柱の中に、スラブ筋は梁の中に、それぞれ規定の長さ分入れることが必要であり、これを定着という。鉄筋の定着長さは、鉄筋の材質やコンクリート強度などで決められている。JASS 5（日本建築学会『建築工事標準仕様書・同解説 JASS 5 鉄筋コンクリート工事』）に記載の小梁、スラブの下端筋を除く異形鉄筋の定着長さL_2を次に示す。

異形鉄筋の定着長さ

直線定着の長さL_2

コンクリートの設計基準強度 Fc（N/mm²）	SD 295 A SD 295 B	SD 345	SD 390	SD 490
18	40d	40d	-	-
21	35d	35d	40d	-
24〜27	30d	35d	40d	45d
30〜36	30d	30d	35d	40d
39〜45	25d	30d	35d	40d
48〜60	25d	25d	30d	35d

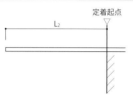

直線定着の長さL_2

フック付き重ね継手の長さL_{2h}

コンクリートの設計基準強度 Fc（N/mm²）	SD 295 A SD 295 B	SD 345	SD 390	SD 490
18	30d	30d	-	-
21	25d	25d	30d	-
24〜27	20d	25d	30d	35d
30〜36	20d	20d	25d	30d
39〜45	15d	20d	25d	30d
48〜60	15d	15d	20d	25d

［注］表中のdは、異形鉄筋の呼び名の数値を表す。

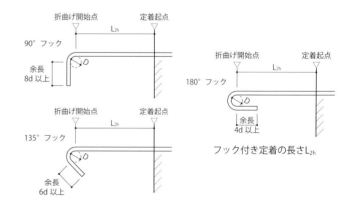

フック付き定着の長さL_{2h}

かぶり厚さ

かぶり厚さとは、鉄筋を覆っているコンクリートの厚さのことで、コンクリートの表面から鉄筋の表面までの最短距離をいう。かぶり厚さが十分に確保されていないと、コンクリートの中性化やひび割れからの水分、塩害などにより鉄筋が錆びて鉄筋コンクリートの強度を低下させてしまうため、十分なかぶり厚さを確保する必要がある。鉄筋のかぶり厚さについては、建築基準法にも規定されており、かぶり厚さが確保できていないと法律違反となってしまうため、特に重要な管理項目である。

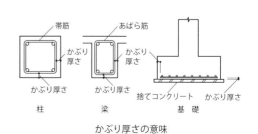

かぶり厚さの意味

最小かぶり厚さと設計かぶり厚さ

かぶり厚さの数値は、耐久性・耐火性および構造耐力上の要求を考慮して決定され、建築基準法および日本建築学会（JASS 5）にて規定されている。JASS 5 に記載されている最小かぶり厚さを表1に示す。また、設計かぶり厚さは、鉄筋の加工・組立て精度、型枠の加工・組立て精度、部材の納まり、仕上げ材の割付け、コンクリート打込み時の変形・移動などを考慮して、最小かぶり厚さが確保されるように、部位・部材ごとに、設計図または特記により定める。設計図および特記に定められてない場合は、表2に示す値以上として、工事監理者の承認を受ける。

表1　最小かぶり厚さ　　　（単位：mm）

部材の種類		短期	標準・長期		超長期	
		屋内・屋外	屋内	屋外[2]	屋内	屋外[2]
構造部材	柱・梁・耐力壁	30	30	40	30	40
	床スラブ・屋根スラブ	20	20	30	30	40
非構造部材	構造部材と同等の耐久性を要求する部材	20	20	30	30	40
	計画供用期間中に維持保全を行う部材[1]	20	20	30	(20)	(30)
直接土に接する柱・梁・壁・床および布基礎の立上り部		40				
基礎		60				

[注]（1）計画供用期間の級が超長期で計画供用期間中に維持保全を行う部材では、維持保全の周期に応じて定める。
　　（2）計画供用期間の級が標準、長期および超長期で、耐久性上有効な仕上げを施す場合は、屋外側では、最小かぶり厚さを10mm減じることができる。

表2　設計かぶり厚さ　　　（単位：mm）

部材の種類		短期	標準・長期		超長期	
		屋内・屋外	屋内	屋外[2]	屋内	屋外[2]
構造部材	柱・梁・耐力壁	40	40	50	40	50
	床スラブ・屋根スラブ	30	30	40	40	50
非構造部材	構造部材と同等の耐久性を要求する部材	30	30	40	40	50
	計画供用期間中に維持保全を行う部材[1]	30	30	40	(30)	(40)
直接土に接する柱・梁・壁・床および布基礎の立上り部		50				
基礎		70				

[注]（1）計画供用期間の級が超長期で計画供用期間中に維持保全を行う部材では、維持保全の周期に応じて定める。
　　（2）計画供用期間の級が標準および長期で、耐久性上有効な仕上げを施す場合は、屋外側では、最小かぶり厚さを10mm減じることができる。

鉄筋サポート、スペーサー

鉄筋部材の位置および所定のかぶり厚さを確保し、打込みが終わるまで保持するために、鉄筋サポート、スペーサーなどを用いる。スラブ・梁底部に用いるスペーサーは、コンクリート打設時の鉄筋の脱落などを考慮し、原則として、鉄筋のサポート（鋼製）を使用し、型枠に接する部分についてはプラスチックコーティングなどの防錆処理を行ったものとする。また、鉄筋のサポート（コンクリート製）は、主に梁底部、基礎底部などに用いられる。梁・柱・基礎梁・壁・地下外壁などに用いるスペーサーは、側面に限り、プラスチック製でもよい。

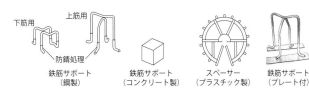

鉄筋サポート、スペーサー形状図

コンクリート工事

クリープ現象

コンクリートに荷重を持続して載荷すると、弾性ひずみとは別の変形が生じる。この現象をクリープという。載荷時間とクリープとの関係が以下の図となる。

セメントモルタル分が多いほど、水セメント比が大きいほど、載荷時間が長いほど、作用荷重が大きいほど、クリープひずみが大きくなるため注意が必要である。

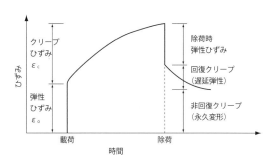

セメントの種類と特徴

ポルトランドセメント

- 普通ポルトランドセメント：一般に使用されるセメント。
- 早強ポルトランドセメント：強度の発現が早い。
- 中庸熱ポルトランドセメント：中和反応時の発熱が少ない。

混合セメント

- 高炉セメント（A種・B種・C種）：製鉄時に生成される高炉スラグを粉末状にして混合したセメント。化学抵抗性に優れる。

・フライアッシュセメント（A 種・B 種・C 種）：石炭火力発電所で生成されるフライアッシュを混合したセメント。中和反応時の発熱が少ない。初期強度の発現は普通セメントに比べ時間がかかる。

骨材の種類

粗骨材と細骨材は、粒径によって粗骨材と細骨材に分類される。粒径の大きいものは粗骨材、小さいものは細骨材と呼ばれる。

粗骨材：5mm 以上のものが重量で 85% 以上含まれる骨材。
細骨材：10mm ふるいをすべて通過し、5mm 以下のものが重量で 85% 以上含まれる骨材。
天然骨材：川床・ダム湖底などから採掘したもの。海砂などと比べ、均質で洗浄等の手間もいらないなど骨材としての特性に優れる。かつて日本では最も多く使われていたが、乱掘により現在では採取が規制されている。採取できる箇所がダム湖などに限られており、特性の良さと採取量の少なさのため比較的高価である。川砂の輸入（主に中国から）も行われている。
人工骨材、高炉スラグ骨材、高炉スラグ細骨材：溶融状態の高炉スラグを急冷して砂粒状にしたもの。
高炉スラグ粗骨材：溶融状態の高炉スラグを徐冷して所定の粒度に砕破したもの。

練混ぜ水

コンクリート用の練混ぜ水の品質は、フレッシュコンクリートの諸性質、硬化後のコンクリートの強度や耐久性、および鉄筋の発錆に影響する極めて重要なものである。一般には、地下水・上水道水・河川水・湖沼水などが用いられる。生コン工場（プラント）では、運搬車やミキサーを洗浄した水のリサイクルが行われており、練混ぜ水にも用いられている。

コンクリートの劣化

トンネルや道路、橋梁、防波堤、ダム、共同住宅やオフィスビルをはじめとする各種構造物など、コンクリートは幅広い場面で活用されている。こうしたコンクリート構造物の耐用年数は短いもので 30 年程度、一般的には 50 ～ 60 年ともいわれているが、実際はひび割れや亀裂から漏水（水漏れ）し、耐用年数よりも早く劣化してしまうケースが少なくない。

コンクリートの中性化

中性化とは、一般に空気中の二酸化炭素の作用を受けて、コンクリート中の水酸化カルシウムが徐々に炭酸カルシウムになり、コンクリートのアルカリ性が低下する現象をいい、炭酸化と呼ばれることもある。中性化により、鉄筋の防錆効果が失われ、コンクリートが爆裂するなどの不具合が生じてしまう。

鉄筋腐食のメカニズム

鋼材の周囲を包んでいるコンクリートが中性化すると鉄筋の不動態被膜が破壊されるため、水や酸素の浸透により鉄筋が錆び、構造物の耐荷性や耐久性が損なわれる。コンクリートの中性化に影響する材料、調合に関連する因子としては、水セメント比、セメントと骨材の種類、混和材料などがあげられ、密実なコンクリートほど中性化の進行は遅い。また、鉄筋のかぶり厚さと腐食速度との関連性も高い。

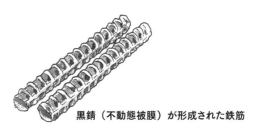

黒錆（不動態被膜）が形成された鉄筋

マスコンクリート

コンクリートは、水和反応により発熱する。コンクリートの部材断面が大きい場合、この水和熱が内部に蓄積し、コンクリート温度が上昇する。コンクリート温度の上昇・下降による膨張・収縮が拘束されると、コンクリートにひび割れが発生しやすくなる。ひび割れ発生の可能性は部材の大きさ以外にも、使用材料、調合、気象条件あるいは施工方法などによって異なってくる。一般には、部材断面の最小寸法が壁状・梁状部材で 80cm 以上、マット状部材・柱状部材で 100cm 以上の場合は、マスコンクリートといい、温度変化に伴うひび割れの発生が懸念される。

マスコンクリートのひび割れ対策は、発生する温度応力をいかにして小さく抑え、ひび割れを抑制するかが重要である。
　①コンクリートの温度上昇を小さくする
　②急激な温度変化を避ける
　③ひび割れを分散または集中させる
これらを基本対策として、水和熱発生の少ない中庸熱セメントを採用するなど具体的な対策を行う。

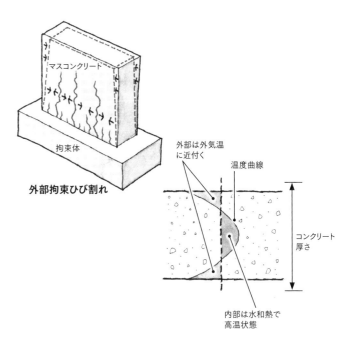

アルカリ骨材反応

コンクリートに含まれるアルカリ性の水溶液が骨材の特定成分と反応し、異常膨張やそれに伴うひび割れを引き起こす現象。アルカリシリカ反応、アルカリ炭酸塩反応、アルカリシリケート反応の3つに分類される。対策として、

　①無反応性骨材の使用
　②高炉セメント、フライアッシュセメントなど混合セメントの使用
　③コンクリートアルカリ総量の規制

などが挙げられる。

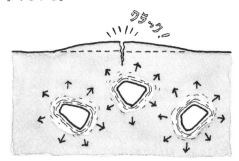

アルカリ骨材反応によるひび割れ発生メカニズム

塩害

コンクリートに浸入した塩分中の塩化物イオンが鉄筋を腐食させ、鉄筋の膨張が生じる。体積膨張に伴いコンクリートの爆裂や、ひび割れが発生する。対策として、

　①塩化物イオンを規定値以下とする
　②かぶり厚さを大きくする
　③鉄筋表面に特殊コーティングを施す

などがあげられる。

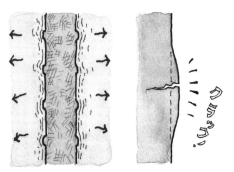

腐食によるひび割れ発生メカニズム

凍害

コンクリート中の水分が凍結し、体積膨張するのに伴いコンクリートの爆裂や、ひび割れが発生する。対策として、

　①コンクリートの水セメント比を小さくする
　②コンクリート中の空気量上限値4.5%の管理を徹底する
　③吸水率の小さい骨材を使用する

などがあげられる。

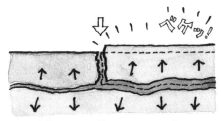

凍害によるひび割れ発生メカニズム

コンクリートの乾燥収縮により生じるひび割れへの対策

コンクリートの乾燥収縮に伴い、ひび割れが生じる場合がある。主に断面の薄い壁部に多く生じる。できるだけ乾燥収縮ひずみの小さいコンクリートを採用することや、コンクリート断面積の0.6%以上の横鉄筋を使用することも対策の1つではあるが、計画的にひび割れ位置（誘発目地）を設定し、有害とならないひび割れとする考え方もある。誘発目地間隔は3.5m以内とする。目地深さは壁厚の1/5以上とする。構造体断面に目地を設ける場合は、工事監理者と協議する。

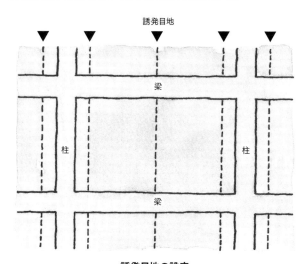

誘発目地の設定

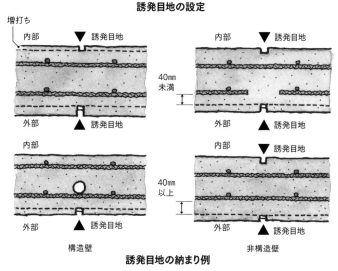

誘発目地の納まり例

開口部隅角部に生じるひび割れは、建築物の漏水の原因となるため、開口部のある壁にはひび割れ対策が必要となる。対策として、開口端部に誘発目地を設ける、もしくは斜め補強筋（コンクリート断面積の1.0%程度の鉄筋）を配筋し、ひび割れを防止する。

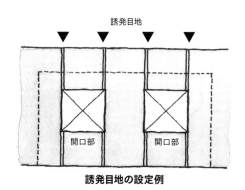

誘発目地の設定例

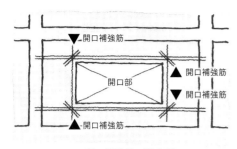

開口補強筋の設定例

鉄骨工事

鉄骨工事における施工計画書と製作要領書

施工管理技術者は、設計図や仕様書、現場の状況をもとに鉄骨の製作・検査・建方など、鉄骨の施工に関する詳細を施工計画書にまとめる。その内容を受けた鉄骨製作工場（ファブリケーター）は、工場の概要、管理組織、使用機械設備、加工手順といった内容を項目ごとに具体的に記載した製作要領書を作成する。

ミルシート

構造用鋼材等の品質の確認は鋼材メーカーの規格品証明書（ミルシート）で行う。ミルシートは鉄鋼メーカーが納入時に建築主（発注者）へ発行する鋼材の材質を証明する書類である。鋼材メーカーの工場（mill）が発行する書（sheet）という意味の和製英語である。

鉄骨製作工場

鉄骨製作工場の評価は、溶接を伴う構造物の規模と使用する鋼材により5つのグレード（グレードの高い順にS、H、M、R、J）に区分して行われている。鉄骨製作工場は、設計図書によりグレードが指定される場合が多い。鋼材の加工には、切断、曲げ加工、孔あけがある。切断はせん断、のこ引き、ガス、電気によるものがあり、鋼板はガス自動切断機が用いられることが多い。曲げは、プレス、ローラー、ベンダーの機械を用いて常温で行う。局部的に加熱する場合は赤熱状態で行う（900〜1200℃）。孔あけは原則としてドリルを用いる。近年はCAM（コンピュータ支援製造：Computer Aided Manufacturing）化が進み、鋼材の加工はNC機械（数値制御 [Numerical Control] される工作機械）によって自動かつ高い精度で効率的に行うようになった。

現寸検査

鉄骨工場の床の黒板上にチョークで、原寸大の鉄骨部材の平面や高さ（矩計）などの詳細寸法、納まり、さらには溶接の手順を書くことを床書き現寸といい、設計図や鉄骨加工図などとの相違がないことを確認することが現寸検査という。現在では、CAD/CAMやBIMが普及しており、パソコン上で現寸図を描くことができるため、部分的に現寸フィルムに出力して確認し、工場の床上に現寸を描くことはほとんどなくなった。

高力ボルト接合

高力ボルトには高力六角ボルト、トルシア形高力ボルト、溶融亜鉛めっき高力ボルトがある。接合面は赤錆状態かショットブラスト処理を行い、摩擦力を低下させるミルスケール（黒皮）、浮き錆、塵埃、油脂などは除去する。塗装も行わない。

高力ボルトの締付け方法はトルクコントロール法、ナット回転法に分類される。1次締めで部材を密着させた後、白色のマーキングを高力ボルト、ナット、座金、母材にかかるように施す。さらに本締め用インパクトレンチで本締めを行った後、マーキングを見てナットだけが回転していることを確認する。

ナット回転法の場合は、ナットの回転量が120°±30°であることを確認できれば合格とする。

トルシア形高力ボルトの場合は、ピンテールの破断と一群の平均回転角度±30°を確認できれば合格とする。

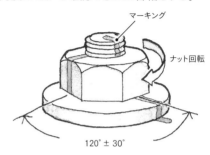

ナット回転法

水平ネットの垂れ

水平ネットは緩い方が衝撃緩和には優れているが、緩すぎると落下した際に下階の梁や床に当たってしまうので垂れの基準がある（『墜落防止設備等に関する技術基準』）。

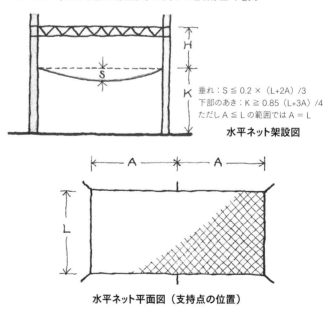

垂れ：$S \leq 0.2 \times (L+2A)/3$
下部のあき：$K \geq 0.85(L+3A)/4$
ただし $A \leq L$ の範囲では $A = L$

水平ネット架設図

水平ネット平面図（支持点の位置）

水平ネットの固定方法

建入れ直し

柱や梁などの倒れ、水平度を所定の許容差内に調整するための作業である。建方の進行とともに小区画に区切って調整することが望ましい。仮ボルト締付け後に建入れ直しをして、高力ボルト本締め後に確認して溶接する。実際、現場では①建入れ直し後、②本締め後、③溶接後、の計3回計測する。仮に②の計測後に許容値を超えていた場合は溶接作業に移行せず、本締めしたボルトを外してでも再調整する。

建入れ直し治具を用いない従来の方法を下図に示す。下げ振り、スケール、トランシットなどの測量機械、器具を用いるが、トランシットを使用する場合、XYの2方向から鉛直精度を確認しながら、タスキ掛けにしたワイヤーロープを使用して倒れを調整する。ターンバックル付き筋交いをもつ鉄骨構造物では、その筋交いを用いて建入れ直しを行うと、筋交いに設計以上の張力を与えてしまい、損傷するおそれがあるため行ってはならない。

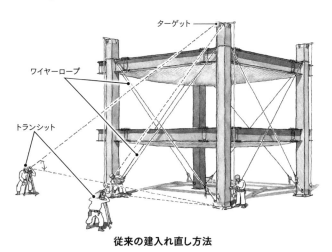

従来の建入れ直し方法

開先(かいさき)

溶接を行う母材間に設ける溝のこと。開先は、溶接作業が楽にでき、溶接欠陥ができにくく、しかも溶着量の少ない形状を選択する。開先を狭くすると、溶着量が少なくなり作業能率は上げられるが、極端に狭くなると溶接がしにくくなり、溶接欠陥が出やすくなる。広いと溶接は楽になるが、溶着量が増えるだけでなく、溶接欠陥ができる機会も増える上、溶接変形も大きくなる。溶接欠陥の発生率は、技術力に依存する面が強いため、溶接欠陥発生率と溶着量を考慮して開先形状を選ぶ。

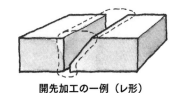

開先加工の一例(レ形)

溶接管理

1995年の阪神・淡路大震災では、鉄骨建築の溶接接合部の破断による被害が多くみられ、2000年に鉄骨造の継手に関する規定がされた(建設省告示1464号)。その中に溶接の継手に関する規定がされ、溶接材料の性能として溶接される鋼材の強度以上とすることが求められている。同じ溶接材料を使用してもパス間温度、入熱量および溶接速度などにより溶接金属の強度と靭性は異なってくる。そのため、使用する溶接材料に応じたパス間温度、入熱量を管理することは、溶接管理の中で重要な項目の1つである。

(1) パス間温度

継手溶接1回の操作のことをいう。パス間温度とは、多パス溶接において、ある溶接パスが終了して次のパスが始められる前の最低温度のことであり、1パス1層時のパス間温度を層間温度という。溶接中はパス間温度が指示温度以下になったのを確認してから、次の溶接を開始しなければならない。パス間温度の測定は、温度チョークや表面温度計などを用いて測定する。加熱途中の鉄骨部材に当てて、温度チョークが溶けた場合、指示温度以上であることが分かる。

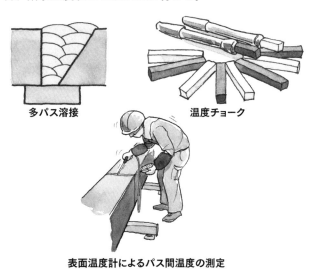

多パス溶接　　温度チョーク

表面温度計によるパス間温度の測定

(2) 入熱

溶接の際、外部から溶接部に与えられる熱量を示す。単位長さ当たりの電気エネルギー(J/cm)で表される。溶接前に要求された入熱から逆算された溶接条件(アーク電圧、溶接電流、溶接速度)を十分に確認してから、溶接を開始しなければならない。入熱・パス間温度を管理すれば、溶着金属強度は母材強度以上になると想定される。

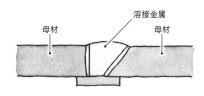

入熱・パス間温度管理の有無のイメージ

入熱・パス間温度管理	
有り	無し
溶着金属強度≧母材強度	溶着金属強度<母材強度

(3) 溶接資格

溶接工作全般については、その計画・管理・技術指導を行う専任の溶接技術者を置く必要があり、WES溶接技術者と鉄骨製作管理技術者の資格がある。アーク被覆溶接(手動溶接)、ガスシールドアーク半自動溶接、サブマージアーク溶接・エレクトロスラグ溶接・その他の自動溶接などに従事する溶接

技能者には、JIS溶接資格者、AW検定資格者、スタッド溶接資格者などの資格が求められる。

移動式クレーン

（1）ラフテレーンクレーン
ラフタークレーンとも呼ばれる。小回りに優れ、市街地の狭い現場で活躍する。伸縮性のブームを装備し、ブームとアウトリガーを格納するだけで一般道を自走できるため、多くの現場で使用されている。

ラフテレーンクレーン

（2）クローラークレーン
クローラー（覆帯）の接地面積が広いため、接地圧が小さい。道路を走ることができないので分割した各パーツを現場に搬入し組み立てる必要がある。一定期間クレーンを使用する場合に適している。

クローラークレーン

防水工事

アスファルト防水の重ねしろ
アスファルト防水でルーフィング類（防水シート）を重ねる際の幅は100mm程度とする。さらに、水上側が水下側の上に被るように張ることで、重ね部からの漏水を防ぐ。

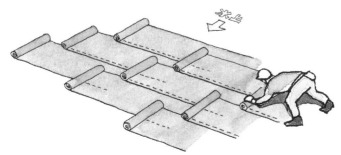

ルーフィング重ねしろ確保

脱気装置
アスファルト露出防水などにおいて、躯体と防水層の間に溜まった湿気を逃すための装置。

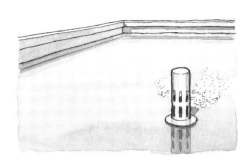

脱気装置

ステンレスシート防水工事
厚さ0.4mm程度のステンレスシートを溝形に加工し、折り曲げ部のハゼ部をシーム溶接で接合し、防水層を形成する。

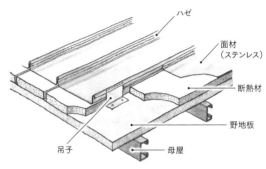

ステンレスシート防水の構成例

シーム溶接
円形の回転電極で加圧し、電極を回転させながら連続で通電を行い溶接する方法である。

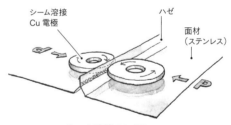

シーム溶接のしくみ

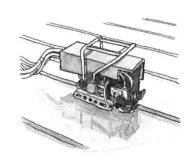

ステンレスシーム溶接状況

シーリング材と被着体（シーリングが接着する素材）の組合せ

シールが接着する面の材料により、材料を使い分けることが必要となる。

被着体の組合せとシーリング材の種類の例

被着体の組合せ			シーリング材の種類 記号	主成分による区分
金属	コンクリート		MS-2	変性シリコーン系
金属	ガラス		SR-1	シリコーン系
コンクリート	打継ぎ目地 ひび割れ誘発目地	仕上げなし	PS-2	ポリサルファイド系
コンクリート	打継ぎ目地 ひび割れ誘発目地	仕上げあり	PU-2	ポリウレタン系
タイル	タイル		PS-2	ポリサルファイド系

ワーキングジョイント

カーテンウォールのパネル間の目地のように、シーリング材の接着面の動きが予想される目地部のこと。シーリング材の損傷を防止するために、2面接着とする。

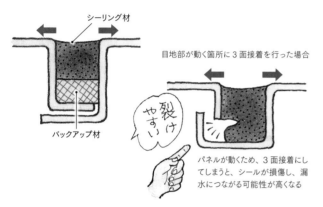

2面接着（ワーキングジョイント）

シーリング材同士の組合せ

シール材同士においても相性がある。先打ちとは先に施工されているシーリング材、後打ちとは先打ちの後に打つシーリング材を指す。

異種シーリング材の打継ぎの目安

		後打ち						
		シリコーン系 SR-2、SR-1（低モジュラス）	シリコーン系 SR-1（高モジュラス）	変性シリコーン系	ポリサルファイド系	アクリルウレタン系	ポリウレタン系	アクリル系
先打ち	シリコーン系 SR-2、SR-1（低モジュラス）	○	○	×	×	×	×	×
先打ち	シリコーン系 SR-1（高モジュラス）	※	○	×	×	×	×	×
先打ち	変性シリコーン系	※	※	△	※	※	※	※
先打ち	ポリサルファイド系	○	※	○	○	○	○	○
先打ち	アクリルウレタン系	○	※	○	○	○	○	※
先打ち	ポリウレタン系	○	※	○	○	○	○	※
先打ち	アクリル系	×	※	○	○	○	○	○

○：打ち継ぎ可能　△：カットして新しい面を出し、専用プライマーを使用すれば、打ち継ぐことができる
×：打ち継ぎ不可能　※：シーリング材製造所に確認が必要

ノンワーキングジョイント

コンクリートの打継ぎ部などの動きを想定していない目地部のこと。シーリング背面の躯体にひび割れが発生した際の漏水を防ぐため、3面接着とすることが望ましい。

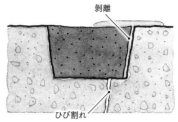

3面接着（ノンワーキングジョイント）

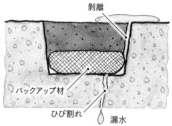

2面接着の場合、シーリングの一部が剥離し、かつ背面にひび割れが発生している場合、水が浸入する可能性が高い。

2面接着

固定金具（ディスク）

シート防水で、下地に釘状の金具で機械的に固定し、金具表面に防水シートの一部を溶融して固定するための金具。

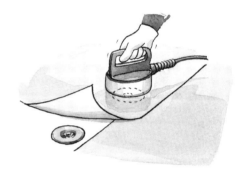

固定金具（ディスク）

補強布

塗膜防水が引っ張られた際に裂けないよう、強度を増すために施されるメッシュ状の布のこと。

補強布

カーテンウォール（CW）工事

無目

無目とは、段窓（縦2つに並べて配置された窓）で上下を仕切る部材のことで、カーテンウォールでは縦方向の部材を方立て（マリオン）というのに対して横方向の部材のことをいう。

PCパネルの建入れ調整手順

PCパネルは平面的にコーナーパネルから取り付け、その後パネルを1枚ずつ片押しで取り付ける。タワークレーンだけでは微調整ができないので、チェーンブロックを使い所定の位置に取り付ける。あらかじめ梁上または床スラブ上に出された目地の割付墨に従ってセットする。躯体側の1次ファスナーやボルトなどに出されたレベル墨を基準に、ファスナー間にライナーを入れてレベル調整を行う。いったん、ナットで仮締めをした後、建入れ検査を行い、ボルトおよびナットの本締め、もしくは本溶接を行い固定する。

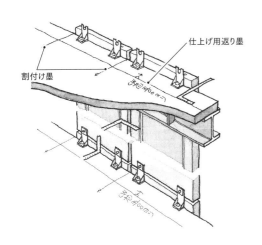

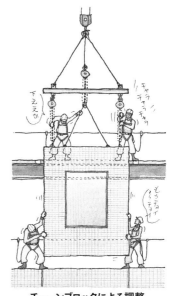

チェーンブロックによる調整

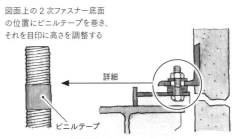

設置時の高さの合わせ方

ダブルスキン

外装に2枚のガラス面を設け、その間に外気を取り入れて換気する。夏は日射の熱を除去し、冬は断熱性能を向上させる効果がある。中間期は安定した自然換気ができる。

ダブルスキン

バックマリオン

バックマリオンとは、マリオン（方立て）の前面（室外側）にガラスやパネルが取り付けられる方式。ガラスの場合、外観が総ガラス張りに近いフラットな面に見える。SSG構法が代表的な例の1つ。マリオン（方立て）にスライド機構を設けたものもある。

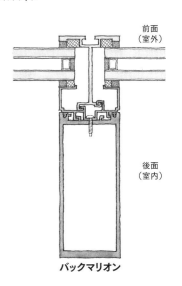

バックマリオン

カーテンウォールの特殊ガラス構法

(1) SSG (Structural Sealant Glazing) 構法

シリコーン系などの構造シーラントでガラスを支持部材に固定する構法。

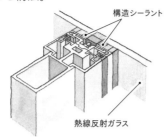

(2) DPG (Dot Point Glazing) 構法 (点支持孔あき強化ガラス構法)

強化ガラスの孔に取り付けた固定金物を介して取り付ける構法。

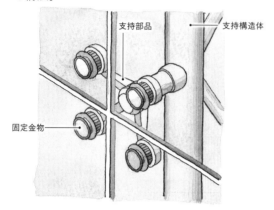

(3) MPG (Metal Point Glazing) 構法 (ピース押縁構法)

ガラス小口に挟み込んだ固定金物を介して取り付ける構法。

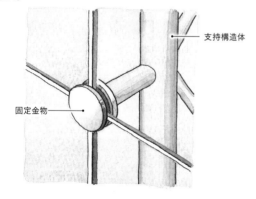

(4) ガラス方立構法

面ガラスと直交する方立てガラスを構造シーラントで接着し、支持する構法。

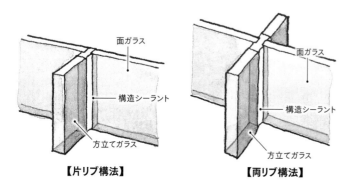

【片リブ構法】　【両リブ構法】

タイル工事

タイルの種類と吸水率による分類

区分	旧規格	吸水率	特徴	焼成温度
Ⅰ類	磁器質	3%以下	素地は透明性があり、緻密で硬く、打てば金属製の清音を発する。破砕面は貝殻状を呈する。	1250℃以上
Ⅱ類	せっ器質	10%以下	磁器のような透明性はないが、焼き締まって吸水性が小さい。	1200℃前後
Ⅲ類	陶器質	50%以下	素地は多孔質で吸水性が大きく、叩くと濁音を発する。	1000℃以上

主な外装タイルの大きさと目地幅

		実寸法 (mm)	標準目地幅 (mm)
小口平タイル		108 × 60	6〜10
二丁掛タイル		227 × 60	
三丁掛タイル		227 × 90	8〜12
四丁掛タイル		227 × 120	
50二丁タイル	モザイクタイル (ユニットタイル)	95 × 45	5
50角タイル		45 × 45	

成形方法による分類

乾式成形タイル	粉状の原料を高圧のプレス機で成形したもの。
湿式成形タイル	土練機で原料を混練し、押出成形したもの。

うわぐすりの有無による分類

施釉タイル	表面の美しさを出すと共に、水や汚れを防ぐため、素地に釉薬をかけて焼成したもの。
無釉タイル	釉薬をかけずに粘土自体の成分や顔料によって色合いを出したもの。

タイルの剥落防止工法

タイルや下地モルタルの浮きや剥落を防止するためにポリマーセメントモルタル、弾性接着剤、専用固定器具等を組み合わせて躯体に固定させる工法。各メーカーにより、仕様や施工方法が異なる。

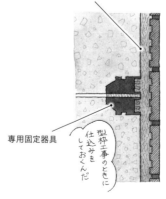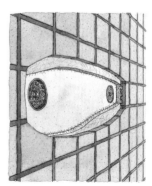

剥落防止工法の一例 (ループボンド・タフバインダー工法)

石工事

石材の種類による特徴と適用部位

石材の種類	特徴	壁 外部	壁 内部	床 外部	床 内部
花崗岩（火成岩）	いわゆる御影石と呼ばれるものである。地下深部のマグマが地殻内で冷却固結したもの。耐摩耗性、耐久性に優れ、磨くと光沢が出る。硬いため加工費がかさむこと、含有成分で錆が出ること、耐火性の点で劣るなどの欠点がある。	○	○	○	○
大理石（変成岩）	主に建物内部で用いられる代表的な装飾石材である。水中の様々な物質や生物の遺骸が沈殿・堆積してできる石灰岩が地中の熱の影響で変成し、再結晶した石材である。花崗岩に比べ軟らかく、加工しやすい。風化に対して劣り、耐酸性・耐火性に乏しい。	-	○	-	○
砂岩（堆積岩）	砂粒を珪酸質・酸化鉄・石灰質・粘土質などが水中に堆積し、膠結したものである。耐火性が強く、酸に強い。吸水性が大きく、耐摩耗性・対凍害性・耐久性に劣り、磨いても艶が出ない。また、汚れや苔がつきやすく、十分なメンテナンスが必要である。	○	○	-	○
石灰岩（堆積岩）	大部分が炭酸カルシウムからなり、炭酸石灰質の殻をもつ生物の化石や海水中の成分が沈殿した岩石である。一般に軟らかく、加工しやすいが強度は低い。耐水性、耐酸性に乏しく、凍害を受けることがある。	-	○	-	○

○：適用可　-：適用不可

建具工事　ガラス工事

木製建具

木製建具の種類は、大きく分けて框戸とフラッシュ戸の2つがある。框戸は戸の周囲に「かまち」と呼ばれる材料を回して、中に板材を挟み込むような構造になっている。重厚なイメージを受けるが、スリットを入れたり材料を選んだりすることで大きく印象が変わる。一般にフラッシュ戸より高価である。フラッシュ戸は框と桟と呼ばれる材料で骨組をつくり、表面に板材や合板を張り付ける構造である。骨組と仕上げ材が分かれているので、デザインの自由度が高い。

框戸

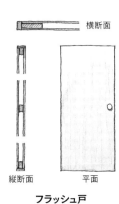
フラッシュ戸

丁番

開き戸や開き蓋などの開閉軸に用いる金物で、「蝶番」とも書き「ちょうばん」、もしくは「ちょうつがい」と読まれている。一般には、1本の軸を中心に左右に開く平丁番を指す。

様々な形状の丁番

シャッター

シャッターは使用目的によって、大きく2つに分けられる。

重量シャッター：外部の開口部において用いられ、建物外周部の延焼防止や防犯を目的として使用されている。内部での使用においても、防火区画用途として、延焼防止の目的で使用される。

軽量シャッター：住宅・店舗・倉庫などの比較的小さな開口部に用いられる。

シャッターは、上部にスラットを巻き取るためのボックスが設置され、ボックス内には巻き取るための駆動装置が設置される。施工の際は、シャッターボックスの重量を考慮したシャッター用の下地を事前に鉄骨で組む計画が必要となる。

引戸

溝やレールに沿って左右に動かし開閉する方式の戸の総称。片方に引く片引戸、両方に引き分ける両引戸、壁体に引き込む引込戸、2本の溝やレールにより重ね合う動きが出る引違い戸などがある。木製のほかアルミサッシや鋼製もある。ドアより密閉度は低いが近年は遮音性・気密性に優れた引戸も生産されるようになった。

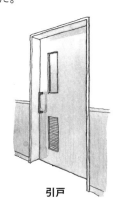
引戸

建具の性能評価方法

建具の性能評価方法について、JIS A 4706・JIS A 4702で、耐風圧性・気密性・水密性・遮音性・断熱性・開閉力の等級と対応値による試験方法、判定基準などを定めている。水密性は、建具前面に4L/min・㎡の水を噴射しながら、所定の圧力差を10分間保持して、室内側に漏水がない場合にその圧力差の値を表す。この漏水には飛沫が室内側に出ることも含んでいて、漏水のある場合は5分くらいで判断できることが多い。噴射水量の4ℓは、豪雨時の壁面の雨量を想定したものである。

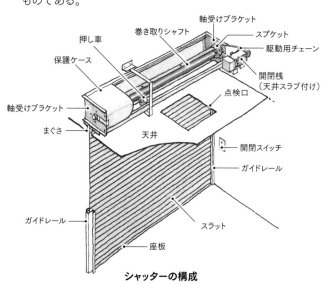
シャッターの構成

ガラスの製造工程

(1) 板ガラスの製造工程

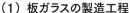
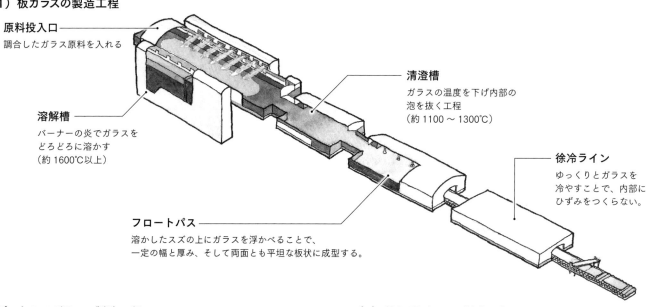

- 原料投入口：調合したガラス原料を入れる
- 溶解槽：バーナーの炎でガラスをどろどろに溶かす（約1600℃以上）
- 清澄槽：ガラスの温度を下げ内部の泡を抜く工程（約1100〜1300℃）
- フロートバス：溶かしたスズの上にガラスを浮かべることで、一定の幅と厚み、そして両面とも平坦な板状に成型する。
- 徐冷ライン：ゆっくりとガラスを冷やすことで、内部にひずみをつくらない。

(2) 合わせガラスの製造工程

2枚のガラスの間に、接着力の強い樹脂膜を挟み、オートクレーブ窯に入れ、高温高圧下で圧着し製品化する。着色された中間膜を使用することで乳白色など色付きの合わせガラスも製造可能である。

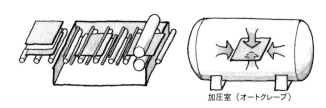
加圧室（オートクレーブ）

(3) 熱処理ガラスの製造工程

板ガラスを強化炉に入れ、ガラスの軟化温度近くの650〜700℃まで加熱し、ガラス両面に空気を一様に吹き付けて急冷することで、ガラス表面に圧縮応力層を形成する。その冷却法を調整することで倍強度ガラス、強化ガラス、耐熱強化ガラスと用途に応じた強度のガラスを製造する。

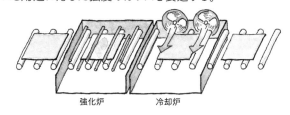
強化炉　冷却炉

ガラスの取付け方法

（1）ジッパーガスケットによる取付け

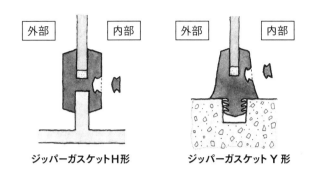

ジッパーガスケットH形　　ジッパーガスケットY形

（2）グレイジングチャンネル、グレイジングビートによる取付け

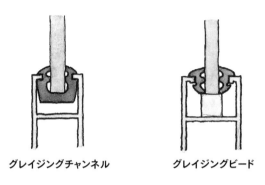

グレイジングチャンネル　　グレイジングビード

DPG（ドットポイントグレイジング）構法：点支持孔あき強化ガラス構法

ガラスにあけた点支持用の孔に支持金物を取り付け、支持構造と連続することで、透明の大きなガラス面を構成することができる。

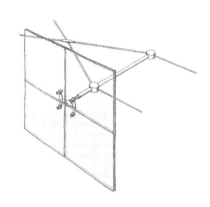

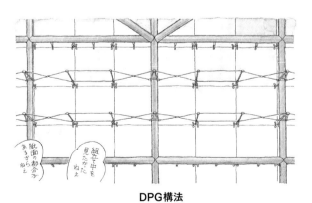

DPG構法

塗装工事

素地
いずれの塗装工程による行為も行われていない面をいう。下地に下塗り材がなじむように、けれん錆落としや清掃をすることを素地調整という。

ふっ素樹脂塗料
きわめて耐候性の高い塗料。建築用塗料として最も高いグレードとなり、高価格である。耐久性に優れ、塗装後のツヤ、光沢感に特徴がある。

亜鉛めっき鋼材上の塗装
溶融亜鉛めっき上の塗装で重要な点は、付着性向上のために用いるプライマー、エッチングプライマー（ウォッシュプライマー）を用いることである。鋼材の亜鉛めっき上に塗装する場合は必須の工程である。

研磨
素地をつくるために、下地面を研磨材料で研ぐ作業のこと。

パテかい
下地面のくぼみ、隙間、目違い部分などにパテをつけて平らにする作業のこと。

耐火塗料
通常の耐火被覆と違い、塗料が耐火被覆材となる材料で、火災時に発泡して断熱層を形成し、熱の影響で鉄骨が溶解し、建物が倒壊することを防ぐ塗料である。

光触媒塗料
紫外線によって塗膜表面に付着する汚れ（有機化合物）を分解し、浮き上がらせてしまうメカニズムをもち、親水化された塗膜は雨が降ることによって、その汚れの下に水が入り込み汚れを洗い流すことができる。

ホルムアルデヒド等級
ホルムアルデヒドは化学物質の1つで、家具や建築資材、壁紙を張るための接着剤、塗料などに含まれている。各種建築材料は、そのホルムアルデヒドの濃度の放射速度によって使用量が制限されている。その放射速度を等級別に表し、F☆～F☆☆☆☆の表示で表す。☆が多いほど、人体への影響が少ない。

シックハウス症候群
内装材料に使用された建材中の化学物質が室内空気を汚染し、目がちかちかしたり、頭痛、身体に痛みや湿疹などを発症する現象のこと。

SDS（安全データシート）

化学製品（化学物質を使った製品）の性質を正しく理解し、安全に使用するために、化学製品に含まれる物質、人や環境へ与える影響、取り扱い上の注意などを記載した『化学製品の取り扱い説明書』のことである。

各種塗装仕様と略号

塗装仕様	略号
合成樹脂調合ペイント塗り	SOP
クリヤラッカー塗り	CL
アクリル樹脂系非水分散形塗料塗り	NAD
耐候性塗料塗り	DP
つや有合成樹脂エマルションペイント塗り	EP-G
合成樹脂エマルションペイント塗り	EP
合成樹脂エマルション模様塗料塗り	EP-T
ウレタン樹脂ワニス塗り	UC
ラッカーエナメル塗り	LE
オイルステイン塗り	OS
木材保護塗料塗り	WP

一液型変性エポキシ樹脂錆止めペイント（JPMS 28）

亜鉛めっき鋼板などの金属部分の塗装が主な用途。鉛フリータイプによる代替規格。

チョーキング

太陽光や熱、雨によって建物の外装仕上げが劣化し、白色の粉体が表面に浮き出る現象。チョーキング現象を放置すると外壁にひびが入ったり、カビが生じたりすることがある。

軽量鉄骨下地工事・内装工事・ALC工事

軽量鉄骨天井下地の構成

①天井インサート
コンクリート打込みの際にあらかじめ埋め込むメスネジ付きの打込み金物。

②吊りボルト
天井を吊るための長いボルト。

③ハンガー
野縁受けを引っ掛けて固定する金物。

④野縁受け
野縁を取り付ける細長い材料。吊りボルトにハンガーを取り付け、保持する。

⑤クリップ
野縁を野縁受けに引っ掛けて固定する金物。

⑥野縁
天井板を張るための下地の骨組となる細長い角材。

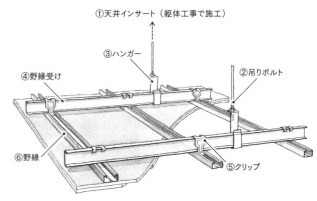

天井下地の構成

軽量鉄骨壁下地の構成

①ランナー
スタッドの位置を固定するためのスラブ面と床面に設けるコの字型の金物。床に示された墨の位置に合わせて低速式鋲打ち銃による打込みピンで固定する。

②スタッド
間柱。ボードを張る際のビスの下地となる。

③振れ止め
スタッドの傾きや振れを防止する材料。高さ方向で約1200mm間隔に取り付ける。

④開口補強材
出入口等の開口部両側と上部に取り付ける。開口部は扉等が設置され、使用時に開け閉めによる衝撃が加わるため、スタッドより強固なC形鋼が用いられる。

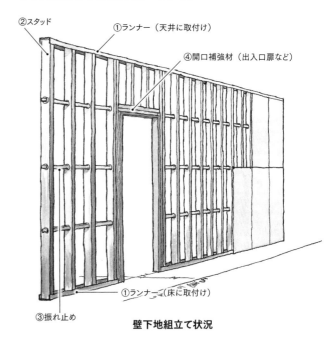

壁下地組立て状況

ボードの種類

①せっこうボード（プラスターボード）
焼せっこうを主原料とし、板状にしたものを特殊な紙で包んだもの。安価で比較的丈夫な材料で、壁面や天井面をつくる際に広く使用される。下地にビスで固定する。用途に応じ耐火性能、耐震性能、耐水性能などを高めたもの、繊維を混入して曲げ性能を高めて曲面で施工できるものなどもある。表面に模様が施してあり、そのまま仕上げに使用できるもの（化

粧せっこうボード）もある。

②珪酸カルシウム板

珪酸質系の原料を主原料として板状にしたもの。不燃材である。せっこうボードと比較して収縮や反りが少なく、湿気に強い。主に水回り、火を使用する場所で使用される。

③岩綿吸音板

ロックウール（人造鉱物繊維）を主原料として板状にしたもの。不燃材で吸音性に優れている。オフィスや商業施設等の天井に使用される。凹凸のパターンが豊富にあり意匠性に優れている。せっこうボードの上に接着剤で張り付け、天井を仕上げる。

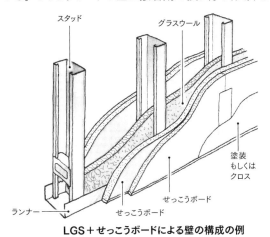

LGS＋せっこうボードによる壁の構成の例

壁・天井仕上げの種類

ビニルクロス張り

ポリ塩化ビニル樹脂などをシート状にし、紙で裏打ちしたもの。比較的安価で施工性も良い。表面に型押しやプリント加工がされており、意匠性も高く壁仕上げ材の主流となっている。壁や天井面に接着剤を使用して張り付ける。

ビニルクロス下地処理

せっこうボードの壁や天井面にビニルクロスを張る際に、ボードの継ぎ目あとをパテしごきにより平滑にする。

①ボード継ぎ目

継ぎ目の溝に下地調整パテ（ジョイントコンパウンド）を埋め込み、ジョイントテープを張る。さらにその上にパテを中塗り、上塗りして平滑に仕上げる。

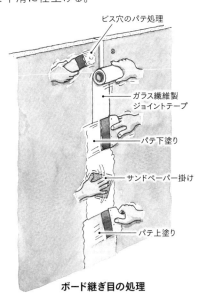

ボード継ぎ目の処理

②コーナー部

ボードのコーナージョイント部に樹脂製のコーナー材料を取り付け、その上からパテをしごき（下塗り・上塗りして）平滑に仕上げる。

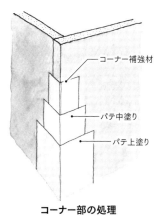

コーナー部の処理

③天井と壁の取合い

主に樹脂製の見切縁を取り付けてその上からパテを施し、入隅のボード小口を処理する。

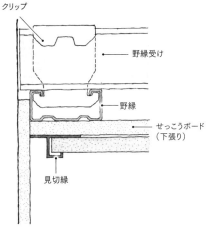

天井・壁取合入隅の処理

床仕上げの種類

①タイルカーペット
カーペットの裏面を滑り止めのゴムでコーティングし、500mm×500mmの大きさのタイル状にカットした床敷材料である。厚さは通常のグレードのもので7mm程度。ロール状になった大判のものと比較して運搬や施工がしやすく、部分的な取替えも容易である。また色の組合せにより意匠性も高めることができる。

②ビニル床シート
塩化ビニル樹脂を原材料とした内装用の厚さ2〜3mm程度のシート状の床仕上げ材である。一般には幅1820mmのロール状になっており長尺塩ビシートとも呼ばれる。クッション性・防滑性などの機能をもたせたものもある。

③ビニル床タイル
塩化ビニル樹脂を原材料とした正方形に成形された床仕上げ材である。300mm×300mm程度の大きさが一般的であり、運搬がしやすく部分的な取替えが容易である。

④フローリング板
木質系の床材。構成層が1つのものを単層フローリング、表面に化粧材を貼り付けたものを複合フローリングという。体育館等の公共施設、住宅などで広く使用される。

ALC
（高温高圧蒸気養生された軽量気泡コンクリート：Autoclaved Lightweight aerated Concrete）の略。板状に成型されたものをALCパネルと呼ぶ。軽量で不燃材料である。断熱性、遮音性に優れている。間仕切り壁の場合はパネル上下を専用の金物で固定する。建築物の層間変位に追従する取付け方法となっている。

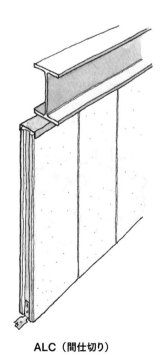

ALC（間仕切り）

維持・保全・改修工事

定期報告制度
近年、多数の死者が出る火災事故が発生している。これらの事故において、被害が拡大した原因の1つとして、建築物が適法な状態で管理されていなかったことがあげられている。こうした事態をふまえて、建築基準法を改定し、2016年6月1日から、新たな制度が施行されている。

【建築基準法における定期報告制度】
建築基準法第12条においては、①建築物、②建築設備（給排水設備、換気設備、排煙設備、非常用の照明設備）、③昇降機など、④防火設備について、経年劣化などの状況を定期的に点検する制度が設けられている。具体的には、一定の条件を満たす建築物の所有者・管理者の義務として、（1）専門技術を有する資格者に建築物の調査・検査をさせ、（2）その結果を特定行政庁（建築主事を置いている地方公共団体の長のこと）へ報告することを定めている。

あと施工アンカー
増設された耐震壁やブレースは、既存躯体と一体化していることで適切に力を伝達する。あと施工アンカーを既存躯体に定着させることで新設部材と既存躯体とを連結する。あと施工アンカーには、大別して金属系と接着系があり、既存躯体との定着には所定の埋込み深さが必要である。

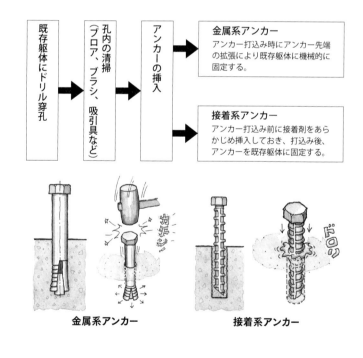

金属系アンカー　　接着系アンカー

スパイラル筋（割裂補強筋）

新設鉄骨を既存躯体と一体化させるには、既存躯体に設置したあと施工アンカーと鉄骨に設置したスタッドを交互に縫うように、スパイラル筋を設けて割裂補強する。最後に、この連結部は無収縮セメントモルタルで充填する。

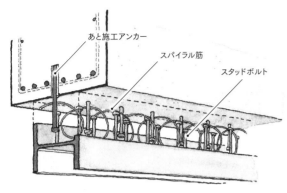

スパイラル筋

接着工法

鉄骨フレームやシアコネクター付き鉄板をエポキシ樹脂により接着して一体化する工法。一般的に用いられる、あと施工アンカーによる工法と比べ騒音を抑えられるため、居ながらの施工に適している。

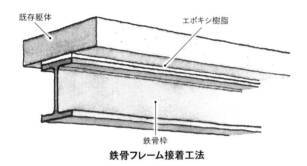

鉄骨フレーム接着工法

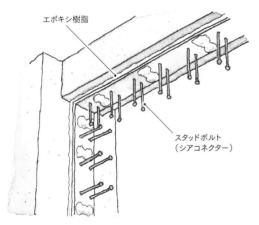

シアコネクター付き鉄板

耐震改修促進法

1995年の阪神・淡路大震災の被害状況を受け、建築物の耐震化を進めることを目的として同年に制定された法律。2013年までに2回改定され、旧耐震基準で建てられた建築物の所有者に耐震性の確認（耐震診断）や耐震改修を努力義務として規定している。さらに不特定多数が利用する大規模施設や避難弱者が利用する建築物などに対しては耐震診断の義務化とその結果の公表を行うと共に、改修計画認定の緩和や容積率、建ぺい率の特例などを定めている。

解体工事

産業廃棄物とその処理

建築工事に伴って工事現場から出る産業廃棄物は、排出事業者（ゼネコン）が適正に処理し、その責任を負う。ゼネコンが、その処理を協力業者に委託するときには、マニフェストの管理を徹底して、不法投棄などの不正な処理を防止しなければならない。上記の中で、「爆発性、毒性、感染性など人の健康や環境に被害を及ぼすおそれがあるもの」は、特別管理産業廃棄物に指定されており、これらの処理・保管には特別の配慮が必要である。

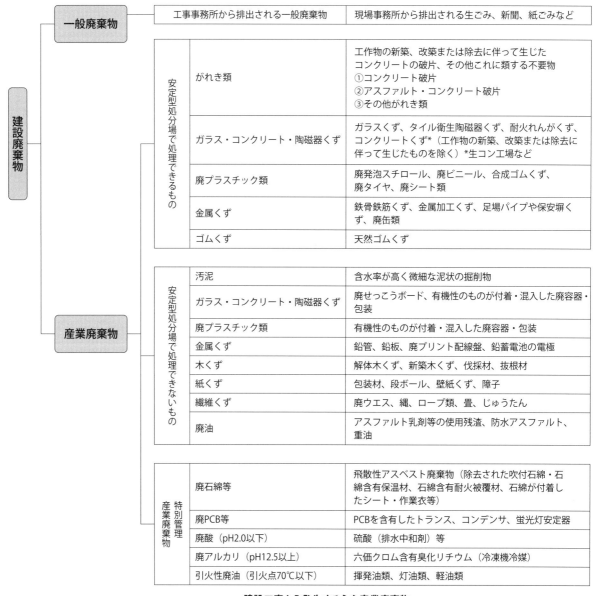

建設工事から発生する主な産業廃棄物

マニフェスト制度

マニフェスト制度には、紙マニフェストと、電子マニフェストがある。紙マニフェストでは、ゼネコンが産業廃棄物の処理を協力業者に委託するときに、マニフェスト（産業廃棄物管理票）と呼ばれる帳票を作成し、ゼネコンから収集運搬業者→中間処理業者→最終処分業者へと適正に廃棄物が受け渡されて最終処理されたことの証として、各業者が署名・捺印したマニュフェスト帳票がゼネコンに返送される。これらの帳票の受渡しを電子媒体で行うものが電子マニフェストであり、建設業界では発行される電子マニフェストの普及率の目標を50%としている（2016年度目標）。

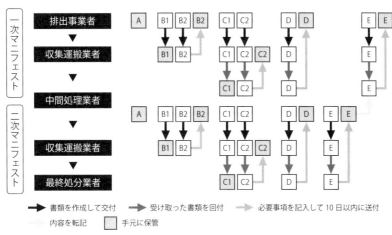

マニフェスト7枚綴り

A票	排出業者の保存用
B1票	運搬業者の控え
B2票	運搬業者から排出事業者に返送され、運搬終了を確認
C1票	処分業者の保存用
C2票	処分業者から運送業者に返送され、処分終了を確認（運搬業者の保存用）
D票	処分業者から排出事業者に返送され、処分終了を確認
E票	処分業者から排出事業者に返送され、最終処分終了を確認

マニフェスト制度

特殊な解体工法

（1）ウォータージェット工法
超高水圧の水噴流により躯体を切断する工法。研磨剤を混合して使用すれば、コンクリートだけでなく、鉄筋や鉄骨も同時に切断することができる。騒音が大きい。

（2）三角壁倒し
左右対称系の転倒工法ではなく、柱1本の根回し（根元部分の解体）と梁1本の圧砕による縁切を行い、重機により引き込む（ねじり込む）工法。

ウォータージェット工法

三角壁倒し

イラストレーターのプロフィール

川﨑 一雄（かわさき かずお）

1946年　広島県尾道に生まれる
1965年　広島県三原工業高等学校 建築科卒業
　　　　竹中工務店、本城アトリエを経て
1981年　川﨑パース工房を設立、現在に至る
　　　　一級建築士
　　　　建築・施工の現場など実際の姿に裏付けされた
　　　　精密なパース、ユーモアのある楽しいイラスト
　　　　には定評がある

イラストを終えて

　私は、一般的な建築パースの制作を生業としていますが、一時期建設会社に在籍した経緯から、施工関係のパースやイラストも描いてきました。

　6年前になりますか、彰国社さんより本書の話がありました。きっかけは私のかかわった『イラスト「建築施工」』（一般社団法人 日本建設業連合会 関西委員会編集・発行）が目に留まったことによります。幸いなことでしたが、漠然とした依頼申し出には知識不足や2番煎じでもあり、返答に苦慮しながら結局はお断りしました。一介のパース屋が一人でできる訳もなく、なにより、最新施工技術の内容把握に自信が持てなかったからです。ところが3年後にタッグを組もうとおっしゃる先生方が現れ、引っ込み思案の私も腰を上げることになりました。さらに間を置かず日本建設業連合会のゼネコン8社の参画が決まり、リーダーが旧知の木谷さんだと聞いて、もう後戻りできず、腹をくくって本づくりに臨むことになりました。

　そうなると、チームのご指導よろしくプロジェクトは一気に進むことになります。とはいえ800点を超すイラストの量は半端でなく、当初の完成目標を1年以上オーバーしてしまいました。

　施工イラストの制作で心がけることは、分かりやすく、精度良く、整合性を持たせた上で情報量を多く表現することです。その上で大事に思うのは、臨場感やストーリー性です。一方、説明要素が複雑な場合、印象の変わらない範囲でディフォルメや省略することもあります。

　今回のイラスト制作は、施工の流れの中で若手現場マンのイラストも数多く登場することから、かつての落ちこぼれの現場員であった自分に向かって描いているようでもありました。それだけにイラストへの愛着は深く、純粋に技術的な内容でありながらマンガ要素も加え、人間味や、ユーモアまで引っ張り入れ、面白く見ていただくことに努力しました。それが建築施工への興味と理解に通じれば、と願ってやみません。

　終わってみれば没頭の2年余り、その間、できなかった個人的ものごとを数え、初めて長丁場を実感するという、あっという間の出来事でした。なにより人生終盤、良くも悪くも経験が活き、趣味まで兼ねた素晴らしい仕事に巡り会えたのは、個人的には冥利につきる幸せなことでした。

　この種の仕事を手がけるにあたり私が強く影響を受けたものに、彰国社の雑誌『建築の技術 施工』に連載され、のちに書籍化された『図説建築施工入門』（久冨洋・国富英治著）、『施工計画資料集成』（稲垣秀雄著）があります。また、古い建造物の仕組みや図解については巨匠・穂積和夫氏のイラストがあり、方々に厚い敬意を表します。さらに、漫画家の故・手塚治虫氏のファンであったことも付け加えます。

　最後に、強力に推進していただいた木谷さんをはじめとする日建連ゼネコンワーキンググループの皆さん、特別委員であるものつくり大学の三原先生、鹿島建設の大湾さんの温かいご指導、さらに編集部大塚さんの熱意と辛抱に心より感謝申し上げます。加えて、昔日過ごした竹中工務店での13年間の思い出は、この仕事に対し、かけがえのない財産でした。

2017年9月

川﨑一雄

おわりに

　大学を主とする教育機関では、明治時代に英国人のジョサイア・コンドルが行ってきた設計主体の建築教育が今でも継承されており、設計主体の教育を行う場合、建設現場の実施工の方法と内容が反映されていないことがあります。

　日本では、古くから大工棟梁が図面を描き、弟子や各職種の職人たちに指図をすることによって現場を運営してきました。大工棟梁が率いる、臨時に構成した組織が一体となってひとつの建築物をつくり込むから「設計」と「施工」が上手に関係性を保ちながら工事が進行していく、また「設計者」と「施工者」が一体だから、どちらかに問題が出たとしてもすぐに解決できる……、現代におけるゼネコンのデザイン＆ビルド（設計施工）は、日本の伝統的な生産方法の良いところをしっかりと引き継ぎ、今日に至ります。教育機関での授業も同様に「設計」と「施工」の強い関係を保つことが重要でありますが、現在、これを考慮した授業を展開している教育機関は多くありません。

　大学や専門学校といった教育機関における、建築物の企画から維持保全までを取りまとめた科目には、「建築生産」や「建築生産システム」などがあります。教育機関では、各専門分野に対応した教科書やテキストが授業に使用されています。各専門分野の内容を適切に分かりやすく理解できるように工夫した教科書やテキストが多数販売されている中で、「建築施工」や「建築生産」に限っては、図や写真よりも文字が多く、若者たちにとって難解なものが多い状況でした。そこで、建築の仕事を志す者や、初学者およびゼネコン・サブコン・設計事務所の技術者や設計者および一般社員が、ひと目で設計と各施工の方法と内容の関係を理解することができる画期的な建築生産の教科書はないかと考えて、本書を企画することとなりました。一般社団法人日本建設業連合会（以下、日建連）建築生産委員会施工部会とものつくり大学建設学科建築生産研究室は、2015年5月1日に本書執筆と並行して、日建連建築本部所属会社55社に対して、本書作成にあたってのアンケート調査を実施し、この結果に基づき新しいタイプの建築生産の教科書を執筆するための共通認識を図り、2017年9月までの約2年半という執筆期間を経て、完成するに至りました。

　本書は、これまでの教科書とは異なり、ゼネコンの施工管理技術者の仕事と型枠・鉄筋・鉄骨・鳶・左官・設備などのサブコン技能労働者の仕事方法と内容を、イラスト中心に分かりやすい表現を用いて構成しました。そういった生の建設現場での仕事をリアルに伝えるために、日建連施工部会の部会長をはじめとする精鋭WGの皆様方とイラストレーターの川﨑さんと共につくり上げることができました。さらには、執筆過程において、多数の関係資料を参考にさせていただきました。深謝いたします。

　最後に、本書は、建築施工の内容に留まらず、建築物の企画段階から設計と施工および維持保全・解体までの関係を、ひとつのビルディングをモデルにして建築生産を概観できるものにしており、初学者やゼネコンの施工管理技術者・サブコンの上級技能労働者および設計者の、建築を愛する者にとって必須の入門書として活用していただければ幸いです。

2017年9月吉日

ものつくり大学技能工芸学部建設学科

教授　三原 斉

本書の制作にあたって、多くの文献・資料を参考にさせていただきました。ここに改めて謝辞を申し上げます。

出典一覧

建設業振興基金『登録基幹技能者共通テキスト』2013年（建築生産のしくみ：登録基幹技能者、18〜19頁）
建設業労働災害防止協会（平成27年度）建設業労働災害防止対策実施事項「安全施工サイクル運動」実施要項より作成（建築生産のしくみ：安全施工サイクル例、22頁）
日本建築士会連合会編『監理技術者講習テキスト』2015年（型枠工事：トピック　特定支柱を用いた型枠支保工の早期解体工法、60頁）
日本建築学会『建築工事標準仕様書・同解説 JASS 5　鉄筋コンクリート工事』2015年（コンクリート工事：フレッシュコンクリートの練混ぜから打込み終了までの時間の限度の規定、67頁）
日本建築学会『建築工事標準仕様書・同解説 JASS 5　鉄筋コンクリート工事』2015年（コンクリート工事：湿潤養生の期間、70頁）
国土交通省大臣官房官庁営繕部監修『公共建築工事標準仕様書 建築工事編 平成28年版』公共建築協会より作成（鉄骨工事：仮ボルト文章、79頁）
日本建築学会『建築工事標準仕様書・同解説　JASS 6　鉄骨工事』2015年より作成（鉄骨工事：仮ボルト文章、79頁）
日本建築士会連合会編『監理技術者講習テキスト』「第8章　耐震構造・免震構造・制震構造」2015年より作成（column：上部文章、82〜83頁）
日本建設業連合会 関西委員会編『イラスト「建築施工」改訂版』2014年より作成（column、82〜83頁）
太田外氣晴・座間信作『巨大地震と大規模構造物 -長周期地震動による被害と対策-』2005年、共立出版（column：地震波の周期範囲と構造物の固有周期、82頁）
戸田建設『施工マニュアル　張り石工事』（石工事：石材の種類と表面仕上げ、92頁）
日本建築学会『建築工事標準仕様書・同解説 JASS15　左官工事』2007年より一部抜粋（左官工事：現場調合セメントモルタルの標準調合、94頁）
国土交通省大臣官房官庁営繕部監修『建築工事監理指針　下巻』公共建築協会、2016年（塗装工事：塗装の種類による適用素地、107頁）
日本建設業連合会 関西委員会編『建築屋さんのための設備入門』2014年より抜粋（電気設備工事：通信・情報設備の種類、117頁）
竹中工務店『建物維持保全の手引』（修理・修繕・更新：経過年数に基づく建物機能レベルイメージ、145頁）
日本建築士会連合会編『監理技術者講習テキスト』2015年（改修工事：トピック コンバージョン文章、149頁）
地盤工学会『2009 地盤材料の工学的分類法』（巻末 準備工事：土の分類、165頁）
竹中工務店『根切り・山留め工事に関する設計・施工指針』（巻末 土工事：掘削土の単位体積重量の目安、171頁）
日本建築学会『建築工事標準仕様書・同解説　JASS5　鉄筋コンクリート工事』2015年（巻末 鉄筋工事：異形鉄筋の重ね継手の長さ、異形鉄筋の定着長さ、最小かぶり厚さ、設計かぶり厚さ、174〜176頁）
鹿島建設『建築施工ハンドブック6　鉄骨工事』（巻末　鉄骨工事：入熱・パス間温度管理、180頁）
国土交通省大臣官房官庁営繕部監修『公共建築工事標準仕様書 建築工事編 平成25年版』公共建築協会（巻末 防水工事：被着体の組合せとシーリング材の種類の例、182頁）
日本建築学会『建築工事標準仕様書・同解説　JASS8　防水工事』2014年（巻末 防水工事：異種シーリング材の打継ぎの目安、182頁）
竹中工務店資料（巻末 カーテンウォール工事：カーテンウォールの特殊ガラス構法、184頁）
戸田建設『施工マニュアル　タイル工事』（巻末 タイル工事：タイルの種類と吸水率による分類、主な外装タイルの大きさと目地幅、成形方法による分類、184頁）
JIS A 5209 2010（巻末 タイル工事：タイルの種類と吸水率による分類、主な外装タイルの大きさと目地幅、成形方法による分類、184頁）
日本建築学会『建築工事標準仕様書・同解説 JASS19　磁器質タイル張り工事』2012年（巻末 タイル工事：うわぐすりの有無による分類、184頁）
国土交通省大臣官房官庁営繕部監修『建築工事監理指針』公共建築協会、2016年（巻末 石工事：石材の種類による特徴と適用部位、185頁）
日本建築学会『建築工事標準仕様書・同解説 JASS 9　張り石工事』2015年（巻末 石工事：石材の種類による特徴と適用部位、185頁）
国土交通省大臣官房官庁営繕部監修『公共建築工事標準仕様書 建築工事編 平成28年版』公共建築協会（巻末 塗装工事：各種塗装仕様と略号、188頁）
東京建設業協会『建設副産物管理マニュアル　改訂版』井上書院、2011年（巻末 解体工事：建設工事から発生する主な産業廃棄物、192頁）
全国産業廃棄物連合会（巻末 解体工事：建設工事から発生する主な産業廃棄物、マニフェスト制度、マニフェスト7枚綴り、192〜193頁）

写真提供者

日本板硝子（ガラス工事：写真）
山田商店（ガラス工事：写真）

参考文献（順不同）

日本建設業連合会 関西委員会編『イラスト「建築施工」改訂版』2014年
日本建築士会連合会編『監理技術者講習テキスト』2015年
国土交通省大臣官房官庁営繕部監修『公共建築工事標準仕様書 建築工事編 平成28年版』公共建築協会
国土交通省大臣官房官庁営繕部監修『建築工事監理指針』公共建築協会
JIS Z 3001
日本建築学会『建築工事標準仕様書・同解説　JASS2　仮設工事』2006年
日本建築学会『建築工事標準仕様書・同解説 JASS 4　杭・地業および基礎工事』2009年
日本建築学会『建築工事標準仕様書・同解説　JASS 6　鉄骨工事』2015年
日本建築学会『建築工事標準仕様書・同解説 JASS 8　防水工事』2014年

日本建築学会『建築工事標準仕様書・同解説 JASS 9　張り石工事』2015年
日本建築学会『建築工事標準仕様書・同解説 JASS15　左官工事』2008年
日本建築学会『建築工事標準仕様書・同解説 JASS17 ガラス工事』2004年
日本建築学会『建築工事標準仕様書・同解説 JASS19　磁気質タイル張り工事』2012年
日本建築学会『建築工事標準仕様書・同解説 JASS24　断熱工事』2013年
日本建築学会『建築工事標準仕様書・同解説 JASS26　内装工事』2006年
『建築大辞典 第2版』彰国社、1998年
『広辞苑　第6版』岩波書店、2008年
建設業振興基金『登録基幹技能者共通テキスト』2013年
地域開発研究所 建築施工管理技術研究会『建築施工管理用語集』2001年
地域開発研究所 土木施工管理技術研究会『土木施工管理技士のための土木用語集』2000年
井上書院建築慣用語研究会『建築カタカナ語略語辞典　増補改訂版』2001年
総合資格『平成28年版　建築関係法令集　法令編』2015年
三原斉・土田裕康『2級建築施工管理技士［実地］出題順合格できる記述添削と要点解説』彰国社
三原斉編『1級建築施工管理技士［学科］ジャンル別暗記ポイントと確認問題』彰国社
日本造園組合連合会『造園施工必携［改訂新版］』2011年
地盤工学会『地盤工学・実務シリーズ30　土の締固め』地盤工学会（丸善）、2012年
ものづくりの原点を考える会『建築携帯ブック　現場管理　改訂2版』井上書院、2015年
石井雄輔、江口清『現場技術者に教える「施工」の本〈躯体編〉』建築技術、2006年
大久保孝亜昭ほか『シリーズ建築施工　図解型枠工事』東洋書店、2003年
大成建設『2011建築施工技術基準7　コンクリート工事』2011年
日本建築学会『鉄筋コンクリート造建築物の収縮ひび割れ制御設計・施工指針（案）・同解説』2006年
日本建築学会『建築工事標準仕様書・同解説 JASS 5　鉄筋コンクリート工事』2015年
日本建築学会『建築工事標準仕様書・同解説 JASS 6　鉄骨工事』2015年
鹿島建設『建築施工ハンドブック6　鉄骨工事』
仮設工業会『墜落防止設備等に関する技術基準』
総合資格『1級建築士講座テキスト　施工』
日本化成カタログ
太平洋マテリアル パンフレット
施工管理者養成委員会『新現場マンのための施工管理者養成講座』彰国社
日本サッシ協会「窓の性能とJIS基準について」
公共建築協会『わかりやすい建築工事7　塗装工事』大成出版社
大成建設『2011建設施工技術基準28　屋外工事』
鹿島建設『建築施工ハンドブック21-1　PCカーテンウォール工事』
井上宇市監修『建築設備』市ヶ谷出版社、1996年
日本建設業連合会 関西委員会編『建築屋さんのための設備入門』2014年
逸見義男・鈴木康夫・塚本正己監修／建築施工管理研究会著『建築施工管理のチェックポイント』彰国社、2007年
大阪建設業協会『知っておきたい解体工事』2016年
川口健一監修『建築のすべてがわかる本』ナツメ社、2010年
青山良穂・武田雄二『建築施工』学芸出版社、2004
稲垣秀雄『絵で見る建築工事のポイント』彰国社、1991年
彰国社編『施工計画ガイドブック』彰国社、1985年
久冨洋・国富英治『図説 建築施工入門』彰国社、1971年
建築図解事典編集委員会編『図解事典 建築のしくみ』彰国社、2001年
大屋準三・清水孝・中村敏昭『イラストでみる建築工事の墨出しマニュアル』彰国社、2004年
森村武雄監修『建築設備工事の進め方』市ヶ谷出版、1982年
大阪建設業協会『若手技術者のための知っておきたい仮設計画』2012年
日本建築士会連合会『監理技術者講習テキスト』2015年
多湖弘明『鳶』洋泉社、2014年
工藤政志『東京スカイツリー』角川書店、2012年
江口満『キリハラ 施工要領書』2014年
大浜庄司『絵で学ぶビルメンテナンス入門』オーム社、2013年
「建築技術」2011年7月号
「新建築」1994年1月号
「日経アーキテクチュア」日経BP社 2016年8月25日号
「日経コンストラクション」1994年10月14日号
「日経アーキテクチュア」1993年12月20日号
「セレクシーズブックストア 聖ドミニカ教会店」（清水玲奈『世界で最も美しい本屋』エクスナレッジ、2013年）
建築技術教育普及センター『建築士定期講習テキスト 平成28年度 第1版』2016年

参考にしたwebサイト（順不同）

日本建設業連合会
日本建設業連合会鉄骨専門部会
環境省
経済産業省
資源エネルギー庁
鹿島建設
Doka
PERI
成幸利根
三光創業
三洋工業
ジェコス
乾式ダイアモンド工法研究会
東芝エレベーター
コムテック
SMW協会
SY工法協会
豊洲パイル
ジャパンパイル
コマツレンタル
合同製鐵
朝日工業
小泉鉄筋
南都産業
日綜産業
大隈
建築資料研究社
日本鉄筋継手協会
日本溶接協会/溶接情報センター
日本免震構造協会
エヴァー・グリーン
日本陶業
三協立山
三光総業
旭硝子
中島硝子工業
無機質コーティング協会
ダイケン
桐井製作所
吉野石膏
日本エレベーター協会
ダイヤリフォーム
セメダイン
全日本外壁ピンネット工事業協同組合
セラミックアーカイブス
陽は西から上る！ 関西のプロジェクト探訪

索引

あ

- アイランド工法 ………… 41
- 亜鉛めっき鋼材上の塗装 ………… 187
- 朝顔 ………… 167
- アースドリル工法 ………… 48
- アスファルト ………… 88
- アスファルトプライマー ………… 88
- アスファルト防水 ………… 181
- アスファルト防水工事 ………… 88
- アスファルトルーフィング類 ………… 88
- アスベスト ………… 142、154
- 圧砕工法（油圧圧砕機）………… 155
- 圧縮強度の試験 ………… 68
- あと施工アンカー ………… 190
- 後張り工法 ………… 97
- 網入り板ガラス ………… 104
- アルカリ骨材反応 ………… 178
- アルミ型枠 ………… 173
- アルミニウム製建具 ………… 102
- 合わせガラス ………… 104
- アンカーピンニング工法 ………… 148
- 安全施工サイクル ………… 22、161
- 安全朝礼 ………… 23

い

- イギリス張り ………… 97
- 石工事 ………… 92
- 石先付けプレキャストコンクリート工法 ………… 92
- 維持保全 ………… 142
- 意匠図 ………… 10
- 板ガラス ………… 104
- 芋目地 ………… 97
- インターホン ………… 117

う

- ウェルポイント工法 ………… 171
- ウォータージェット工法 ………… 193
- 請負契約 ………… 11、161
- 馬目地 ………… 97
- 埋戻し ………… 171
- 上塗り ………… 95、109

え

- エアフローウィンドウ ………… 120
- 衛生器具設備 ………… 121
- エスカレーター ………… 125
- エポキシ樹脂注入工法 ………… 148
- エレベーター ………… 124
- 塩害 ………… 178
- 塩化物量試験 ………… 68

お

- オイルダンパー ………… 83
- 大引き ………… 172
- 屋外工作物工事 ………… 135
- 屋外排水設備工事 ………… 134
- 屋上緑化 ………… 135
- 屋上緑化工事 ………… 135
- 屋内消火栓設備 ………… 126
- 押出し加工 ………… 102
- オープンタイム ………… 99
- 親杭横矢板 ………… 43
- 親杭横矢板工法 ………… 40
- オールケーシング工法（ベノト工法）………… 169
- 温度養生 ………… 70
- 温熱源機器 ………… 118

か

- 加圧排煙設備 ………… 127
- 外構工事 ………… 132、134
- 開先 ………… 180
- 改質アスファルトシート防水工事 ………… 88
- 改修 ………… 145
- 改修工事 ………… 142、146
- 外装仕上工事 ………… 84
- 解体工事 ………… 152、154
- 解体工法 ………… 193
- 外部足場 ………… 35
- 外壁改修工事 ………… 148
- 外壁乾式工法 ………… 92
- 外壁湿式工法 ………… 92
- 改良圧着張り ………… 97
- 改良積上げ張り ………… 97
- 鍵合わせ ………… 137
- 架空方式 ………… 117
- 重ね継手 ………… 174
- ガス圧接継手 ………… 175
- 過積載 ………… 171
- 仮設工事 ………… 32
- 仮設工事事務所 ………… 167
- 仮設上水道 ………… 35
- 仮設電気 ………… 35
- 仮設道路 ………… 167
- 型板ガラス ………… 104
- 型枠加工図 ………… 172
- 型枠工事 ………… 58

型枠先付け工法 ………… 99
型枠支保工 ………… 172
型枠支保工の組立て等作業主任者 ………… 173
型枠脱型 ………… 60
型枠転用 ………… 60
カッター工法 ………… 155
カーテンウォール ………… 184
カーテンウォール工事 ………… 90
かぶり厚さ ………… 65、175
釜場排水工法 ………… 53
ガラス工事 ………… 104
ガラスの製造工程 ………… 186
ガラスの取付け方法 ………… 187
ガラス方立構法 ………… 184
仮囲い ………… 34、167
仮ボルト ………… 79
換気設備 ………… 120
換気設備機器 ………… 120
換気扇 ………… 120
換気方式 ………… 120
乾式張り工法 ………… 98
幹線設備 ………… 116
乾燥収縮 ………… 178
岩綿吸音板 ………… 189
監理技術者 ………… 161
顔料 ………… 107
完了検査 ………… 136

き

機械式駐車設備 ………… 125
機械式継手 ………… 175
企業の社会的責任 ………… 9
危険予知活動(KYK) ………… 161
起工式 ………… 29
既製杭 ………… 48、49
既調合セメントモルタル ………… 94
技能労働者 ………… 11
給水設備(給水方式) ………… 122
吸水調整材 ………… 94
給湯設備(給湯供給方式) ………… 123
給排水衛生設備 ………… 121
キュービクル ………… 167
強化ガラス ………… 104
強制排水(機械式排水) ………… 123
共通仮設 ………… 32
共通仮設工事 ………… 166
共同企業体 ………… 11
切土 ………… 171
近隣家屋調査 ………… 31

く

杭基礎 ………… 170
杭工事 ………… 46、48
杭頭処理 ………… 48
杭の引抜き ………… 156
空気調和設備 ………… 118
空気量試験 ………… 68
空調方式 ………… 119
躯体工事 ………… 54
掘削機械 ………… 52
掘削残土(泥土)処理 ………… 168
クラックスケール ………… 148
クラムシェル ………… 52
クリップ ………… 110
クリティカルパス ………… 164
クリープ現象 ………… 176
グレイジングチャンネル ………… 187
グレイジングビード ………… 187
クローラークレーン ………… 181

け

珪酸カルシウム板 ………… 189
警報設備 ………… 126
軽量鉄骨壁下地 ………… 188
軽量鉄骨下地 ………… 110
軽量鉄骨天井下地 ………… 188
けがき ………… 76
検査 ………… 136
現寸検査 ………… 179
建設工事計画届 ………… 166
けんせつ小町 ………… 21
建設副産物 ………… 157
建設リサイクル法 ………… 157
建築主 ………… 10
建築主検査 ………… 136
建築プロジェクト ………… 8、10、20
現場代理人 ………… 161
現場調合セメントモルタル ………… 94
現場溶接 ………… 78、79
研磨 ………… 187

こ

高圧水洗工法 ………… 148
硬化後のコンクリート ………… 67
工作図 ………… 76
工事監理者 ………… 10
工事監理者検査 ………… 136
工事事務所 ………… 21、33
工事測量 ………… 32

工事出来高 ………… 161
工事歩掛 ………… 33
工事用看板 ………… 166
工事用給排水設備 ………… 168
工事用ゲート ………… 167
工事用電気設備 ………… 167
更新 ………… 145
合成高分子シート防水工事 ………… 89
合成樹脂 ………… 107
合成樹脂エマルションペイント ………… 107
合成樹脂調合ペイント ………… 107
鋼製建具 ………… 102
鋼製ダンパー ………… 83
洪積層 ………… 166
構造図 ………… 10
高置水槽方式 ………… 122
工程管理 ………… 21
鋼板巻立て工法 ………… 147
孔壁測定 ………… 169
高力ボルト ………… 79
高力ボルト接合 ………… 179
高力ボルトの本締め ………… 78
骨材 ………… 66、177
固定金具（ディスク） ………… 182
コーナー部 ………… 189
個別分散方式 ………… 118
固有周期 ………… 82
コラムステージ ………… 79
コールドジョイント ………… 67
転がり支承 ………… 83
コンクリート工事 ………… 66
コンクリート打設 ………… 68
コンクリートポンプ車 ………… 68
ゴンドラ足場 ………… 149
コンバージョン ………… 149
混和剤 ………… 66
混和材 ………… 66
混和材料 ………… 66

さ

載荷制限対策 ………… 135
細骨材 ………… 66
再資源化 ………… 157
最小かぶり厚さ ………… 176
再生可能エネルギー ………… 131
逆打ち工法 ………… 41
左官工事 ………… 94
先付け工法 ………… 99
サブコン ………… 11、20
サポート ………… 176
三角壁倒し ………… 193
産業廃棄物 ………… 34、192
三次元計測システム ………… 81
サンダー工法 ………… 148
残土処理 ………… 53

し

直床 ………… 112
敷板 ………… 172
敷地境界 ………… 31
試験杭 ………… 170
支持杭 ………… 48
システム型枠 ………… 174
システム天井 ………… 111
地墨 ………… 172
事前調査 ………… 154
自然排水（重力式排水） ………… 123
下請負契約 ………… 11
下塗り ………… 95、109
地鎮祭 ………… 29
シックハウス症候群 ………… 109、187
湿潤養生 ………… 70
自動火災報知設備 ………… 126
シート工法（炭素繊維巻付け工法） ………… 147
シートパイル（鋼矢板）工法 ………… 40
地盤アンカー工法 ………… 41
地盤調査 ………… 30、165
支保工 ………… 58
シーム溶接 ………… 181
締付け金物 ………… 172
遮水工法 ………… 169
シャッター ………… 185
ジャンカ ………… 67
修繕 ………… 145
修理 ………… 145
主任技術者 ………… 161
受変電設備 ………… 116、167
竣工 ………… 138
竣工検査 ………… 136
竣工式 ………… 137
竣工引渡し ………… 137
準備工事 ………… 28
消火活動上必要な施設 ………… 127
消火設備 ………… 126
上級職長 ………… 18
昇降機設備工事 ………… 124
仕様書 ………… 164
消防検査 ………… 136

消防用水 …………127
消防用設備 …………126
照明設備 …………116
植栽工事 …………135
職長 …………161
自立山留め工法 …………41
シーリング …………89
シーリング材 …………89、182
シーリング防水 …………88
シーリング防水工事 …………89
シール工法 …………148
新規入場者教育 …………161
伸縮調整目地 …………96
深礎工法 …………169
振動規制法 …………157

す

水道直結増圧方式 …………122
水道直結直圧方式 …………122
水平切梁工法 …………41
水平つなぎ …………172
水平積み上げ方式 …………77
水平ネット …………179
スウェーデン式サウンディング試験 …………165
スタッド …………80、110
ステークホルダー …………9
ステンレスシート防水工事 …………181
ストックマネジメント …………161
スパイラル筋(割裂補強筋) …………191
スプリンクラー設備 …………126
スペーサー …………110、176
すべり支承 …………83
墨出し …………56、59、110
スライド方式(スウェー方式) …………91
スランプ試験 …………68

せ

製作要領書 …………179
生産性向上 …………11
制震(制振)構造 …………83
セオドライト …………172
せき板 …………58、171
積層ゴム支承 …………83
施工管理技術者 …………11、22、24
施工計画書 …………179
施工者 …………11、20
施工図 …………11
設計かぶり厚さ …………176
設計基準強度 …………173
設計者 …………10

設計図 …………10
設計施工 …………11
せっこうボード …………110、188
接着工法 …………191
設備工事 …………114、128
設備図 …………10
設備複合フロアパネル工法 …………130
ゼネコン …………11、20
ゼネコン社内検査 …………136
セパレーター …………172
セメント …………66、176
セメントモルタル …………94
全熱交換器 …………120
専門工事業 …………11

そ

ソイルセメント柱列壁 …………42、43
ソイルセメント柱列壁工法 …………40
騒音規制法 …………157
総合仮設計画図 …………36、166
総合工事業 …………11
総合図 …………164
送風機(シロッコファン) …………120
側圧 …………168、173
粗骨材 …………66
素地 …………187
素地ごしらえ …………109

た

第1種機械換気 …………120
耐火塗料 …………187
耐火被覆 …………80
第3種機械換気 …………120
耐震改修工事 …………146
耐震改修促進法 …………191
耐震構造 …………82
耐震診断 …………144
耐震天井 …………111
第2種機械換気 …………120
大便器(洗浄方式) …………121
タイル …………96
タイルカーペット …………190
タイル工事 …………96
打音検査 …………99
脱気装置 …………181
建入れ直し …………78、180
建入れ直しチェーン …………172
建方 …………78
建方治具 …………72
建方方法 …………77

建具工事 ………… 102
建具の性能評価方法 ………… 186
建て逃げ方式 ………… 77
建物機能 ………… 145
建物診断 ………… 144
ダブルスキン ………… 120、183
試し練り ………… 67
タワークレーン ………… 75、77
単一ダクト方式 ………… 119
炭素繊維巻付け工法 ………… 147
断熱工事 ………… 113

| ち |

蓄熱槽 ………… 118
地中障害撤去工法 ………… 156
地中障害物 ………… 30
地中方式 ………… 117
中央監視設備 ………… 116
中央熱源方式 ………… 118
中性化 ………… 177
沖積層 ………… 166
注入口付きアンカーピンニングエポキシ樹脂注入固定工法 ………… 148
超音波探傷検査 ………… 79
超高圧洗浄 ………… 94
丁番 ………… 185
チョーキング ………… 188
直接仮設 ………… 32
直接仮設工事 ………… 166

| つ |

通気方式 ………… 123
通信・情報設備 ………… 116
継手 ………… 64、174
吊り足場 ………… 72、74
吊りボルト ………… 110

| て |

定期報告制度 ………… 190
定着 ………… 64、175
ディープウェル(深井戸)工法 ………… 53
デザイン＆ビルド ………… 11
デッキプレート ………… 80、173
デッキプレート型枠 ………… 173
鉄筋 ………… 174
鉄筋工事 ………… 62
鉄筋コンクリート(RC)地中連続壁工法 ………… 40
鉄筋材料 ………… 63
鉄筋先組工法 ………… 64
鉄筋のあき ………… 65

鉄筋の加工 ………… 63
鉄筋の種類 ………… 63
鉄筋腐食 ………… 177
鉄骨製作工場 ………… 76、179
鉄骨造 ………… 74
鉄骨鉄筋コンクリート造 ………… 72
テレスコ式クラムシェル ………… 52
テレビ共聴 ………… 117
転圧 ………… 171
添加剤 ………… 107
電気設備工事 ………… 116
点検 ………… 144
転倒工法 ………… 155
電灯コンセント設備 ………… 116
電力引込み ………… 116

| と |

凍害 ………… 178
登録基幹技能者 ………… 18、160
登録基幹技能者制度 ………… 18
道路占用 ………… 166
道路の構成 ………… 134
道路・舗装工事 ………… 134
通り芯 ………… 172
特定建設資材廃棄物 ………… 157
特定天井 ………… 147
土工事 ………… 50、52
床付け ………… 52
土質 ………… 165
塗装工事 ………… 106
塗装合板 ………… 173
塗装工法 ………… 108
塗膜剥離剤工法 ………… 148
塗膜防水工事 ………… 89
ドライアウト ………… 94
取扱い説明会 ………… 137

| な |

内装仕上工事 ………… 100
内部足場 ………… 35
内覧会 ………… 136
中塗り ………… 95、109
中堀り工法 ………… 170
鉛ダンパー ………… 83
縄張り ………… 166

| に |

逃げ杭 ………… 47
入熱 ………… 180

ね

根切り ………… 50
根太 ………… 172
熱線吸収板ガラス ………… 104
熱線反射ガラス ………… 104
ネットワーク工程表 ………… 21、162
練混ぜ水 ………… 177

の

野丁場 ………… 95
野縁 ………… 110
野縁受け ………… 110
乗入れ構台 ………… 35
法切りオープンカット工法 ………… 41
ノンワーキングジョイント ………… 182

は

排煙設備 ………… 127
配管 ………… 121
配管ライザーユニット工法 ………… 130
倍強度ガラス ………… 104
配筋検査 ………… 65
排水工法 ………… 53
排水トラップ ………… 121
排水方式 ………… 123
排水・通気設備 ………… 123
剝落防止工法 ………… 184
はけ塗り ………… 108
場所打ちコンクリート杭 ………… 48
パス間温度 ………… 180
端太材（端太角） ………… 172
バーチャート工程表 ………… 21、24、164
白華現象 ………… 93
バックホウ ………… 52
バックマリオン ………… 183
発電設備 ………… 116
パテかい ………… 187
梁貫通スリーブ ………… 128
ハンガー ………… 110
万能鋼板 ………… 167
半野丁場 ………… 95
盤ぶくれ ………… 168

ひ

被圧地下水 ………… 168
ビオトープ ………… 135
光触媒塗料 ………… 107、187
引戸 ………… 186
引渡し ………… 136、137

非常警報設備 ………… 126
非常用の照明装置 ………… 127
引張試験 ………… 99
避難設備 ………… 126
ビニルクロス下地処理 ………… 189
ビニルクロス張り ………… 189
ビニル床シート ………… 190
ビニル床タイル ………… 190
ひび割れ ………… 178
ひび割れ対策 ………… 70
ヒービング ………… 168
標準貫入試験 ………… 165
表面処理 ………… 102
ピンネット工法 ………… 148

ふ

ファスナー ………… 90
ファンコイルユニット方式 ………… 119
封水深さ ………… 121
吹付け塗り ………… 108
複層ガラス ………… 104
ふっ素樹脂塗料 ………… 187
プライマー ………… 89
プラスターボード ………… 188
フラッシュバルブ方式 ………… 121
フランス張り ………… 97
フリーアクセスフロア ………… 112
ブレーカー工法 ………… 155
フレッシュコンクリート ………… 66
振れ止め ………… 110
プレボーリング工法 ………… 49
フロアクライミング方式 ………… 77
フロート板ガラス ………… 104
フローリング板 ………… 190
フロントローディング ………… 12

へ

平板載荷試験 ………… 165
ベノト工法 ………… 169
ペリメータ空調 ………… 120
変性エポキシ樹脂錆止めペイント ………… 188
ベンチマーク ………… 29、166

ほ

ボイリング ………… 168
防火区画 ………… 113
防火設備 ………… 127
防護構台 ………… 167
防災設備 ………… 127
防災設備工事 ………… 126

防水改修工事 ………… 148
防水工事 ………… 88
防錆塗装 ………… 102
放送 ………… 117
補強布 ………… 183
保守 ………… 144
ボード ………… 188
ボード継ぎ目 ………… 189
ボーリング ………… 30
ホルムアルデヒド等級 ………… 187
ポンプ直送方式 ………… 122

ま

埋設物 ………… 166
埋蔵文化財 ………… 31
摩擦杭 ………… 48
マスク張り ………… 97
マスコンクリート ………… 177
マストクライミング方式 ………… 77
町場（町丁場）………… 95

み

水洗い工法 ………… 148
密着張り ………… 97
ミルシート ………… 179

む

無目 ………… 183

め

メタルカーテンウォール ………… 90
免震建築 ………… 131
免震構造 ………… 83
免震レトロフィット ………… 147
メンブレン防水 ………… 88

も

木製建具 ………… 185
モザイクタイル張り ………… 97
盛土 ………… 171

や

焼付塗装 ………… 102
山留め ………… 35、50
山留め壁 ………… 40、168
山留め工事 ………… 38、40
山留め支保工 ………… 41、43
遣方 ………… 166

ゆ

有機系接着剤張り ………… 98
床仕上げ ………… 190
床吹出空調方式 ………… 119
ユニット工法 ………… 74

よ

溶剤 ………… 107
揚重機 ………… 35
養生 ………… 70
養生足場 ………… 157
揚水工法 ………… 169
溶接管理 ………… 180
溶接資格 ………… 180

ら

ライフサイクルコスト ………… 143
ラス型枠 ………… 173
落下養生 ………… 79
ラフテレーンクレーン ………… 181
ランナー ………… 110

り

リチャージ工法 ………… 171
リニューアル ………… 161

れ

冷温熱源機器 ………… 118
冷却塔 ………… 118
冷熱源機器 ………… 118
劣化 ………… 177
レディーミクストコンクリート ………… 67
連結散水設備 ………… 127
連結送水管 ………… 127

ろ

漏水対策 ………… 135
労働領域 ………… 95
ロータンク方式 ………… 121
ロッキング方式 ………… 91
ローラーブラシ塗り ………… 108

わ

ワイヤーソー工法 ………… 155
ワーキングジョイント ………… 182

A-Z

ALC ………… 190
ALC工事 ………… 113
BCS賞 ………… 11
BIM ………… 81、128
CFT造 ………… 71、80
CSR ………… 9
DPG（ドットポイントグレイジング）構法 ………… 184、187
ICT ………… 81
ICT技術 ………… 52
JV ………… 11
LAN ………… 117
LCC ………… 143
LGS ………… 110
Low-E複層ガラス ………… 104
MPG ………… 184
PCカーテンウォール ………… 90
PC工法 ………… 173
PCパネル ………… 183
PDCA ………… 20
QCDSE ………… 20、22、24
RC巻立て工法 ………… 147
S造 ………… 74
SDS ………… 109、188
SRC造 ………… 72、80
SSG ………… 184
Uカットシール材充填工法 ………… 148
ZEB ………… 131

本書の内容の一部あるいは全部を、無断で複写(コピー)、複製、および磁気または光記録媒体等への入力を禁止します。許諾については小社あてご照会ください。

施工がわかるイラスト建築生産入門

2017年11月10日　第1版　発　行
2025年 3月10日　第1版　第18刷

編　者	一般社団法人 日本建設業連合会
イラスト	川　﨑　一　雄
発行者	下　出　雅　德
発行所	株式会社　彰　国　社

著作権者との協定により検印省略

自然科学書協会会員
工学書協会会員

Printed in Japan

Ⓒ株式会社彰国社(代表)　2017年

ISBN 978-4-395-32100-1 C3052

162-0067　東京都新宿区富久町8-21
電話　03-3359-3231（大代表）
振替口座　00160-2-173401

印刷：真興社　製本：誠幸堂

https://www.shokokusha.co.jp

彰国社図書・既刊より

チームを活かす
建築現場の施工マネジメント入門
木谷宗一 著
A5・208頁

The Japanese Building Process Illustrated
英訳施工がわかるイラスト建築生産入門
一般社団法人 日本建設業連合会 編
A4・208頁

穴埋め式 施工がわかる建築生産入門ワークブック
一般社団法人 日本建設業連合会 編
A4・152頁

建築現場ものづくり魂！
木谷宗一 著　イラストレーション 川﨑一雄
B6・260頁

図表でわかる　建築生産レファレンス
佐藤考一・角田 誠・森田芳朗・角倉英明・朝吹香菜子 著
四六・224頁

学校では教えてくれない
施工現場語読本
秋山文生 著
四六変・192頁

誰でもわかる
建築施工
雨宮幸蔵・新井一彦・池永博威・長内軍士・河合弘泰・倉持幸由 著
A4・384頁

ゼロからはじめる
建築の［施工］入門
原口秀昭 著
四六変形・304頁

建築生産
ものづくりから見た建築のしくみ
ものづくり研究会 編著
B5・184頁

マンガでわかる建築施工
松井達彦・佐々木晴夫 監修　高橋達央 原作・漫画
B6・240頁